JN409577

플라톤과 아리스토텔레스의

정치철학과 변증법적 법치주의

김비환 지음

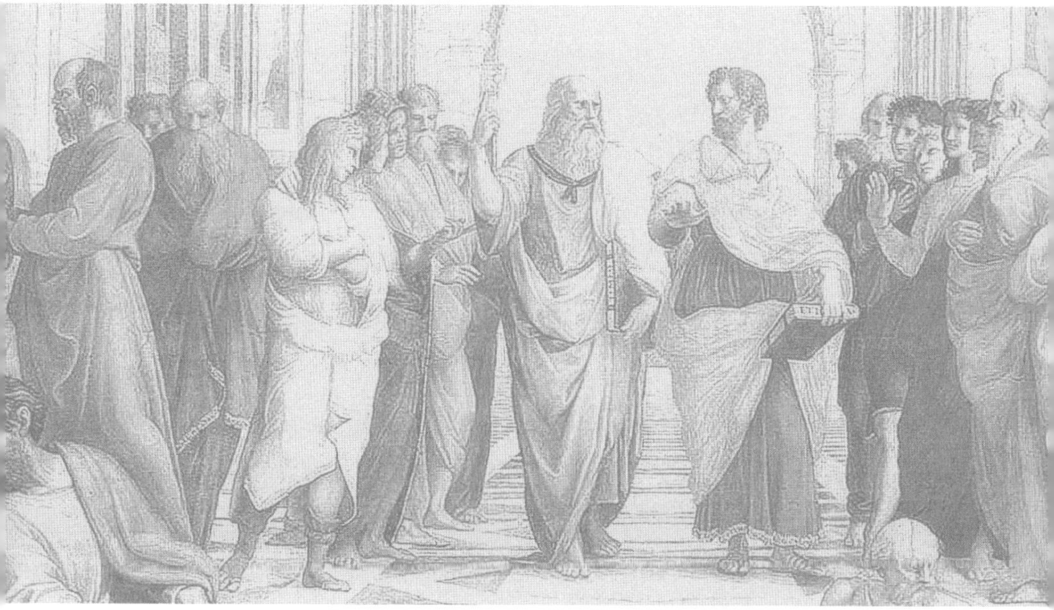

Political Philosophy of Plato and Aristotle and Dialectical Jurisprudence

성균관대학교 출판부

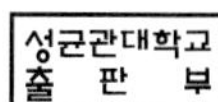

[책머리에]

현대정치와 법치의 관계에 관심을 갖고 있던 중 고전 시대에는 이 문제를 어떻게 바라봤을까 하는 호기심이 들어 잠시 플라톤과 아리스토텔레스의 정치철학으로 되돌아가본 것이 한 권의 책이 되고 말았다. 현대의 법치질서와 법철학적 사유방식이 지닌 특성을 이해하기 위해서는 이런 주제들을 처음으로 고찰했던 플라톤과 아리스토텔레스의 원형적 사고로 되돌아가보는 것이 도움이 되리라 생각했기 때문이다. 하지만 애초에 이런 분량의 책으로 낼 생각은 추호도 없었다. 기껏해야 한 편의 논문을 쓰는 것으로 족하다고 생각했다. 하지만 이 철학자들의 저술들을 들여다볼수록 호기심은 더 깊어갔다. 그리고 현대 법철학과 법치주의의 특성 혹은 한계가 더 선명히 보이기 시작했다. 그렇다면 좀 더 공부해보자고 한 것이 이 책으로 결실을 맺었다.

플라톤과 아리스토텔레스의 고전적 실천철학—정치철학, 법철학, 도덕철학(윤리학)—은 통합적이고 변증법적인 특성을 갖고 있다. 그들이 볼 때 실천철학의 각 영역들은 서로 분리되어 있지 않고 구조적으로 통합되어 있다. 그리고 단순히 통합되어 있는 것이 아니라 서로 침투해 있고 상호 재귀적인 관계를 이루고 있다. 한마디로 변증법적인 통합관계를 이루고 있다(플라톤과 아리스토텔레스에게 있어 변증법의 의미는 다르다. 이에 관해서는 본문에서 설명할 것이다). 반면에 현대의 실천철학들은 서로 엄격히 분리되어 있으며 자립적이다. 그리고 각 영역에서도 이항대립적인 기계론적 사유방식이 지배적이다. 그래서 법과 도덕, 좋음과 옳음, 목적과 의무, 공동체와 권리 등과 같이 이항대립적인 요소들 사이에서 한쪽을 선택하고 다른 한쪽을 비판·배제하는 특성이 강하다. 그 결과 법과 (정치)도덕, 교육, 관습 등을 서로 독립적인 영역들로 간주하여 독자적인 규범철학의 대상들로 삼아버린다. 이와 같은 사고 경향은 현대 규범질서의 파편적 특성과 맞물려 있다. 규범질서의 파편화와 이항대립적 사고방식이 서로 구조적으로 맞물려 있는 것이다.

하지만 일부 현대 철학자들, 예컨대 드워킨(R. Dworkin), 월드런(J. Waldron), 피니스(J. Finnis)와 같은 법철학자들은 실천철학의 각 영역을 엄격히 분리시키는 기계론적인 사유방식으로는 현대사회의 질서 문제를 올바르게 파악 · 해결할 수 없다고 판단하고 다양한 실천 철학들 사이의 통합을 주도하고 있다. 각각 독자적인 규범철학으로 진화하고 있는 정치철학과 법철학 그리고 도덕철학은 사회질서와 개인적 삶의 윤리적 정합성(integrity)을 파괴하는 데 촉매 역할을 할 수 있다고 보기 때문이다.

이들의 문제의식을 더 밀고 나가면 플라톤과 아리스토텔레스의 실천철학과 만나게 된다. 플라톤과 아리스토텔레스로 대변되는 고전적인 실천철학은 정치질서를 하나의 통합적인 규범질서로 파악한다. 그래서 총체적 규범질서로서의 정치질서가 어떤 구조를 갖고 있고 어떻게 유지되며 또 개인들의 성품 및 행복과는 어떤 내적 연관성을 갖고 있는가를 통합적으로 고찰한다. 이 과정에서 상이한 규범 요소들—인치(人治), 법치, 교육, 습관, 성품—이 어떻게 통합되어 있고 서로를 어떻게 지지 · 반영하고 있는가를 변증법적 사유를 통해 보여준다. 그들이 제시한 법치질서는 준법성과 덕스러운 성품을 함양하는 교육제도를 통해 매개 · 유지되는 규범질서로서, 법치와 인치의 상호 침투적이고 재귀적인 상보관계를 통해 실현된다.

법치와 인치의 변증법적 통합을 모색한 플라톤과 아리스토텔레스의 실천철학은 법치와 인치를 첨예한 대립관계로 보는 현대의 기계론적

인식과 선명히 대조된다. 법치를 정의와 원칙에 따른 지배로, 인치를 자의적인 의지의 지배로 인식하는 현대 법철학의 지배적인 경향은, 나름대로의 근거를 갖고 있음에도 불구하고, 법의 제정과 해석 그리고 집행 과정이 인간의 올바른 판단과 성품을 매개로 실현된다는 자명한 사실을 간과하고 있다. 법의 문언과 제도가 스스로 법을 해석 · 집행하는 기적을 바랄 수 없다면, 법은 인간의 현명한 상황 판단과 올바른 법해석 그리고 강직한 성품의 협력을 통해서만 그 목적을 이룰 수 있다(이에 관한 역사적 예를 제시하는 것은 그다지 어렵지 않다). 법치주의의 이런 측면을 인정할 수 있다면, 법치와 인치의 관계를 변증법적인 통합관계로 보았던 고전적 실천철학을 고찰해보는 것은 현대 법치주의를 개선하는 데 유익한 통찰을 제공해줄 수도 있다.

이 책은 플라톤과 아리스토텔레스의 실천철학에 대한 변증법적 재해석을 시도하기 때문에 필자의 주관적 입장이 비교적 강하게 실려 있다. 하지만 그 주장의 전거를 충분히 제시하기 때문에 내 나름대로는 '한 가지' 타당한 해석이라 생각하고 있다. 그렇다고 감히 필자의 해석이 가장 타당하다거나 뛰어난 해석이라고 생각하지는 않는다. 그저 필자처럼 해석할 여지도 있으며, 그렇게 해석할 경우 현대 실천철학의 개선 방향과 관련하여 플라톤과 아리스토텔레스의 실천철학이 아직도 중요한 통찰을 제공해줄 수도 있겠구나 하는 반응만 얻을 수 있다면 만족스럽게 여길 것이다(플라톤 관련 일부 내용은 『법철학연구』에 「플라톤 정치사상에서 철인 지배와 법치의 상보적 통합성」(제13권 제3호, 2010)이라는 제목으로 게재되었다).

작년에 필자가 재직하고 있는 성균관대학교 정치외교학과에 한 젊은 정치철학자가 부임했다. 고전철학과 현대철학에 두루 정통한 윤비 교수다. 작년 한 해는 매주 한 번 정도 그와 토론하는 가운데 많은 지적 자극을 받았고 또 많은 것을 배웠다. 이 책에도 윤비 교수의 지적 협력이 녹아 있다. 비록 이 책의 모든 한계는 전적으로 필자의 것이지만 말이다. 이 지면을 통해 윤비 교수께 깊은 감사의 마음을 전한다.

세계적인 금융위기의 여파가 아직 가시지 않은 상황에서 인문사회과학 분야의 책을, 그것도 고전시대 철학자들에 관한 책을 펴낸다는 것은 남다른 학술적 사명감이 아니라면 불가능하지 않나 생각한다. 그럼에도 불구하고 이 책의 출판을 위해 지원을 아끼지 않은 성균관대학교 출판부에 심심한 감사를 표한다.

이 책을 집필하는 동안 집 안 거실을 독점하며 거주의 자유를 심각히 침해했음에도 불구하고 언제나 묵묵히 불편을 참아준 아내에게 진심으로 고마움을 전한다. 나에게는 그녀가 옆에 있다는 사실만으로도 큰 힘과 기쁨이 된다는 것을 알아주면 좋겠다. 이 책을 집필하는 동안 군복무에 임했던 두 아이들 대휘와 재휘가 무척 보고 싶었다. 그들의 군복무는 내게 이 책을 집필할 수 있는 이상적인 환경을 제공해주었기 때문에 그에 대해 미안함과 함께 고마움을 느낀다. 두 아이들의 귀환을 축하하면서 이 책을 그들에게 바치고 싶다.

2011년 2월

돈암동에서 필자 씀

[목차]

책머리에 _4

I . 플라톤의 정치철학과 법치주의: 변증법적 해석 13

1. 머리말 _14
2. 플라톤 정치철학의 배경과 문제의식 _23
3. 플라톤 정치철학의 성격과 구조 _35
4. 법치의 정당화와 철인지배와의 상보성 _53
5. '좋은 법질서'(eunomia)를 향한 철학적 충동 _69
6. 법치국가와 프로네시스 I : 정치술, 입법 그리고 전문 _81
7. 법치국가와 프로네시스 II : 호법관, 3심제도 그리고 야간회의 _101
8. 소결론 _128

Ⅱ. 아리스토텔레스의 변증법적 법치주의 131

1. 현대의 실천철학과 아리스토텔레스의 법치주의 _132
2. 아리스토텔레스 정치철학의 변증법적 성격 _141
3. 인치의 한계와 법치의 불충분성 _156
4. 법치와 인치의 변증법적 통합성과 공교육 _174
5. 교정적 정의의 정치적 성격과 형평 원리 _210
6. 보론: 법의 신성화와 프로네시스 _228
7. 소결론 _234

Ⅲ. 결론 237

참고문헌 _224
색인 _254

I

플라톤의 정치철학과 법치주의: 변증법적 해석

1. 머리말

최근 정치철학과 법철학의 통합관계를 강조한 월드런(J. Waldron)과 피니스(J. Finnis)의 주장이나 법체계 전체를 관통하여 흐르는 공동체의 일관된 정치도덕에 입각해서만이 법체계와 법실무의 일관성을 담보할 수 있다고 본 드워킨(R. Dworkin)의 주장은 법체계 혹은 법질서의 독자성과 전문성을 가정해온 현대의 주류 법이론적 경향에 대한 근본적 재검토를 요청하고 있다(Waldron 2004; Finnis 2004; Dworkin 1981 & 2010). 그것은 법질서가 더 포괄적인 정치질서의 일부로서 존재한다는 엄연한 사실에 대해 법철학이 관심을 기울여야 한다는 것과, 정치학을 연구하는 학자들이라면 정치질서의 필수적 구성 부분인 법체계와 제도들의 특성 및 작용 방식에 대해 결코 무관심해서는 안 된다는 당위를 환기시킨 것이다(Waldron 2004, 352-3; Finnis 2004, 19).

법철학과 정치철학의 통합을 강조한 드워킨과 월드런의 입장은 20세기 후반에 이르러 그 정점에 이른 규범철학의 세분화 및 전문화 경향이 현대사회의 질서문제에 대한 의미 있고 적실성 있는 설명과 대안을 제공해줄 수 없다는 절실한 자각을 반영한 것으로 보인다. 현대사회에서 질서 해체의 징후들은 미시적으로는 개인적 삶의 일관성과 통일성의 상실에서 읽을 수 있으며, 거시 사회적으로는 다양한 삶의 영역들 혹은 규범철학 영역들의 관계가 최소한도의 정합성마저 상실해가는 경향에서 읽을 수 있다. 일례로 현대의 법체계는 자체의 독자적인 영역에서 고유한 규범체계와 제도 및 전문가 집단을 확보했지만, 다른 영역과의 통합성을 포기한 결과 그 권위와 실효성의 범위를 대폭 축소시킬 수밖에 없었다. 법체계는 이제 전체 사회질서의 통일성 혹은 정합성을 유지하는 데 중추적인 역할을 수행하지 못하게 되었을 뿐만 아니라, 개인들의 내면적 양심과 사회적 관습으로부터도 유리된 채 개인들의 삶을 외부에서 규제 압박하는 생경한 힘으로 작용하게 되었다. 그 당연한 귀결로 현대의 법체계는 관습이나 도덕과 같은 다른 규범체계들과 내적 연관성을 상실하게 되고, 심지어 정치적 근본 가치나 도덕과도 괴리된 독자적인 규범체계가 되어가고 있다.[1)]

다양한 규범체계들 사이에 존재하는 이와 같은 부정합성은 질서 해체의 징후인 동시에 개인적·집단적 삶의 일관성과 통일성을 교란시키는 주요 요인이 되고 있다. 왜냐하면 서로 다른 영역을 규제하는 규범체

---

1) 법체계와 근본적 정치도덕 사이의 정합성을 모색하려는 드워킨의 시도는 실증주의 법이론이 노정하는 (정치도덕과의) 부정합성에 대한 비판과 이면관계를 이루고 있다.

계들 사이의 정합성이 담보되지 않을 경우 개인들은 각 영역을 넘나들 때마다 상이한 규범체계에 따라 살아야 하는 모순과 갈등을 감내해야만 하기 때문이다.[2] 하지만 이에 못지않게 심각한 문제는 규범체계들 사이의 부정합성 자체가 법체계를 포함한 다양한 규범체계들의 정당성과 권위를 심각하게 훼손시킴으로써 정치질서는 물론 다른 규범질서들의 안정성도 그 근원에서부터 붕괴시키고 있다는 점이다. 그러므로 질서 문제에 대한 드워킨과 월드런의 통합적 접근은 거시적으로는 정치질서의 근본 가치(혹은 도덕)와 법체계를 분리하고 미시적으로는 내면적 양심과 법규범을 분리시킴으로써 법질서의 독자성과 자율성을 구축하고자 했던 20세기 주류 법이론적 입장—특히 법실증주의—의 한계와 자해성(自害性)에 대한 근본적인 반성으로 볼 수 있다.

드워킨과 월드런의 규범철학이 지향하는 통합성을 논리적으로 계속 밀고 나갈 경우 이론적으로는 정치 형태와 법체계, 전통과 관습, 교육과 종교, 개인의 습관과 덕성이 서로 정합성을 갖는 하나의 통합된 규범질서를 상정할 수 있다. 드워킨과 월드런이 비록 정치철학과 법철학의 통합을 지향하지만 롤즈(J. Rawls)처럼 현대사회의 심층적 다원주의를 전제하는 한, 문화와 관습, 교육과 종교를 아우르는 하나의 정합적 질서를 모색하는 데까지 이를 수는 없을 것이다(Rawls 1971 & 1993).[3] 하

2) 1988년 태너(Tanner) 강의 'Foundations of Liberal Equality' 이후 드워킨은 개인의 사적 윤리와 정치윤리의 통합을 지향함으로써 개인적·정치적 삶의 일관성과 통일성(한마디로 정합성)을 제고시키는 방향으로 나아가고 있다. 최근에 출판된 그의 『고슴도치를 위한 정의』(Justice for Hedgehogs, 2011)는 자유주의에 대한 가치통합론적 정당화를 시도하고 있다.

3) 하지만 드워킨의 최근 시도는 규범질서의 통합성과 정합성을 더 높여가는 방향으로 나아가는 듯 보인다(Dworkin 2011).

지만 이들은 최소한 현대의 세분화·전문화된 규범질서들을 단순히 병렬시켜서는 질서 문제의 해결은 물론 각 규범체계의 정당성마저도 담보할 수 없다고 보고 인접 규범철학(=규범체계)들의 통합을 시도하고 있다는 점에서 하나의 새로운 대안적 규범철학의 방향을 제시해주고 있다.

이러한 대안적 규범철학의 원형적 형태는 플라톤에서 아리스토텔레스로 이어지는 고전적 정치철학의 전통에서 찾을 수 있다. 이 고전적 정치철학자들에게 질서의 문제는 오직 통합적인 방식으로만 접근할 수 있었다. 이들에게 정치 체제와 독립된 법체계의 존재는 상상하기 어려웠고, 관습이나 교육체계와 유리된 채 유지되는 독립된 법질서란 존재할 수 없었다. 마찬가지로 지배적인 문화와 법체계의 연관성은 당연히 전제되었으며, 시민들의 성품 혹은 덕성과 법규범 역시 불가분적 관계에 있다는 점도 당연시되었다. 그리고 나아가서 이와 같은 모든 연구 영역들에 통일성을 부여할 수 있는 가치(good)—정의, 행복 또는 탁월성 등—에 대한 탐구 또한 통합적 규범철학의 필수불가결한 구성적 일부였다. 한마디로 고전시대의 규범적 정치철학에서 정치질서는 모든 규범적 요소들이 하나의 정합적인 전체를 이루고 있는 통합된 규범질서로 인식되었으며, 정치철학은 그러한 정합성을 완성시켜나가는 비판적이고 포괄적이며 체계적인 사유방식이었다.[4)]

---

4) 뒤에서 상론하겠지만, 고전적 정치철학 특히 플라톤의 정치철학은 횡적·종적인 차원에서 상이한 성격을 갖는 복합적 사유구조를 갖고 있다. 횡적으로는 구성된 질서의 내적 정합성을 모색하는 끊임없는 비판적 사유의 성격을, 종적으로는 역사성과 철학적 반성을 결합시킴으로써 정치질서의 '본' 혹은 대체적인 윤곽을 그리는 '반성적 균형'의 성격을 갖고 있다. 플라톤의 정치철학은 이 두 가지 사유방식의 결합을 통해 매우 비판적이면서도 체계적이며 포괄적인 철학적 성격과 아울러 역사성을 겸비하게 되었다는 것이 필자의 판단이다.

플라톤과 아리스토텔레스의 정치철학이 지닌 이와 같은 통합적인 성격은 무엇보다 아리스토텔레스적인 의미의 변증법적 사유방식과 밀접한 연관성이 있다. 플라톤과 아리스토텔레스의 철학에서 변증법이 갖는 의미는 매우 상이하다.[5] 그럼에도 불구하고 그들의 정치철학은 상이한 견해들이나 요소들의 모순들을 비판·극복해가는 가운데 보다 완벽한 견해나 질서를 확립해가는 (아리스토텔레스적 의미의) 변증법적 특징을 공유하고 있다. 그들은 정치질서를 구성하는 다양한 규범 요소들—정치 원리(정의 혹은 좋음), 법, 교육, 관습, 미덕 등—의 조화로운 상호 관계를 모색하는 변증법적 사유방식을 통해 하나의 총체적인 규범질서로서의 국가의 통합을 모색하고자 했다.

고전적 정치철학이 이와 같이 통합적이고 변증법적인 특성을 지니고 있음에도 불구하고, 오늘날의 학문적 세분화·전문화 추세는 고전적 정치철학 연구에도 깊은 영향을 미침으로써 그 포괄적·종합적 성격을 '충분히' 드러내지 못하게 했다.[6] 고전적 정치철학은 철학, 정치학, 법학, 교육학, 수사학 등 다양한 학문 분야들의 관심 영역에 따라 분할·해체되었다. 뿐만 아니라 정치학 내부적으로도 정치이론가들과 비교정치학자들의 관심에 따라 더욱 세분화됨으로써 그 종합적 성격을 상실하게

5) 이에 관해서는 후술할 것이다. 여기서는 일단 플라톤에게 변증법은 철학의 궁극적인 단계로서 형상에 관한 이론적 탐구 방법을, 그리고 아리스토텔레스에게는 통념이나 확립된 의견에 대한 반박을 통해 보다 확고한 원칙을 확립해가는 방법을 의미하는 정도로 이해해두면 되겠다.

6) 여기서 '충분히'라는 부사어는 필자의 주관적인 판단을 반영하는데, 대부분의 기존 연구들이 고전적 정치철학의 통합적 성격을 전혀 부각시키지 못했거나 매우 제한적으로만 드러냈다는 필자의 불만을 표현한다. 물론, 필자가 '충분히' 그 통합적 성격을 부각시켰다고 자임할지라도 그것은 더 강한 의미에서의 '충분성'을 충족시키지 못했다고 평가될 수도 있다. 그러므로 '충분히'라는 표현은 기존의 연구들에 비해 통합적 성격을 '상대적으로' 더 부각시키고자 하는 필자의 의도를 반영한다.

되어 포괄적 규범철학으로서의 성격을 잃어버리게 되었다.

현대 실천철학의 세분화·전문화 경향은 중요한 인식론적인 변화를 수반했다. 이항대립적인 인식의 확산과 보편화가 그것이다. 오늘날 실천철학의 중요한 문제들은 주로 이분법적인 관점에서 인식되고 처방된다. 실천철학의 대립적 입장들은 보편주의와 상대주의(혹은 특수주의), 자유와 공동체, 필연성과 우연성, 도덕과 법, 자연법과 법실증주의, 인치와 법치, 의무와 목적 등과 같은 이항대립적 요소들 사이에서 한 가지 입장을 선택·옹호하고 다른 입장을 거부·비판하는 절차를 밟는 것이 보통이다. 서로 대립하고 있는 실천철학적 입장들—자유주의 대 공동체주의, 법실증주의 대 자연법주의, 의무론 대 공리주의, 의무론 대 목적론 등—은 두 가지 요소들 사이의 절충이나 통합 가능성을 거의 인정하지 않기 때문에 제3의 입장으로 통합되기보다는 계속해서 평행선을 그리는 경우가 대부분이다. 엘진(C. Elgin)은 현대철학에 뿌리 깊게 박혀 있는 이분법적 사유의 문제점을 다음과 같이 지적한다.

> 이와 같은 양극적 질서는 철학을 무력화한다. 그리하여 사실과 가치가 어떻게 결합되어 있으며, 예술과 과학이 어디서 교차하고, 인간적 행위자들이 범주를 고안하고 규범을 설정하며 목적을 규정함으로써 객관적인 판단이 이루어질 수 있는 틀을 정하는 방식을 이해하지 못하도록 만든다(Elgin 1997, 1).

예컨대 철학적 주제들을 두 요소들 사이의 화해할 수 없는 대립관계로 인식하는 기계론적 인식 방식은 법철학에도 깊이 침투하여 법철학적 주제들에 대한 현대적 사유방식(혹은 방법론)을 전반적으로 규정하고 있다(Valauri 2010; Vega 2010, 2). 오늘날 분석적 법철학의 주류는 대부분의 주제들에 접근함에 있어 이분법적 인식틀을 당연하게 받아들이고 있으며, 그 해결책은 이 대립적 요소들 중 어느 한편을 지지하거나 비판하는 것으로 귀결된다. 그리하여 법철학은 크게 법실증주의 입장과 비(非)실증주의적 입장(혹은 자연법적 입장)으로 양분되어 어느 입장을 선택하느냐에 따라 법철학적 주제들을 둘러싼 이분법적 논쟁에서 어느 한쪽을 거의 자동적으로 선택하게 된다.[7] 분석적 법철학의 이와 같은 경향은 최근에도 지속되고 있는 특징으로서 2010년도 미국 법학대학원 협회 연례회의의 대주제, 곧 '법실증주의: 찬성과 반대'를 통해서도 분명히 확인되고 있다(Valauri 2010, 2).

그런데 현대 실천철학에 광범위하게 침투해 있는 이항대립적 인식방식은 현대적인 이슈들에 대해서만 적용되지 않는다. 그것은 다른 시대 다른 문화의 실천철학을 이해하는 데에도 그대로 투영된다. 그리하여 오늘날의 선입견을 통해 다른 시대의 문화와 제도 및 규범질서를 인식 · 재단함으로써 왜곡된 결과를 가져온다. 따라서 이와 같은 이항대립적 인식 방법을 지양하고 연구 대상 혹은 문화에 고유하거나 적합한 대안적인 인식·사유방식에 주목하면서 접근할 필요가 있다. 플라톤과 아리스토텔레스의 고전적 정치철학과 법치주의에 대한 연구 역시 이와 같은 인식론적·방법론적 측면에 유의하면서 접근해야만 한다. 하지만 이

7) 이런 경향은 현대의 이데올로기적 사고의 공통적인 특징이다(Swift 2006, 2).

항대립적인 인식 방식에 침윤되어 있는 오늘날의 실천철학자들은 대부분이 고전 시대의 고유한 인식·사유방식을 도외시함으로써 고전적 정치철학의 진정한 의의를 조명하는 데 한계를 보여주고 있다. 고전적 정치철학자들의 질서 문제에 대한 접근 방법은 애초부터 정치질서를 이루고 있는 다양한 구성요소들의 전체적 통일성과 일관성, 곧 '정합성'을 변증법적으로 확립해나가는 방식이기 때문에 이런 특성을 진지하게 고려해야만 그들의 정치사상을 적절히 이해할 수 있다.

드워킨, 피니스 그리고 월드런 등이 제시한 새로운 통합적 규범철학의 의의를 충분히 인정할 경우[8] 그리고 현대철학과 법철학에 깊이 침투해 있는 이항대립적 접근 방법의 문제점에 대한 엘진과 발로리(J. T. Valauri) 등의 지적에 어느 정도 공감할 경우, 플라톤과 아리스토텔레스의 고전적 실천철학을 그 방법론적 특성—곧 변증법적 사유—을 중심으로 재조명해보는 것은 현대사회에서 적실성을 가질 수 있는 대안적 규범철학의 모색에 새로운 통찰을 제공해줄 것으로 기대해볼 수 있다. 이 글은 이와 같은 문제의식 하에 플라톤과 아리스토텔레스 정치철학의 변증법적 성격과 그들이 옹호한 법치 원리 사이에 존재하는 구조적 연관성을 분석해봄으로써 질서 문제에 대한 고전적 접근 방법의 고유한 특징을 조명해보고자 하는 목적을 갖고 있다.[9] 그와 동시에 그동안 고전적 규범철학을 이해하기 위해 사용하곤 했던 이분법적 인식 틀들—

---

8) 드워킨과 월드런의 법철학에 대한 학계의 대단한 관심을 두고 볼 때, 이들이 제시한 새로운 규범철학의 방향은 그 중요성을 인정받고 있다고 본다.

9) 하지만 고전적 정치철학의 통합적 성격상 '법치'의 문제는 다른 요소들과의 관계 속에서만 그 의미를 적절히 조명할 수 있다. 그리고 이것이 바로 고전적 정치철학의 성격이 '통합적인' 이유이다.

이를테면 철인통치 대 법치, 이성의 지배 대 프로네시스(phronesis)의 지배, 자연 대 관습 등—의 타당성을 비판하고, 이런 이항대립적 요소들이 실상은 하나의 정합적 규범질서로 통합되는 상보적 규범원리들임을 그들의 변증법적 사유를 통해 보여주고자 한다.[10)]

부수적으로 이 책은 질서 문제에 대한 고전적 정치철학자들의 대응 방법이 질서 문제를 해결하기 위해 근현대의 이론가들이 고안·활용한 원리들을 어느 정도까지 선점하고 있는지도 보여줄 것이다. 그리하여 질서 문제를 해결하기 위해 제시된 중요한 현대적 원리들—예컨대 입헌주의, 법치주의, 혼합정 원리, 권력분립과 균형 원리 등—이 사실은 고전적 정치철학에서부터 고안되어 점진적으로 수정·보완·진화되었다는 점을 드러내줄 것이다.[11)] 이는 고전적 정치철학의 역사적 가치를 재평가할 수 있는 계기를 제공해줄 뿐만 아니라, 현대의 규범철학을 역사의 최종 단계에 조응하는 절대적 규범철학으로 오인하는 나르시시즘을 반성할 수 있는 계기도 제공해줄 수 있을 것이다.

---

10) 물론 이 요소들 사이의 배합 비율은 구성된 '질서의 본'에 따라 달라질 수 있다.

11) 플라톤과 아리스토텔레스 그리고 키케로의 정치사상을 고전적 정치사상이라는 동일하거나 유사한 특성을 공유하는 것으로 규정해버리는 전통적인 방식은 이들의 정치적 사유나 사상 사이에 존재하는 매우 중요한 변화나 차이들을 간과하게 한다(Heinze 2007b). 사실 법철학이나 법이론과 관련된 대부분의 저술들은 플라톤과 아리스토텔레스, 키케로 그리고 아퀴나스로 이어지는 법사상적 전통을 '고전적 법사상'으로 분류하고 이 전통이 동일하거나 거의 유사한 관심사—특히 자연법적 전통—를 반영하는 것으로 간주하면서, 그저 근대적인 법사상을 본격적으로 다루기 위한 예비적 논의로서 한두 면 정도의 형식적인 관심만을 나타낸다. 그리하여 고전적 정치사상 내에 존재하는 적지 않은 차이와 발전적 흐름들을 무시, 현대적 논의들이 이와 같은 발전단계를 거쳐 '역사적으로' 진화해 왔다는 사실을 간과해버린다.

2. 플라톤 정치철학의 배경과 문제의식

고전적 정치철학의 문제의식과 접근 방법의 독특성을 이해하기 위해서는 고전적 정치철학 형성의 배경이 되는 BC 5~4세기 아테네의 정치경제적 상황과 사회문화적 측면들에 대한 이해가 필요하다. 고전적 정치철학의 문제의식과 성격은 BC 5~4세기 아테네의 정치적 사건들과 (법)문화를 배경으로 형성된 플라톤의 정치철학에 의해 그 밑그림이 그려졌기 때문이다(Morrow 1941, 108).

플라톤이 태어났던 BC 428년경의 아테네는 이미 그 전성기를 지나 내리막길에 들어선 때였다. 플라톤은 아테네와 스파르타 사이의 전쟁으로 인해 매우 혼란했던 시기에 어린 시절을 보냈으며 청 · 장년기에 이르러서는 빈번한 정체 변동과 사회적 갈등을 깊은 우려를 가지고 지켜보았다. 그는 BC 404년 아테네가 펠로폰네소스 전투에서 스파르타에 패함으로써 민주정이 무너지고 과두정으로 뒤바뀌는 상황을 직접 목격했다.[12] 그리고 폭정으로 전락한 과두정이 몰락하고 다시 민주정이 회복되었을 때, 이 민주정하에서 자신의 스승 소크라테스가 아테네의 젊은이들을 타락시키고 다른 신을 유입시켰다는 죄목으로 사형을 당하자 현실 정치에 대해 큰 환멸을 느꼈다(Klosko 2006, 1).

사회경제적인 상황도 크게 다르지 않았다. 펠로폰네소스 전쟁 이후 그리스 세계에서는 상업이 번창했다. 하지만 상업의 발달은 도시국가의 일부 구성원들만을 부유하게 해주었을 뿐 서민들 대부분을 빈곤으로부터 구제해주지는 못했다. 부의 양극화로 인해 그리스 도시국가들은 부자계급과 빈민계급 사이의 만성적인 내란으로 격심한 동요를 겪었으며, 이런 상황은 도시국가들 사이의 경쟁과 전쟁으로 인해 더욱 악화되었다(Klosko 2006, 1-2). 도시국가의 빈번한 내분과 도시국가들 사이의 잦은 전쟁으로 그리스 세계의 활력과 군사력이 현저히 약화되자, 아테네는 과거의 권력과 위신을 회복하기 위해 해군동맹 결성을 주도함으로써 페르시아나 마케도니아와 같은 외래 세력에 대항하고자 했다. 하지만 플라톤의 나이 70세 무렵, 2차 동맹시전쟁(Social War)에서 아테네가 패함에 따라 과거의 영화를 회복하고자 했던 아테네의 꿈은 무산되고 말았다. 9년 뒤 아테네와 테베 연합군이 카에로네아(Chaeronea) 전투에서 마케도니아에 패하면서 그리스 도시국가의 자유와 영향력은 급격히 쇠퇴했다(Klosko 2006, 2).

---

12) 플라톤은 자신의 친척들이 연루된 이 과두체제에 잠시 참여할 생각도 있었지만, 이 과두정이 폭정으로 타락하는 것을 목격하고 그런 생각을 접었다.

이 글의 주제와 관련, 특히 상업의 번창으로 인한 개인주의 문화의 흥기가 아테네에서 발전한 민주주의와 결합됨으로써 야기된 소송문화의 급속한 확산이 플라톤 정치철학의 형성에 미친 심대한 영향에 대해서는 별도의 설명이 필요하다. 개인주의적 소송문화의 확산은 철학의 옹호, 민주주의에 대한 경계, 법률과 법정의 개혁, 교육을 통한 덕성 계발 등 플라톤 정치철학의 핵심적 구성 원리들의 직접적인 형성 배경이 되었기 때문이다.

솔론(Solon)으로부터 시작하여 클레이스테네스(Cleisthenes)를 거쳐 에피알테스(Ephialtes)와 페리클레스(Perikles) 시대에 이르는 동안, 일련의 정치 경제개혁과 정치적 사건들을 통해 아테네에는 민주주의와 법의 지배가 동시에 실현되었다(Hornblower 1992). BC 600년경 솔론이 주도한 경제개혁은 소지주들을 양산했는데 이들은 시민 엘리트 계급 및 군대의 주력이 됨으로써 민주정치의 기틀을 마련했다. 이어서 클레이스테네스에 의해 추진된 구역 개편과 500인 위원회의 구성은 법정과 민회에서의 자유 시민들의 역할을 증대시켜 민주주의의 확립에 기여했다. 더구나 약 11년에 걸친 페르시아 전쟁(BC 490-79)은 민회의 역할을 더욱 활성화시킴으로써 아테네 시민들의 자부심을 고취시키 한편, 식민지 활동을 더욱 왕성하게 함으로써 아테네 민주정치의 물질적 기반을 조성했다. 그리고 에피알테스와 그의 동료 페리클레스는 500인 위원회와 인민법정 사이의 권력관계를 다시 설정하고 행정관들의 책임을 더욱 강화시키는 한편 집정관이 될 수 있는 자격을 대폭 완화시켜 민주주의의 발전을 자극했다.[13)]

에피알테스와 페리클레스 시대에 이르러 민주주의는 법의 지배와 거의 같은 의미로 사용되었다(Jones 1956, 90; Harris 2006, xxi)[14] BC 431년 페리클레스가 행한 장례연설은 민주정체에 대한 이 시대의 평가를 짐작할 수 있는 중요한 자료로 평가받고 있다. 이 연설에 의하면 아테네의 자유 시민들은 폴리스의 중대한 문제들에 대해 발언할 수 있는 자유가 있었으며 정책 결정과 사법과정에 직접 참여할 수 있는 특권을 갖고 있었다. 그리고 소송 당사자들은 전문 법조인들이 아니었음에도 불구하고 보통 200인부터 500인 사이의 시민 배심원단이 참석했던 법정에서 직접 발언할 수 있었다. 당시 아테네의 민주적 규칙들에 의하면 부유한 엘리트 계급들은 일반 시민들이 배심원으로 참석한 민회와 법정에서 서로 경쟁하도록 되어 있었으며, 이곳에서 시민 발언자들은 아테네의 법과 평등주의적 사회 관행에 의해 철저히 보호되었다(Ober 2000, 132-3). 그렇지만 소송 당사자들 중 패자는 재정적으로 큰 손실을 입든지 추방되거나 심지어 죽음에 직면할 수 있었기 때문에 민회와 법정에서 상대방을 이길 수 있는 발언기술이 발달했는데, 이는 아테네에서 수사학이 발달하고 웅변가들과 소피스트 수사학자들이 등장하게 된 배경이 되었다(Ober 2000, 132-3).

그런데 아테네의 물질적 풍요와 수사학의 발달을 뒷받침했던 상업

---

13) 이후 약 50년 동안 아테네는 물질적 번영과 함께 민주주의의 전성기를 맞이하지만 펠로폰네소스 전쟁에서의 참패와 두 차례의 과두혁명을 거치면서 점차 몰락해간다.

14) 고대 그리스 아테네의 정치와 법치를 연구해온 몇몇 탁월한 학자들은 아테네에서의 정치 변화를 5세기까지 인민주권 원칙이 고수되어오다가 4세기에 이르면서 법의 주권이 인민주권을 대체함으로써 법의 지배하의 민주주의로 진화해온 것으로 설명해왔다(Hansen 1991; Ostwald 1986). 하지만 최근의 연구 경향은 5세기와 4세기 공히, 중간의 짧은 과두정 시기를 제외하고는, 민주주의와 법치주의가 통합되어 있었다는 주장으로 기울고 있다(Harris 2006; Ober 2000).

의 발달은 장기적으로는 아테네의 번영과 통합을 내부로부터 위협했던 양날의 검이었다.[15] 장기적으로 상업정신이 조장하는 개인주의 문화는 멸사봉공의 공공정신을 해치고 광포한 개인주의를 조장함으로써 공동체의 통합과 안정을 해치는 폐해를 낳을 수밖에 없었다. 더구나 개인주의 문화를 확산·강화시키는 상업의 발달은 불가피하게 수많은 소송을 발생시켰고, 이것이 다시 개인주의적 소송문화를 강화시켜 더 많은 법제정과 소송사건을 낳게 했다(Heinze 2007a, 100). 이처럼 개인주의적 소송문화와 민주정치의 결합은 아테네의 민주정치 공간을 공무를 논의·처리하는 공간으로부터 사익을 극대화하는 도구적 공간으로 변모시켜 버렸다. 말하자면 개인주의적 소송문화의 흥기 속에서 아테네의 민주주의는 개인의 자유를 무분별한 사익의 추구로 변질시켜버린 매개 역할을 수행했던 것이다. 플라톤은 『법률』은 물론 『국가』에서도 이미 이와 같은 개인주의적 소송문화의 흥기가 초래한 폐단을 여러 곳에서 지적하고 있다.[16]

> [소크라테스]: 무절제와 질병이 이 나라에 넘칠 때 많은 법정과 의원이 문을 열 것이고, 또한 이와 관련해서 자유민들조차 많이들 그리고 몹시 열을 올릴 때에는 '법정 웅변술'(dikanikē)과 의술(iatrikē)이 엄숙하

---

15) 주지하듯이 마케도니아와 로마의 흥왕이 군사적 정복에 기반하고 있었던 것과 달리, 아테네의 패권과 번창은 해외무역과 상업의 발달에 기반을 두고 있었다.

16) 이하 플라톤 저작의 인용을 위해서 E. Hamilton and H. Cairns가 공동 편집한 플라톤의 *The Collected Dialogues of Plato*(1973)를 참조하되 다음의 한글 번역본을 사용하였다: 『국가』(박종현 역), 『정치가』(김태경 역), 『법률』(박종현 역), 『크라틸로스』(김인곤 · 이기백 역).

고 진지한 체하겠지? (……) [소크라테스]: 자네 판단으론 이보다도 한결 더 부끄러운 것이 이런 경우일 것 같은가? 즉 어떤 사람이 생애의 대부분을 법정에서 피고 노릇을 하거나 원고 노릇을 하느라고 허비하게 될 뿐만 아니라, '아름다운(훌륭한) 것에 대한 무지' 탓으로 이 일 자체를 자랑스럽게 여기게끔 되는 경우 말일세. 그건 올바르지 못한 짓을 하는 데 능숙하여 능히 온갖 묘수를 다 쓸 수 있으며, 빠져나갈 수 있는 출구란 출구는 다 비집고 빠져나가 달아나버리게 되어 처벌이라고는 받지 않게 되기 때문이어서, 그것도 하찮고 아무 쓸모도 없는 것들을 위해서 그런다네. 이는 자신을 위해서는 졸고 있는 재판관이 필요하지 않은 인생을 확보하는 것이 얼마큼이나 더 아름답고 훌륭한 것인지를 몰라서일세(플라톤, 『국가』 405a–c; cf. 『법률』 679e).

[아테네인]: ……이 지역에 인접해 있는 바다는 날마다 즐거움을 주는 것이기는 하나, 참으로 몹시 짜고 쓴 이웃이지요. 통상과 소매업을 통한 돈벌이로 그 지역을 충만케 함으로써 사람들의 혼들이 변덕스럽고 믿을 수 없는 성격들을 낳아 이 나라를(이 나라 사람들을) 자체로도 믿을 수 없고 우애롭지도 못하게 만들며, 또한 다른 나라 사람들에 대해서도 마찬가지이게 만들기 때문입니다(『법률』 705a).[17]

17) 그래서 플라톤은 마그네시아가 바다에서부터 80스타디온(16km) 떨어져 있는 것을 "위안을 주는" 상황으로 묘사하고 있다(704d). 그는 바다에 인접하여 활발한 상업과 교역이 일어나면 사람들이 도덕적으로 타락할 가능성을 우려하고 있는 것이다. 이와 같은 우려는 아마도 아테네의 개인주의적 소송문화가 상업 및 교역의 발달과 밀접히 연관되어 있다는 판단의 귀결일 것이다.

플라톤의 초기 저작에 속하는 『소크라테스의 변론』과 『크리톤』도 소크라테스가 아테네의 민주정치와 무분별한 소송문화의 합작에 의해 희생되었다는 사실을 잘 그려주고 있다(『변명』 18a-e). 그러므로 플라톤은 비교적 이른 시기부터 만년에 이르기까지 아테네의 개인주의 문화와 윤리적 상대주의 그리고 민주주의와 결합된 소송문화가 자신의 스승 소크라테스를 죽음으로 내몰았던 주요 배경이라 생각했을 뿐만 아니라, 아테네의 힘과 영광의 원천이었던 공공정신과 준법정신을 침식하는 가장 근본적인 원인이라 생각했던 것이다.

유서 깊은 그리스의 도덕적 · 정치적 사유 전통에 따르면, 폴리스의 법률은 원래 신에 의해 승인되었으며 폴리스적 가치와 도덕적 이상들의 저장소로 인식되었다(Klosko 2007, 2).[17] 법률을 의미하는 그리스어 노모스(nomos)는 원래 법률과 관습 그리고 습관과 예의범절 및 질서 유지에 필요한 모든 요소들을 포괄하는 광범위한 외연을 갖고 있다(Stalley 1983, 23; Klosko 2007, 2). 다시 말해 노모스는 공동체가 적합하다고 믿는(nemein) 모든 행위방식을 포함하고 있었다. 비록 BC 5세기에 이르러 nomos-phusis 논쟁이 확산되면서 노모스가 자연적 과정이나 신적인 의지가 아닌 인간에 의해 만들어진 법률과 관습 혹은 협약과 같은 뜻으로 협소화되긴 했지만 원래의 광범위한 외연을 다 잃어버린 것은 아니었다.

하지만 신적인 것이나 자연적인 것과 구분된 인공적인 것으로 규정

17) 법률은 일반적으로 성문법과 불문법으로 구성되었는데, 이들 중 일부는 확인할 수 있는 입법과정을 통해 제정되었으며 다른 일부는 전통이나 관습에 의해 전승되어왔다.

되기 시작한 노모스는 점차 예전의 신성한 권위를 잃어버리고 소피스트들의 다양한 상대주의적 해석의 대상이 되어버렸다. 플라톤은 『국가』에서 BC 5세기 무렵에 유행하게 된 소피스트들의 다양한 정의관들을 비판적으로 소개하고 있다.[19] 예컨대 트라시마코스(Thrasymachos)는 19세기의 마르크스나 현대의 현실주의 법이론가들과 유사한 정의관을 제시한다. 그에 의하면 각 정체는 각 정체의 지배계급에 유리한 법률을 제정함으로써 지배계급의 이익을 증진한다(『국가』 338d-39a). 민주정체는 가난한 다수의 이익에, 그리고 과두정은 부유한 소수의 이익에 복무하는 법률을 제정함으로써 지배집단의 이익에 기여한다. 그러므로 사회학적이고 상대주의적인 관점에서 법률을 이해할 경우 법률적 정의란 결국 "더 강한 자의 편익"을 보장해주는 도구에 불과하다. 법률은 지배집단의 변동에 따라 그 내용이 바뀔 수밖에 없는 유동적인 것으로 이해된다.

사람들 "서로 간에 올바르지 못한 짓을 저지르거나 당하지 않도록 약정을 하는 것이 이익이 되기 때문에" "사람들이 법률과 약정(계약)을 제정하기 시작했으며, 이 법에 의한 지시를 합법적이며 올바르다(곧 정의롭다)"고 보게 되었다고 주장하는 글라우콘의 경우도 트라시마코스의 입장과 크게 다르지 않다(『국가』 359a). 결국 특정 시대 특정한 사람들의 이익 및 그에 입각하여 체결하는 약정의 내용은 시대와 사회마다 다를 수밖에 없기 때문이다.

---

19) 사실 각 정의관은 그에 조응하는 정치질서, 곧 국가관과 연계되어 있다. 다시 말해 정의론은 곧 국가론으로서, 플라톤은 정의에 관한 새로운 규정을 통해 국가에 관한 새로운 이해를 표현했다. 이에 관해서는 다음 장에서 상론할 것이다.

그런데 문제는 이와 같이 사회학적이고 상대주의적인 관점에서 저마다 법률과 정의의 기원을 설명하게 되면 법률의 권위는 자연이나 신적인 의지에 근거를 두고 있는 다른 규범들에 비해 그 권위가 현격히 약화될 수밖에 없다는 점이다. 법률이 인간의 창작물이고 따라서 그 개폐가 용이하다면 전통적으로 법률을 휩싸고 있었던 신성한 휘광은 걷힐 수밖에 없다. 더구나 이와 같은 관점에서 법률과 정의를 인식할 경우 플라톤이 기게스(Gyges)의 반지에 관한 신화를 통해 시사하듯, 법률과 정의에 관한 문제는 내면적 양심과 명예 혹은 절대적인 도덕적 의무의 문제가 아니라 외면적인 위법성의 문제, 곧 위법행위를 들키느냐 들키지 않느냐의 문제로 환원되고 만다(『국가』 359c-d).

물론 법률의 규범적 내용을 자연세계의 어떤 측면으로부터 도출한다고 해서 그것이 '반드시' 정의의 원칙에 부합하는 것도 아니며 자동적으로 절대적인 권위를 획득하는 것도 아니다. 일례로 『고르기아스』에서 소크라테스의 대화 상대자인 칼리클레스는 국제관계와 동물세계에 대한 관찰에 입각하여 강한 자가 약한 자를 지배하고 더 많은 것을 갖는 것이 '자연의 법칙'(laws of nature)임을 강변, 자연에 대한 호소가 사회학적 관점에서 노모스를 규정하는 트라시마코스의 입장과 반드시 충돌하지는 않는다는 것을 보여주고 있다(483a-e).

다양한 사회학적 관점들과 자연에 대한 독특한 해석들의 백화쟁명은 플라톤이 살았던 시기의 아테네가 이미 지적으로나 도덕적으로 전통사회와는 다른 혁명적 변화를 겪고 있었다는 사실을 방증한다. 아테네를 포함한 여러 폴리스들에서의 잦은 정체 변동과 노모스에 기반을 둔 정치질서의 불안정성은 투키디데스(Thucydides)의 비도덕적인 현실주의와 프로타고라스(Protagoras)가 제시한 지적·도덕적 상대주의가 흥기할 수 있었던 배경이 되었다(Klosko 2007, 4). 이와 같은 지적·도덕적 풍토의 확산과 아테네의 몰락 과정은 그 궤를 같이했기 때문에 정의롭고 좋은 삶을 가능케 하는 정치질서(폴리스)의 복원과 유지를 지향했던 플라톤의 정치철학이 이와 같은 사상적 조류나 문화적 풍토 및 법체계에 대한 비판적 성찰을 수반한 것은 너무나 당연했다. 따라서 플라톤이 노모스에 의한 지배를 분명하게 제시한 『정치가』와 『법률』에서도 단순히 노모스의 지배를 그대로 받아들이지는 않는다. 플라톤이 주장한 노모스의 지배는 모든 종류 온갖 내용의 노모스에 의한 지배가 아니라 그중에서도 정의에 부합하고 정의를 구현할 수 있는 노모스의 지배를 의미했다.[20] 나아가 노모스의 지배는 다른 요소들, 이를테면 좋은 정체 형태로서의 혼합정체, 권력의 분립과 견제, 좋은 교육제도 및 훌륭한 통치자와 입법가의 존재 등 다른 요소들을 반드시 필요로 한다. 다시 말해 플라톤

19) 『크라틸로스』 참고. 플라톤에게 있어 노모스-피지스의 관계는 매우 복잡하다. 플라톤이 주장하는 노모스의 지배는 노모스에 속하는 모든 것에 의한 지배가 아닌 정의에 부합하는 노모스만의 지배를 의미하는 것으로, 자연적 정의—궁극적으로 이데아 세계의 조화로움을 반영한다—와 부합하는 노모스의 지배를 의미한다. 그렇게 보면, 플라톤이 지향하는 노모스는 자연적인 것과 긴장관계를 유지하면서도 자연적인 것의 연장선상에 있는 것으로 볼 수 있다. 이름의 올바름에 관한 논쟁에서 자연주의적 입장을 계약주의적 방식으로 보완하고 있는 크라틸로스는 노모스-피지스 논쟁에 대한 소크라테스와 플라톤의 (기본적으로 자연주의에 가까운) 통합주의적인 입장을 드러내주고 있다. 노모스와 피지스의 관계는 어떤 것이 더 일차적이고 어떤 것이 파생적이냐 하는 단순한 관계로 환원될 수 없다. 자연적인 것이 문화적·도덕적인 것을 일방적으로 규정한다고 생각하는 것은 과학적 유물론—오늘날에도 유행하고 있기는 마찬가지이다—의 강력한 영향에 기인하는 것으로 볼 수 있다. 하지만 플라톤과 아리스토텔레스는 그렇게 생각하지 않았다. 건전한 주장에 의해 수립된 정신의 산물은 '자연성'과 '실재성'을 갖는다는 플라톤(The Laws 890)의 주장은 자연적인 것(외부적인 비물질적인 실체-마음의 건전한 주장의 산물)이 문화적 실천(practice-praxis의 요소 포함)으로부터 파생되는 가능성을 보여준다(Junker 1999, 68). 그런데 정의에 부합하는 노모스의 지배를 옹호하게 된 플라톤의 입장은 상식과 철학적 반성 사이를 오가는 '반성적 균형'의 산물이라고 할 수 있다. 이에 대해서는 후술할 것이다.

은 노모스의 지배 원칙에 의존하면서도 노모스의 지배가 최선으로 실현될 수 있는 다른 자연적·정치적·종교적 조건들을 동시에 고려함으로써 매우 포괄적이면서도 종합적인 방식으로 정치질서의 문제에 접근하고자 했다.[21)]

정치질서의 문제를 이와 같은 통합적 접근에서 보면 가장 중요한 것은 노모스를 이루고 있는 다양한 요소들 사이의 조화와 통합뿐만 아니라 노모스와 정체 그리고 교육과 개인적 미덕 사이의 정합성이다. 때문에 바람직한 정치질서의 회복과 유지를 지향한 플라톤의 해법은 개별적인 대화를 통해 도덕적 혁신을 일으키고자 했던 소크라테스의 문답식의 비현실성을 직시·탈피하고 보다 근본적이고 총체적인 재구성적 혁신 방식을 취하게 된다(『국가』, 399e).[22)] 정치질서를 구성하는 모든 인적·제도적·문화적·관습적·교육적·종교적 요소들 사이의 조화와 통일성, 다시 말해 모든 규범 요소들의 정합적 통합관계가 없다면 그런 정치질서는 분열된 영혼처럼 언제든지 혼란과 무질서에 빠질 가능성이 높다. 때문에 정치질서 문제에 대한 플라톤의 접근 방식은 근본적으로 정치질서의 구성요소들 사이에 아예 균열이나 부정합이 발생하지 않는 정치질서 구조를 설계·건축하는 것이다. 플라톤의 『국가』, 『정치가』, 『법률』은

21) 이 지적은 아리스토텔레스에게도 해당한다. 『니코마코스 윤리학』에서 아리스토텔레스가 개인의 성품 도야를 목표로 다양한 덕목들을 논하고 있다는 사실은 좋은 정치질서의 유지가 노모스의 존재만으로는 불충분하다는 것을 말해준다. 이것은 플라톤과 아리스토텔레스의 규범철학이 다양한 규범 요소들 사이의 변증법적 조화를 모색하는 통합적인 성격을 갖고 있었다는 사실을 보여준다.

22) 기존 질서에 대한 플라톤의 혁신적 접근은 '정화'라는 개념으로도 표출된다. 플라톤은 음악의 선법을 놓고 글라우콘과 벌인 대화에서 자신의 혁신적 접근법에 대해 다음과 같이 언급한다. "역시 단연코 말하네만, 우리는 방금 전에 호사스러운 나라라고 말했던 나라를 우리도 모르는 사이에 다시금 완전히 정화했네"(『국가』, 399e).

바로 이와 같은 플라톤의 의도를 반영한 일련의 상호 연관된 저술들로서 정치질서를 구성하는 여러 요소들—철학(자), 정의, 정치가(입법자), 노모스, 교육, 덕성(품성), 종교, 신화 등—을 다시 정의(定義)하고, 이처럼 새롭게 정의된 구성요소들 사이의 정합성을 확립함으로써 조화롭게 통일된, 따라서 새롭게 규정된 정의가 실현된 정치질서를 구축하려는 의도를 갖고 있다.

3. 플라톤 정치철학의 성격과 구조

이미 살펴본 것처럼 플라톤의 정치철학은 쇠퇴기에 접어든 아테네의 불안정한 정치사회적 상황과 상업 발달로 야기된 광포한 개인주의적 소송문화를 배경으로 형성되었다(Morrow 1941, 108; Irwin 1992, 61-3; Klosko 2006, 1; Heinze 2007a, 100). 하지만 플라톤의 문제의식이 당대의 정치적 사건들과 개인주의적 소송문화에 뿌리를 두고 있었다고 해도, 그의 정치철학의 성격은 자신의 비판적이고 체계적이며 포괄적인 사유방식을 반영했다는 점을 결코 무시해서는 안 된다.[23] 플라톤의 정치철

23) 물론, 플라톤의 성찰 방식 형성에 있어 소크라테스의 영향은 절대적이다. 그리고 피타고라스 학파 및 엘레아 학파도 플라톤의 사유방식에 적지 않은 영향을 미친 것으로 알려져 있다. Barker, Ernest, *The Political Thought of Plato and Aristotle*. New York: Dover Publications, Inc., 1959, 62.

학은 그리스가 확립한 정치 형태 및 제도와 사상, 법률과 관습 그리고 문화와 교육 전반에 대한 플라톤적 사유방식의 산물이었기 때문이다.[24)]

플라톤의 정치철학은 어떤 특정 제도나 법률을 제한적으로 개정하기 위한 것이 아니었다. 그것은 정치질서 및 다양한 제도들과 문화 그리고 가치체계를 하나의 정합적인 전체로 통합 유지시키려는 포괄적인 목적을 갖고 있었으며, 또 그런 목적에 적합한 체계적인 정치철학 방법으로 수행되었다.[25)] 따라서 법치 원리를 포함한 플라톤의 정치사상은 그의 정치철학의 성격과 구조에 대한 이해를 매개로 해서만 적절히 탐구될 수 있다.[26)]

플라톤의 정치철학이 지닌 독특한 '성격'에 초점을 맞춰보면 『국가』, 『정치가』, 『법률』은 플라톤 정치사상의 근본적 혹은 점진적 '변화'—따라서 전환—를 반영하는 작품들로서보다는[27)] 정치질서의 구성요소들 사이의 완벽한 정합적 관계를 추구하는 철학적 사유방식과 '반성적 균형'(reflective equilibrium)의 방법을 복합적, 순차적으로 수행하여

---

24) 플라톤의 정치사상을 그 종교적 · 형이상학적 토대로부터 법률 · 제도론에 이르기까지 하나의 총체적 체계로 접근하고 있는 국내 연구로는 나정원(1989)이 있다.

25) 플라톤의 정치사상에 대한 그동안의 주된 연구 경향은 이 저작들의 '관계'에 집중해왔다. 하지만 이 3부작의 관계에 대한 해석을 놓고 그동안 벌여온 논쟁을 두고 볼 때, 이 저작들의 관계를 중심으로 플라톤의 정치사상을 계속 탐구하는 것은 그다지 유익해 보이지 않는다. 더구나 '관계'에 초점을 맞춘 연구들이 나름대로 타당한 근거들을 제시하고 있어 앞으로도 해석의 통일을 기대하기 어렵다고 보거니와 지금은 플라톤의 정치사상을 이해할 수 있는 대안적(혹은 보완적)인 접근 방법이 긴요한 시점이라 본다.

26) 이 방법은 '관계' 중심적 연구를 보완하는 연구로 이해할 수 있으며, 방법론적으로 볼 때 아리스토텔레스적 의미의 변증법적 사유구조에 주목하여 플라톤의 정치철학과 법치주의를 탐구하는 것이라고 할 수 있다.

27) 『국가』, 『정치가』, 『법률』의 관계를 플라톤 정치철학의 점진적 '완성' 또는 '발전' 과정으로 해석하는 입장, 『국가』에 대한 '수정' 관계로 보는 입장, 『법률』을 『국가』의 이상적 청사진을 현실적 조건 속에서 '실행'하는 관계로 보는 입장, 그리고 '수정' 관계도 '실행' 관계도 아닌 '신적인 수준'과 '인간적인 수준' 사이의 대비로 보는 해석 등이 있다. 이에 관해서는 Laks(2000, 258-92)를 볼 것.

얻은 하나의 종합적 패키지—수직적 스펙트럼—로 이해하는 것도 가능하다.[28] 다시 말해 『국가』, 『정치가』, 『법률』은 특정한 역사적 수준, 즉 특정한 인간적 · 역사적 조건에서 정치질서를 구성하는 여러 요소들을 재규정하고 그렇게 재규정된 요소들 사이의 정합성을 끊임없이 그리고 '순환적으로' 확립해가는 '횡적인' 사유방식과[29] 상이한 인간적 · 역사적 조건들에 조응하는 다양한 '질서의 본'들을 구성하는 '종적인' 사유방식—곧, 반성적 균형의 방법—을 복합적으로 수행한 결과로 얻은 한 묶음의 패키지로 이해해볼 수 있다는 것이다.[30]

---

28) 이 방법은 기존의 발전(=단계)론적 접근 방법보다 플라톤 정치철학의 성격과 목표를 더 충실하게 조명해준다고 본다. 여기서 강조하는 정치철학의 '성격'은 스트라우스(L. Strauss)가 플라톤 정치철학의 한 가지 '성격'으로 제시하고 있는 '비전적'(esoteric) 성격과는 명확히 다른 것이다. 스트라우스가 강조하는 '비전적' 성격은 한정된 특별한 대상에게만 그 취지가 전달될 수 있게 하는 (정치적 의미가 있는) '표현의 기법'을 의미하지만, 여기서 강조하는 것은 특별한 '사유의 방식'이다.

29) 정치질서에 대한 통합적 접근 방법은 구성요소들 사이의 전체적인 정합적 관계를 단번에 그리고 한꺼번에 보여주기는 어렵다. 이 책의 통합적 접근 방법은 정치질서의 주요 구성요소들—예컨대, (철인)통치자의 지배와 법률의 지배, 관습의 지배와 교육의 관계, 법률의 지배와 종교의 관계 등—사이의 부분적 정합관계를 '순환적으로' 설명함으로써 결국 모든 요소들 사이의 정합적 관계를 확립해가는 방법이다. 그것은 소극적으로는 구성요소들 사이의 모순성을 '순환적으로' 극복해가는 방법이며, 적극적으로는 구성요소들 사이의 정합성을 '순환적으로' 구성해가는 방법이다. 플라톤은 이 방법에 대해 『국가』의 4권에서 다음과 같이 암시하고 있다. "[소크라테스]: 게다가 정체는 일단 출발을 잘하게 되면, 마치 바퀴의 순환처럼, 성장해갈 걸세. 선선한 양육과 교육이 유지됨으로써 훌륭한 성향(자질)들을 생기게 하고, 다시 건전한 성향(자질)들은 이런 교육을 받음으로써 선인(先人)들보다도 더 나은 사람들로 자랄 것이기 때문일세……"(『국가』, 424a).

30) 플라톤은 『법률』의 말미에서 (정치)철학의 포괄적 성격—이데아의 질서에서부터 정치질서와 영혼의 질서에 이르기까지 통합해서 보는—을 다음과 같이 시사하고 있다. "[아테네인]: 그런데 적어도 각각의 것들과 관련된 우두머리 장인 또는 전문가와 수호자는 여럿(ta polla)을 바라볼 수 있어야 할 뿐만 아니라 하나(to hen)를 알도록 촉구해야만 하며, 일단 이를 알게 되면 모든 것을 총괄적(포괄적)으로 봄으로써 이와 관련지어 조직화하게 되어야만 한다고 우리가 말하지 않았던가요? [클레이니아스]: 옳게 한 말이었습니다. [아테네인]: 그런데 여럿이며 같지 않은 것들에서 하나의 이데아를 바라볼 수 있는 것보다도 더 정확한 고찰(skepsis)과 봄(thea)이 어떤 것에 대해서든 누구에게든 일어날 수 있을까요? [클레이니아스]: 아마도 그럴 수 있을 것입니다. [아테네인]: 아마도가 아니라 실제로 이보다 더 명확한 방법은 그 누구에게도 없습니다. 선생이시여!"(965b–c).

물론 복합적인 정치철학 방법을 서로 다른 역사적 수준에서 적용하게 되면 서로 다른 인간적·역사적 조건을 반영한 다양한 규범질서의 본들이 나타날 수 있고 또 실제로 나타나게 되는데[31] 이 상이한 본들의 존재를 필히 관점의 근본적인 변화나 정치사상의 근본적인 수정 또는 완성(발전)—요컨대, 철인지배의 옹호에서 법치로의 전환—으로 이해할 필요는 없다. 왜냐하면 다양한 국가의 본들은 한 수직적 스펙트럼 위의 다른 지점에서 구성된 모델들로 이해할 수도 있기 때문에 '반드시' 기본 관점의 변화나 정치사상의 본질적인 변화를 반영한 것으로 보아야 할 필연적인 이유가 없기 때문이다.[32]

예를 들어 클로스코(G. Klosko)는 '전환명제'의 관점을 대표하는 학자인데, 그의 입장은 플라톤의 정치사상을 이해함에 있어 '전환명제'와 그 아류가 공통적으로 노정하는 난점을 보여주기 때문에 이 논문의 대안적인(혹은 보완적인) 플라톤 해석의 타당성을 간접적으로나마 뒷받침해줄 수 있다는 점에서 검토할 필요가 있다. 클로스코는 1988년에 발표한 논문에서부터 최근에 발표한 논문과 저서에 이르기까지 줄곧 '전환명제'에 입각하여 플라톤의 정치사상을 해석해왔다(Klosko 1988; Klosko 2006; Klosko 2008). 그의 '전환명제'에 따르면, 플라톤은 『국가』의 철인

31) 『법률』의 3권 마지막 부분에서 아테네인과 메길로스 그리고 클레이니아스는 새로운 나라를 수립하기로 동의한다(702d-e). 이는 『국가』에서 구성된 이상국가와는 다른 인간적·역사적 조건에서 구성될 질서의 본이다.

32) 플라톤이 『법률』에서 제시한 법치국가가 실행을 위한 정확한 청사진이 아니라 대략적인 법치국가의 윤곽, 곧 (『국가』와는 다른 인간적·역사적 조건에서 구성한) 또 다른 국가의 본이라는 해석은 보보니치(C. Bobonich)와 코헨(D. Cohen) 그리고 손더즈(T. J. Saunders)에 의해서도 지지되고 있는 듯 보인다(Bobonich 2002, 406; Cohen 1993; Saunders 1995, 603). 하지만 보다 중요한 것은 철인지배와 법치국가의 관계를 이해하는 방법의 문제이다.

지배 옹호 입장에서부터 『정치가』를 거치며 법치국가 옹호 입장으로 전환했으나, 『법률』 12권 말미에서 돌연 『법률』 11권까지 옹호해오던 법치국가를 버리고 철인지배로 재(再)전환했다고 주장한다. 그 이유를 그는 다음과 같이 기술한다.

> [『법률』] 전 저작을 통해 플라톤은 법률의 필요성을 확신했다. 법률이 없으면 인간은 야수와 같이 살아야 한다. 하지만 그는 여전히 법률 없이도 통치할 수 있는 비범한 개인들이 나타나면 권력이 그들에게 쥐어져야 한다는 의견에도 주목했다. "왜냐하면 어떤 법과 명령도 지식보다는 전능하지 않으며, 이성이 어떤 다른 것에 복종하는 것이나 속박되는 것도 옳지 않기 때문이다." 그래서 플라톤은 그런 개인들이 발견될 가능성이 없다고 믿음에도 불구하고 전적으로 철학적 지혜가 없는 국가를 용납할 수 없었고, 철학적 개인들이 나타날 수도 있다는 기대를 포기할 수도 없었다. 『국가』에서 이상국가의 건설에 관해 반복적으로 말하고 있는바, 그것은 어렵지만 불가능하지는 않다. 그러므로 『법률』에서 우리가 서 있는 지점은 『정치가』의 그것과 가깝다. *11권까지는 거의 명백하게 철인왕의 지배를 포기하고 법의 지배를 지향했지만, 그가 계속 묘사하는 정치술은 법 없이 통치하며 신민들의 동의를 요구하지 않는 현명한 전제군주에 의해 행사되어야 한다.* ……『법률』에서도 플라톤은 젊은 시절의 이상을 완전히 포기할 수 없었다. 그는 자신의 마지막 작품을 철학적 요소가 마그네시아를 차선의 지위로부터 상승시켜줄 수 있을 것이라는 희망으로 돌아감으로써 끝내기를 원했을 수도 있다. 이 사실이 앞에서 설명한 도시와 잘 부합하지 않는다는 사실은 그가 살아서 해결할 수

없었던 문제였다. 프리들랜더(Friedlander)가 말하기를, "플라톤에게 있어 소크라테스는 아직까지도 플라톤 속에 있는 솔론[법률]을 이기고 있다(강조하고 밑줄 친 부분은 필자에 의한 것임)(Klosko 1988, 87-8; cf. Klosko 2006, 258, 264; cf. Klosko 2008, 466-71).

이미 언급한 바와 같이 클로스코의 '전환명제'가 그릇되었다고 단언하기는 어려우며 또 반드시 그렇게 볼 필요도 없다. 하지만 그의 '전환명제'—이와 유사한 논리들과 마찬가지로—는 플라톤이 철인지배와 법치를 이항대립적으로 간주하면서(밑줄 친 부분 참조), 『법률』 12권 말미에서 앞서 11권까지 줄기차게 옹호해왔던 법치를 허무하게 포기해버리고 갑작스럽게 '야간회의'(Nocturnal Council)로 표상되는 철인지배로 재전환했다는 (다소 받아들이기 어려운) 논리를 전개한다. 현대철학에 깊이 침투해 있는 이항대립적인 인식 방법에 입각한 그의 '전환명제'를 가지고서는 플라톤이 철인지배와 법치의 관계를 상보적인 통합관계로 인식했을 수도 있다는 개연성이 아예 포착될 수 없었고, 따라서 클로스코는 플라톤이 철인지배에서 법치로 그리고 다시 법치에서 철인지배로 두 번의 전환을 거친 것으로 단정해버릴 수밖에 없었다. 그리고 그와 동시에 이 두 번째 전환을, 다소 편의적으로, 플라톤이 죽기까지 해결할 수 없었던 『법률』의 주요 모순으로 간주해버렸다.

이미 언급했듯이 클로스코의 '전환명제'와 이와 유사한 전환론들이 그릇되었다고 볼 필요는 없다. 다만 이 '전환명제'는 위의 인용문에서 확인할 수 있듯이 철인지배와 법치를 이항대립적인 관계로 파악하는 경향이 강하기 때문에, 철인지배(=철인주권)와 법치(법의 주권) 사이의 양자택일이라는 관점에서 플라톤의 정치사상을 해석하는 경향을 띠게 된다. 그래서 일정한 인간적·역사적 조건에서는 철인지배와 법치가 상호 보완적인 기능을 수행할 수 있는 가능성이나 주권을 상호 공유하며 통합되어 있을 수 있는 가능성을 포착하기 어렵게 함으로써, 플라톤의 정치사상이 갖고 있는 (이 책에서 부각시키고자 하는) 또 다른 통찰들을 끌어낼 수 없게 만든다.

이에 비해 플라톤의 정치사상을 상이한 인간적·역사적 조건에 부합하게 구성된 질서 모델들의 수직적 스펙트럼을 통해 통합적으로 이해하고자 하는 대안적 접근 방법은 철인지배(현자의 지배)와 법치의 관계가 상호 보완적인 기능을 수행하면서 통합될 수 있다는 해석을 가능하게 해준다. 이 해석에 따르면 『법률』 12권 말미에 나오는 '야간회의'의 존재를 (클로스코가 해석하고 있는 것처럼) 『법률』 전체를 통해 옹호된 법치국가와 모순적인 관계에 있다고 해석할 필요가 없다. 왜냐하면 법률은 그 자체로서 내재적인 한계가 있기 때문에 지혜를 갖춘 덕스러운 '야간회의'의 현자들에 의해 보완될 필요가 있고 또 그렇게 하는 것이 마땅하기 때문이다.[33)]

이 해석은 여러 가지 근거를 통해 뒷받침할 수 있다. 먼저 『정치가』에서 개진된 플라톤 자신의 주장에 의해 뒷받침될 수 있다. 플라톤은 입

---

33) 물론 이 보완관계는 철학과 법의 상호 침투적이며 상호 재귀적인 관계를 통해 실현된다는 점에서 단순한 보완관계로 이해해서는 안 된다. 이 둘의 관계는 서로 영향을 주고받으며 상호 침투한다는 의미에서 변증법적인 상보 관계에 있다. 그러므로 이 책은 플라톤 정치사상을 아리스토텔레스로부터 시작하는 것으로 알려진 변증법적 법이론(dialectical jurisprudence)의 전통에서 해석하고 있다고 할 수 있다.

법술이 왕도적 치술에 속한다는 것을 설명하는 맥락에서 "*최선의 것*은 법률이 아니라 지혜를 갖춘 왕도적 치자가 *우세한* 것이네."라고 주장함으로써 철인지배와 법치가 상이한 비중으로 결합될 수 있는 가능성을 시사하고 있다(필자의 강조). 여기서 '우세'하다는 표현을 '최선'의 통치와 연계시켜 이해하면 최선의 통치—플라톤은 이런 지배를 '이론상으로' 가능한 통치 형태로 간주한다(『국가』, 592b)—는 왕도적 치자의 철학적 지성이 법률에 비해 더 높은 위상을 갖거나 더 중요한 역할을 수행하는 경우라고 할 수 있는바, 최선의 통치 이하의 수준으로 내려올 경우 철학적 이성의 지배와 법치가 최선의 통치에서와는 다른 비중으로 결합될 가능성을 암시해준다. 이렇게 보면 철인지배와 법치의 대조는 주로 '이론적인' 의미를 갖고 있는 것으로, 플라톤이 실제적인 정치현실 속에서도 그런 이분법적 사고를 견지했다고 주장할 필요성은 없게 된다.[34)]

철학적 이성의 지배와 법치의 상보적 통합관계는 법치와 정체 형태(=人治)가 필연적으로 상호 보완적인 관계를 이룰 수밖에 없다고 본 아리스토텔레스의 주장을 통해서도 간접적으로 뒷받침할 수 있을 뿐만 아니라(『정치학』, 1286a24-25, 1287b8-10), BC 5세기와 4세기에 공히 아테네에서는 민주주의와 법치가 상호 침투적인 관계를 이루며 공존해왔다는 공인된 연구결과를 플라톤적 관점에서 비판적으로 재해석함으로써 뒷받침할 수 있다(Harris 2006; Ober 2000). 예컨대 오버(J. Ober)와 타마나하(B. Z. Tamanaha)는 BC 5~4세기 아테네에서는 민주주의(=인민주권)가

---

34) 이런 관점에서 해석하면, 철인지배와 법치는 현실을 체계적으로 이해하고 개선하기 위한 방법론적인 개념들로서 일종의 베버(M. Weber)의 이념형들과 유사하다고 할 수 있다.

곧 법치(법의 주권)였고 법치가 곧 민주주의였다고 주장하고 있는데(Ober 2000, 138; Tamanaha 2004, 7), 플라톤적 관점에서 이 양자 관계를 비판 · 수정하면 군주정(=철인주권)과 법치(=법의 주권)의 상보적 침투관계로 재해석할 수 있다. 비록 『법률』에서 민주주의에 대한 플라톤의 비판적 태도가 다소 누그러진 것으로 나타난다고 해도, 다중의 지혜보다는 철학적 지성의 궁극적 우월성에 대한 믿음을 시종일관 견지해온 그의 입장을 두고 볼 때, 플라톤이 (아테네의 정치 현실에서 구현된) 법의 주권(=법치)과 인민주권(=민주주의) 사이의 결합을 법의 주권과 철인(들의)주권 사이의 결합으로 대체하기를 원했다고 보는 것은 충분한 설득력이 있다.[35)]

이 책의 대안적 해석에서 『국가』는 특별히 중요하다.[36)] 그것은 전체 정치질서를 구성하게 될 방법에 대한 논의를 포함하고 있을 뿐만 아니라 후속적인 논의 전체 과정을 인도할 수 있는 최초의 전체적 틀을 제공하기 때문이다. 『국가』에서 제시된 정치질서의 본은, 그 본이 구성된 특정한 인간적 · 역사적 수준에서, 그 본을 이루고 있는 구성요소들이 그 본에 비추어 '끊임없이' 규정 · 재규정되는 기본 틀 역할을 한다. 그리고 그 구성요소들 사이의 정합성이 '순환적인' 방식으로 제고됨에 따라 '국가의 본' 역시 완전한 모습에 가까워지게 된다.

---

35) 여기서 '철인(들의)주권'이란 표현을 쓴 이유는 『법률』의 철인들은 『국가』의 철인에 비해 그 지적 완전성이 현저히 떨어져 집단적인 지도체제를 형성할 필요성이 있기 때문이다. '법률의 수호자들'과 '야간회의'는 모두 집단적인 기구임을 기억하면 될 것이다. 그리고 이렇게 보면, 특정한 인간적 · 역사적 조건 속에서 법치와 이상적으로 결합될 수 있는 정체 형태가 반드시 군주정일 필요는 없고 귀족정이나 혼합정 형태가 될 수도 있다는 것을 인정할 수 있다.

36) 물론 이것이 다른 해석에서 『국가』가 중요하지 않다는 의미는 아니다. 이것은 단지 필자의 대안적인 해석의 중요한 근거들이 『국가』에 있다는 의미일 뿐이다.

[소크라테스]: ……즉 나라는 신적인 '본'(paradeigma)을 이용하는 화가들이 나라의 밑그림(diagrphē)을 그리지 않고서는 결코 행복할 수 없을 것이라고 말하는 우리를 말일세. [아데이만토스]: ……어떤 식의 밑그림을 말씀하십니까? [소크라테스]: 철학자들은 나라와 인간들의 성격들을 마치 화판처럼 갖고서는 먼저 이를 깨끗하게 만들 텐데, 이는 그다지 쉬운 일이 아닐세. 그렇지만 그들은 이 점에서, 즉 그것을 깨끗한 상태로 받거나 아니면 자신들이 그걸 깨끗하게 하기 전에는 개인에 대해서건 나라에 대해서건 관여하려고 하지 않을 것이며 법률 또한 기초하려고도 하지 않을 것이라는 점에서, 곧바로 다른 사람들과 차이가 나네. …… [소크라테스]: 그러니까 다음으로는 그들이 정체의 형태를 윤곽으로 그리게 될 것이라고 생각지 않은가? ……[소크라테스]: 그 다음에는 이를 이루어냄에 있어 그들은 자주 양쪽에 대해서, 즉 본성에 있어 올바른 것과 아름다운 것, 절제 있는 것, 그리고 이런 모든 것[형상]에 대해서, 그리고 또 한편으론 그들이 여러 가지 활동(생활습관: epitēdeumata)을 한데 섞어서 인간의 모습을 혼성해낼 것이니, 이는 호메로스도 인간들 속에 나타난 '신의 모습'이며 '신을 닮은' 것이라 불렀던 바로 그것에 근거한 것일세. ……[소크라테스]: 그리고 그들은 어떤 것은 지워버리되 어떤 것은 다시 그려넣을 것이니, 인간의 성격들을 가능한 한 최대한으로 신들의 마음에 들도록 만들게 되기까지 그럴 걸세(『국가』, 500e-501a).

이 인용문은 정치질서의 구체적인 모습을 완성하기 전에 '깨끗한' 화판 위에 새로운 밑그림을 그려야 한다는 것과 국가의 본을 완성하기 위해 "신들의 마음에 들도록 만들게 되기까지" 끊임없이 지우고 다시 그리는 노력—곧, 근본 비판적이며 정합성을 추구하는 끊임없는 철학적 사유—이 불가피함을 강조하고 있다. 하지만 플라톤은 동시에 『국가』 8권 글라우콘과의 대화에서 이 밑그림이 밑그림일 뿐 그 모습을 완전히 드러낸 구체적인 그림이 아님을 강조함으로써, 이후로 상이한 수준의 인간적 · 역사적 조건에 부합하는 또 다른 국가의 밑그림을 그려야 할 끊임없는 과제가 남아 있음을 다음과 같이 시사하고 있다.

> [소크라테스]: 그러니까 이 정체는 이렇게 성립되며, 이런 것일세. 정체의 형태를 논의를 통해 밑그림으로만 그릴 뿐 정확하게 그림을 완성시키려는 것은 아닌 터이니까. 그건 가장 올바른 사람과 가장 올바르지 못한 사람을 알아보는 데에는 밑그림만으로도 충분한 데다가, 모든 정체와 모든 성격을 아무것도 남기는 것 없이 자세히 말한다는 것은 엄청나게 오래 걸릴 일일 것이기 때문일세(『국가』, 548c-d).

그렇다면 최초의 전체적 틀, 곧 정치질서의 본은 어떻게 구성되는가? 여기서 BC 5~4세기 아테네의 역사적 국면과 형상이론 사이의 '반성적 균형'이 개입한다.[37] 플라톤의 정치철학은 궁극적으로 당시 그리스 세계의 정체적 특징들과 법률, 문화와 관습 그리고 종교와 교육을 정치질서의 원소재로 삼는 역사성을 가지고 있다. 여기에 정의, 자연 그리고 관습에 관한 대립적인 사고 전통들 및 잦은 정체 변동 현상도 정치질

37) 이는 정의론 구성을 인도하는 한 가지 방법으로서의 롤즈의 '반성적 균형' 관념(방법)을 도입한 것이다.

서의 본을 구성함에 있어 중요한 역사적 소재들이었다. 동시에 국가에 관한 불변적이고 영원한 '신적인 본'이라는 관념을 제공해주는 형상이론의 개발 역시 국가의 밑그림으로서의 본의 구성에 핵심적인 축이었다. 플라톤은 보편적인 형상에 관한 아이디어와 당대의 중요한 역사적 상식들 사이를 오가는 지속적인 성찰과정을 통해 최초의 '국가의 본'을 구성했다(『국가』, 500e-501c). 그리고 '반성적 균형'에 의해 일단 대략적인 본이 형성되면 근본 비판적이고 체계적이며 포괄적인 철학적 사유방식이 횡적으로 작용하면서 그 본의 내적 정합성을 추구해나간다. 실상 『국가』는 이 두 가지 사유방식들의 복합적 수행을 통해 그 구성요소들—정의의 원리, 철학(철인), 교육, 법률 등—사이의 정합성을 '순환적으로' 맞춰감으로써 '국가의 본'을 구성하는 과정을 보여주고 있다.

국가에 관한 최초의 틀을 구성함에 있어 정의라는 주제는 매우 특별한 의미를 지닌다. 정의는 곧 국가라 불리는 정치질서의 본을 구조화시킬 대원칙, 곧 "국가 전체의 통일 원리"를 나타내기 때문이다(cf. 『법률』, 945d). 플라톤이 『국가』란 제목을 붙인 저술에서 국가에 관한 논의의 일환으로 정의라는 주제를 심도 있게 다룬 것은 정의에 관한 규정이 바로 그에 조응하는 국가의 성격 규정을 의미하기 때문이다.

예컨대 글라우콘과 트라시마코스의 정의에 관한 규정들은 그에 조응하는 정치질서를 전제한다. 정의는 인위적인 것이며 협약의 산물이라고 본 글라우콘의 규정이나, 정의란 더 강한 자의 편익이라고 주장한 트라시마코스의 규정은 공히 약자들과 강자들로 나뉘어 대립하고 있는 정치질서 및 그를 뒷받침하고 있는 법질서—민주정에 부합하는 법질서 혹은 과두정에 부합하는 법질서—를 전제한다.[38] 이처럼 정의에 관한 규정은 곧 그에 조응하는 국가의 성격과 법률을 규정하는 것과 다름이 없다. 그러므로 이런 정의관들의 부조리함이나 모순성을 비판하는 것은 그에 조응하는 정치질서를 비판하는 것이며, 대안적인 정의관을 제시하는 시도는 곧 그에 조응하는 새로운 정치질서를 제시하는 것과 같다. 정의란 결국 국가가 갖춰야 할 궁극적 덕목(또는 원리)이기 때문에 '국가의 본'은 최선의 질서 원리인 새로운 정의관을 갖춰야 하기 때문이다. 요컨대 플라톤은 당시 아테네에서 유력하게 회자되었던 정의관들의 내적 모순이나 부조리함을 비판하고 형상들의 조화로운 질서를 반영하는 대안적인 정의관을 제시함으로써, 근본적인 수준에서 기존의 정치질서를 비판하고 깨끗한 화판 위에서 그를 대신할 수 있는 새로운 '국가의 본'을 제시하고자 했다.

'국가의 본'을 구성함에 있어 정의의 원리 못지않게 중요한 작업은 철학(철인)의 자리매김이다. 이것이 정의 원리에 못지않게 중요한 이유는 철학이 질서 문제에 대한 기존의 이론들을 비판하는 데서부터 시작하여 가장 이상적인 '국가의 본'을 구성하고 그 질서를 구체화하며 유지하는 과업에 이르기까지 일관되게 관여하는 활동이기 때문이다.[39] 특히 현명하기 비할 데 없는 스승 소크라테스의 죽음은 최초의 '국가의 본'을

---

38) '국가의 본'의 역사적 측면은 이 본이 스파르타 모델과 아테네 모델의 비판적 종합에 의해 구성되었다는 점일 것이다(Barker 1959, Introduction).

39) '국가의 본'에서 철학의 특별한 위상은 개인적인 소피스테스들 및 '막강한 소피스테스' 곧 민중과의 대조를 통해 부각된다. 철학은 진리나 훌륭함에 이르게 하지만, 소피스테스는 타락, 떠들썩거림, 강제적인 제재에 이르게 한다(『국가』, 492a-d). 그리고 『정치가』에서는 지식(=기술)을 갖춘 "왕도적 치자"와 "최대의 모방가들이자 최대의 사기꾼들"인 "최대의 소피스테스"들과의 대조를 통해 부각된다(『정치가』, 303b-c).

구성함에 있어 플라톤으로 하여금 철학에 가장 안전하면서도 철학의 기여를 보장해줄 수 있는 방도를 찾도록 했다(『국가』, 493d, 495a-b, 497d). 플라톤이 '국가의 본' 속에서 철학(철인)에 부여한 최초의 위상은 이와 같이 일정한 역사적 문제의식을 반영했던바, 철학은 '국가의 본'을 뜨는 작업에 관여함은 물론 그렇게 구성된 정치질서를 구조화·정화시키는 모든 과정에 관여하는 초월적·내재적 원리로 작용한다.

'국가의 본'을 구성함에 있어 철학(=철인)은 기본적인 정치 형태와 법률의 성격을 결정하는 중요한 역할을 한다. 그뿐 아니라 국가질서를 구성하는 모든 다른 요소들, 이를테면 군대, 경제, 교육과 검열, 관습, 종교, 시민의 덕성 등 모든 것들을 개혁하고 규제하는 국가의 이성 및 눈과 같다.

먼저 철학의 최고 위상은 정치의 재규정을 수반한다. 정치는 이제 대립하고 있는 정치사회 세력들의 이해관계를 조정하거나 타협시키는 실용적인 활동 혹은 강압적인 지배 활동이 아니다. 그것은 정치적 진리 혹은 지식(epistemē = science), 다시 말해 가장 보편타당한 정의—이것 역시 철학적 성찰에 의해 획득한 지식이다—에 관한 지식을 정치질서 속에 구현시키는 기술(technē)로 재규정된다. 그리고 정의의 본질은 개인 영혼의 차원에서나 국가질서의 차원에서 공히 동일하기 때문에 정치는 철학을 매개로 하여 국가의 법률과 교육, 종교 그리고 모든 관습과 개인적 품성의 쇄신을 지향하는 총체적인 통치술이 된다. 그에 따라 정치질서로서의 국가는 정의관과 철학적 정치를 통해 그 모든 측면들—심지어 사적인 영역들까지도 포함하여—이 조화롭고 통일적으로 유지되는 정합성—이상적인 질서로서의 실재성—을 구현해나간다.

하지만 이렇게 하여 최초로 구성된 국가의 전체적인 '본'은 그저 이론상(논리상)의 '본'—철인지배정체 혹은 참다운 정체로서의 이상적 왕정—일 뿐이다(『국가』, 369a-c, 592a-b; 『정치가』, 301a). 플라톤은 최초로 구성된 '본'이 애초부터 실현 가능성을 염두에 둔 것이 아님을 『국가』 9권에서 글라우콘과의 대화를 통해 밝히고 있다.

> [글라우콘]: 알겠습니다. 선생님께서는 이제껏 우리가 수립하면서 언급해온 나라, 즉 이론상(논의상)으로나 성립하는 나라에서 그러려고 할 것이란 말씀이군요. 그 나라는 지상의 그 어디에도 존재하지 않을 것이라고 저는 생각하니까요. [소크라테스]: 그렇지만 그것은 아마도 그걸 보고 싶어 하는 자를 위해서, 그리고 그것을 보고서 자신을 거기에 정착시키고 싶어 하는 자를 위해서 하늘에 본(pradeigma)으로 바쳐져 있다네……(『국가』, 592b).

이처럼 최초에 구성한 '국가의 본'은 단지 '이론상의' 것이며 그 구체적인 내용이 아직 추상적인 밑그림일 뿐 인간이 닿을 수 있는 높이에 걸려 있지 않다.[40] 따라서 '국가의 본'이 실현 가능한 수준으로 하강하기 위해서는 정체 형태보다 더 세부적인 역사적 요소들과 최초의 '본' 사이의 또 다른 '반성적 균형'—최초의 본에 비해 추상성이 낮아지고 상

---

40) 따라서 실질적으로 정체들은 준법국가 3종(군주정 > 귀족정 > (우량)민주정)과 무법국가 3종(민주정 > 과두정 > 참주정)으로 분류된다. 철인지배정체 혹은 이상적 왕정은 유일하게 '참다운' 정체이지만, 그 모방물들인 준법국가들과 무법국가들만이 정체 분류에 속한다. 이에 관해서는 다음 장에서 논의될 것이다.

대적으로 구체성이 높아진 역사성 속에서의 반성적 균형—을 요구한다. 다시 말해 아주 이상적인 인간적 · 역사적 조건에서 최초로 구성된 '국가의 본'은 상대적으로 불리한 인간적 · 역사적 조건에서, 인간적 조건과 철학적 반성 사이를 오가는 '반성적 균형'을 통해 인간이 도달할 수 있는 최고 수준의 '본'으로 다시 구성되어야 한다.[41)]

그런데 여기서 반드시 기억해야 할 사항은 상이한 역사성 수준들에서 수행되는 모든 '반성적 균형'에서 플라톤적 정치철학의 근본 성격, 곧 비판적이며 포괄적이고 체계적인 특성이 '횡적인' 차원에서 끊임없이 관철되고 있다는 점이다. 만일 플라톤의 정치철학이 이상적인 '본'과 역사적인 상황의 단순 타협에 만족했다면, 다수의 연구자들이 그렇게 파악하듯 플라톤의 정치사상은 단순히 철인지배의 '이상'에서 '현실적인' 법치의 옹호로 '수정'된 것이거나, 그 문제의식이 '이론'에서 '실천' 수준으로 이동한 것으로 이해되는 것이 더 타당할 것이다. 하지만 그것은 이론적 혹은 실천적 수준을 막론하고, 구성되어야 할 정치질서의 내적 정합성을 모색하는 플라톤 정치철학의 가장 근본적인 성격을 간과하는 것이다. 비록 최초의 '본'에 비해 후속적으로 ('반성적 균형'에 의해) 구성된 국가의 본(들)이 동일한 스펙트럼의 아래쪽에 위치한다고 해도 그 본의 내적 상태는 구성요소들 사이의 모순이 최소화되도록 정합성을 갖춰나가야 한다. 그에 따라 현자의 지배와 법률의 지배, 법률과 관습, 관

41) 하지만 상이한 역사적 수준에서 구성된 각각의 본은 연속적인 스펙트럼 위에서의 특정한 지점들을 의미할 뿐이지, 플라톤 정치사상에서의 근본적인 변화로 볼 수는 없다. 플라톤의 정치사상에서 이 무수한 점들이 이루는 스펙트럼은 그의 동일한 사유방식이 일관되게 적용된 하나의 패키지로서 이해되어야 한다.

습과 인간의 덕성이 일관된 정의의 원리에 따라 조화롭게 통합될 때까지 철학적 검토가 계속되어야 한다.[42]

플라톤의 정치사상을 그의 정치철학의 복합적 성격에 초점을 맞춰 분석할 때의 장점은 인간적 조건의 변화에 따라 질서의 본을 수직적 스펙트럼의 상단과 하단으로 이동시켜 구성 제시할 수 있다는 점이다. 다시 말해 특정한 시점의 인간적 조건—인간성과 세계의 환경—에 적합한 정합적인 질서의 본을 구성할 수 있다는 점이다. 플라톤은 "나라와 인간들의 성격"을 그림을 그릴 수 있는 화판에 비유하는 한편(『국가』 501a), 정체 형태의 종류를 "가장 올바른 사람"(ho dikaiotatos) "가장 올바르지 못한 사람"(ho adikōtatos)에 비유함으로써 인간적 조건에 따라 상이한 국가의 본을 구성할 수 있다는 것을 시사하고 있다(『국가』 548d).[43] 만일 신적인 수준에 근접한 인간성을 전제한다면 '이론상으로나 가능한' 본이 구성될 것이며(철인지배정체 혹은 이상적 왕정), 인간과 동물의 경계선 바로 위에 있는 정도의 인간성과 열악한 환경을 전제한다

42) 이런 관점에서, 『법률』의 대명제인 법치의 정당성이 12권에서 거의 돌연히 나오는 '야간회의'와 모순관계에 있다고 파악한 클로스코의 유력한 지적을 『법률』이 미완의 저술이라는 사실과 함께 고려해보면, 『법률』이 『국가』와 『정치가』에 비해 철학적 성격이 현저히 낮다는 지적은 재고될 필요가 있다(Klosko 1988 & 2008). 『법률』이 미완의 저술이고 그 내용이 모순적이라는 지적은 『법률』 자체가 아직 내적 정합성에 이르도록 충분히 비판적으로 고찰되지 못한 불완전한 상태의 초고이기 때문일 수도 있다. 따라서 플라톤 정치철학의 일관된 성격을 고려해볼 때, 『법률』이 실천 가능성의 문제를 다룬 비이론적인 저술이기 때문에 그동안 철학자들의 관심을 끌지 못했다는 지적은 정치철학적 저술로서의 『법률』의 의의를 제대로 평가하지 못한 주장이다(Laks 2000, 259). 요컨대, 『법률』이 미완의 저술이라는 사실과 그 내용이 모순적이라는 지적은 기껏해야 플라톤이 『법률』을 집필하는 과정에서 아직 충분한 '반성적 균형'에 이르지 못했을 뿐이거나, 『법률』이 그에 고유한 인간적 · 역사적 수준에서 정합적인 질서의 본을 구성하기 위해서는 더 철저한 철학적 반성을 요구한다는 점을 지적한 것에 불과할 뿐이다. 만일 플라톤이 조금 더 생존했다면 『법률』은 우리가 오늘날 대면하는 것보다 훨씬 더 내적인 일관성과 통일성, 곧 정합성을 갖추었을 것이다.

43) 그 형태들은 군주정, 귀족정, 민주정과 그 불법적 형태들 및 혼합정 형태가 될 것이다.

면 그에 조응하는 질서의 본이 구성될 것이다(상상할 수 있는 가장 무법적인 참주정). 그리고 낮은 수준에서 형성된 질서의 본은 인간성이 향상되고 삶의 환경이 개선됨에 따라 보다 높은 수준의 질서의 본으로 이동할 것인바, 플라톤 정치철학의 복합적 성격에 초점을 맞춘 분석 방법은 질서의 본과 인간적 조건의 상관관계를 동태적으로 고찰할 수 있는 장점을 지니고 있다.[44]

44) 정치철학적 사유와 역사성의 결합은 플라톤의 정치사상이 이상적인 '본'만이 아니라 '참을 만한 정체'의 본을 그리도록 했다. 말하자면 플라톤은 상이한 역사성 수준에서 구성한 질서의 본들로 이뤄진 수직선상의 정체의 스펙트럼을 구성했다. "[엘레아에서 온 손님]: 그렇다면 바르지 않은 정체들 가운데, 비록 그것들 모두 다 견디기 힘든 것들이긴 해도, 함께 살아가기에 가장 적게 힘든 것은 어떤 것이며, 또한 가장 견디기 힘든 것은 어떤 것인가? 비록 이것이 지금 우리가 당면해 있는 문제와 관련해서 이른바 부차적인 것이라 할지라도 우리로서는 이를 보아야만 하겠지?"(『정치가』, 302b).

4. 법치의 정당화와 철인지배와의 상보성

주지하듯이 철인지배의 원칙을 옹호한 『국가』로부터 법치의 원칙을 당연시하는 『법률』로의 이행은 인간적 · 역사적 수준의 하향에 조응하는 또 하나의 '국가의 본'을 제시한 결과로 보는 것이 필자의 기본 입장이다.[45] 즉 그것은 신적인 철인통치자를 가정하는 가장 우호적인 인간적 조건에서 그런 존재가 부재하는 비교적 불리한 인간적 조건으로의

45) 『국가』와 『법률』의 가장 현저한 차이점들 중 하나는 형상이론에 관한 것이다. 전자가 대담한 형상이론을 전개하고 있는 반면 후자는 전혀 다루지 않고 있다. 이에 관한 해석들은, 후기 저작들은 중기 저작의 특징인 형상이론을 반영하지 않는다는 공통성을 갖는바 『법률』 역시 그런 공통성을 공유하는 것으로 간주하거나, 정치철학의 전체적인 구성에서 보아 형상이론은 이미 『국가』에서 설명했기 때문에 굳이 『법률』에서 재론할 필요가 없었다고 보거나, 각 저서의 독자층이 서로 달라 일반 시민들을 대상으로 한 『법률』에서 소수의 현자들을 대상으로 제시한 형상이론을 전개할 이유가 없었다고 보는 등 다양한 견해가 존재한다.

하강을 반영한다. 이 경우 수직적인 스펙트럼의 위쪽 끝 부분에는 (법치에 의해 보완되지만) 철인이 최종적 주권을 행사하는 철인지배 질서가, 그보다 아래쪽에는 (범인들보다는 우월한 지혜를 갖고 있지만 최선국가의 철인보다는 지혜가 낮은 현자들의 집단지도체제에 의해 보완되는) 법이 최종적 주권을 갖는 법치질서가 위치한다. 그리고 그 중간 부분에는 현자(들)의 지배와 법의 지배가 주권을 공유하며 다양한 비중으로 통합되어 있는 상이한 정치질서 모델들이 배열된다.[46)]

『국가』로부터 『법률』로의 이행을 근본적인 시각 변화로 보는 입장과 그 이행을 한 스펙트럼상에 존재하는 본들의 상대적 위치를 나타내는 것으로 해석하는 입장의 결론이 유사할 수도 있다. 하지만 그 두 가지 해석 방식은 다음과 같은 점에서 중요한 차이가 있다. 전자는 철인지배와 법치를 서로 양립하기 어려운 양자택일의 대상으로 인식함에 반해 후자의 접근 방법은 이 둘 사이의 적절한 배합—역사성 혹은 인간적 조건의 수준에 알맞게—뿐만 아니라 스펙트럼상의 이동에 따라 그 배합의 비율 차이를 반영한 다양한 질서의 본들을 구성할 수 있다는 것이다.

그렇다면 이와 같은 스펙트럼상에서 크레타의 새로운 식민지에 건설될 마그네시아의 법률을 다루고 있는 『법률』은 어떤 위상을 점하고 있을까? 그리고 플라톤의 정치철학에서 법치의 위상 혹은 위상 변화는 관습, 도덕, 종교와 같은 다른 규범 요소들과 어떤 관계를 맺고 있으며

---

46) 마그네시아로 상징되는 차선의 법치국가는 수직적인 스펙트럼에서 상당히 높은 위치에 있다고 할 수 있다. 그것은 마그네시아의 인간적·환경적 조건들을 고려한 최선의 법치질서이기 때문이다. 마그네시아 법치질서의 아래 부분에는 더 열악한 인간적·역사적 조건에 조응하는 불완전한 법치질서나 아주 부패한 법치질서 모델들이 배열될 것이다.

또 실천적 지혜(phronesis)와는 어떤 연관성을 갖고 있는가? 이하에서는 이런 문제들을 중심으로 법치가 플라톤 정치사상에서 갖는 의미와 위상을 고찰해보고자 한다.

일반적으로 『국가』는 법치 대신 철인통치의 우월성을 선택 · 정당화하는 저술로 해석되고 있다. 그래서 플라톤의 정치철학은 『정치가』에서의 과도기적 주장을 거쳐 『법률』에서 법치의 정당화로 변화 내지 수정된 것으로 해석되는 것이 보통이다. 하지만 이 경우 『국가』에 나오는 수많은 법 관련 언급이나 주장들을 어떻게 이해해야 하는가 하는 문제가 제기된다. 만일 클로스코의 '전환명제'가 시사하듯 『국가』가 법률을 거부하고 순전히 철인통치자의 지배를 옹호한 것이라면, 『국가』에서의 법률 관련 언급들은 주로 법률의 한계나 문제점들에 관한 언급이 주를 이루어야 한다. 하지만 플라톤은 "정화된" 국가에서도 법률이 필수적 구성요소임을 강조한다(『국가』, 424c-425a, 427b).[47] 예컨대, 아데이만토스와의 대화를 통해 플라톤은 신이 나쁜 것들의 원인이 될 수도 있다는 관념을 유포할 수 있는 시가(詩歌)를 금지시키는 법률 및 "신성과 거룩한 것은 모든 면에서 거짓됨이 [없다는]" 취지의 이야기와 시를 지음으로써 "수호자들이 인간으로서 가능한 한 최대한으로 신을 경배하며 거룩한

47) 그러므로 중요한 것은 철인지배와 법률의 관계를 어떻게 이해하는 것이 타당한가 하는 문제이다. 주지하듯이 『국가』와 『법률』 사이의 관계를 모종의 전환관계—철인 지배에서 법치로 수정했거나, 이상국가를 실행하기 위한 수정 등—로 설명하는 방식은 철인지배(혹은 지혜로운 자의 지배 = 인치)와 법치의 관계를 양자택일적 관점에서 이해하는 경향이 강하기 때문에, 이 둘 사이의 통합적인 관계를 해명하지 않거나 해명할 필요성을 거의 느끼지 못한다. 반면에 『국가』와 『법률』에서 제시된 정치질서 모델들을 철인지배와 법치의 비중을 달리 배합한 통치질서 모델들로 이해할 경우에는, 이 둘의 관계가 어떤 식으로 통합되어 있는가를 밝히는 것이 매우 중요한 과제가 된다.

이들로 되게 [할 수 있는]" 법률을 제정하자고 제안하는데, 이는 특별한 법률이 필요하다는 점을 넘어서서 "신들과 관련된 법률과 규범들"의 존재를 당연한 전제로 깔고 있다.[48] 플라톤은 "정화된" 국가에서도 법률이 필수적 구성요소임을 다음과 같이 언급한다.

> [소크라테스]: 다몬도 그렇게 말하고 나도 믿듯, 국법 가운데 중요한 것들은 바뀌는 일 없이 시가의 양식들만 바뀌는 일은 결코 없기 때문이네. ……우리 아이들은 곧바로 한결 준법적인(ennomos) 놀이에 관여해야만 되지 않겠는가? ……그러므로 아이들이 놀이를 함에 있어서 시작을 훌륭히 하게 되어 시가를 통해 '훌륭한 법질서'(eunomia)를 받아들이게 되면, 앞의 경우와는 반대로 모든 면에서 훌륭한 법질서가 뒤따르고 배양될 것이니, 나라에 어긋난 것이 이전에 있었더라도 이것 또한 바로잡게 될 걸세. [아데이만토스]: 그러면 입법의 문제로서 아직도 남아 있는 것은 무엇이겠습니까? [소크라테스]: 우리에게는 아무것도 없으이. 그렇지만 델피의 아폴론에게는 법령들 가운데서도 가장 중대하고 가장 훌륭하며 으뜸가는 것들이 남아 있다네. ……신전들의 건립과 제물들 그리고 그 밖에 신들과 수호신들 및 영웅들에 대한 섬김일세……(『국가』, 424c–425a, 427b).

48) 도시생활에 필요한 법률 제정에 관한 문제와는 별도로 법률의 권위 혹은 신성함에 대한 시민들의 존경을 어떻게 확보할 수 있을 것인가 하는 문제는 또 다른 중요한 문제로서 아리스토텔레스에게도 매우 중요한 주제이다. 이에 대해서는 후술할 것이다.

[소크라테스]: 따라서 합의를 위한 첫 단계는, 입법자가 법률을 제정함에 있어 목표로 삼아야 할 것으로서, 나라의 구성에 있어 최대선(最大善: to megiston agathon)이 도대체 무엇이며, 또한 최대악(最大惡: to megiston kakon)이 도대체 무엇이라고 우리가 말할 수 있을 것인지 우리 스스로 자문해보는 것이오……(『국가』, 462a).

『국가』와 『법률』을 가교 짓는 『정치가』에서는 정치에 관한 지식(기술)을 갖춘 왕도적 치자와 그렇지 못한 참주를 구분하는 맥락에서 법률의 지위와 의의를 논한다(291d-303c). 이 부분에서 플라톤의 설명은 다소 혼란을 일으킬 수 있는데, 그것은 플라톤이 왕도적 치자의 지배와 법률의 지배를 서로 배타적이고 양립 불가능한 듯이 설명하고 있는 인상을 주기 때문이다. 이곳에서 플라톤은 법률을 "완고하고 무지한 어떤 사람"에 비유하고, "최선의 것과 가장 올바른 것을 정확히 파악해서 동시에 모든 이들에게 가장 좋은 것을" 지시해줄 수 있는 "왕도적 치자의 지배"와 대조시키고 있다(294b-c). 하지만 주의해서 보면 플라톤은 이런 대조의 타당성을 언제나 일정한 조건하에서 주장하고 있음을 알 수 있다. 즉 이 대조는 "법이…… 자신이 지시했던 말보다 더 나은 새로운 어떤 것이 누군가에 나타날 경우에", "만일 누군가가 조상들의 것들보다 더 나은 법률을 안다면", "성문법을 따르든 그걸 어기든, 만일 그가 이로운 것들을 행한다면", "지식이 있는 자인 참다운 치자는 자신이 성문화해서 떨어져 있는 이들에게 보낸 것들보다 더 나은 것들이 있다고 여겨지면" 등과 같은 조건절하에서만 타당하다.

그런데 이 조건들은 반드시 법률의 필요성을 배제하지 않는다. 이 조건들은 기존의 법률보다 "더 나은 새로운 것이"나 "이로운 것들"이 나타나든가 "조상들의 것들보다 더 나은 법률을 [아는]" 경우 왕도적 치자의 새로운 명령이나 더 나은 법률로 대체될 수 있다는 것을 의미할 뿐이지, 법률이 없어도 된다는 의미로 해석되어서는 안 된다. 이미 『국가』에서 살펴본 바와 같이, 법률은 정화된 국가에서도 필수적인 구성요소로서 왕도적 치자가 모든 개인들의 모든 행동을 언제나 관찰하고 지시할 수 있는 전지전능한 존재가 아닌 한 반드시 필요하다(425b-e). 문제는 치자와 그 보조자들 및 피치자의 지식과 덕성에 따라 어느 정도의 법률이 필요하고 얼마나 융통성 있게 운영되느냐의 문제이다(Jones 1956, 6). 여기서 생각해볼 수 있는 융통성 있는 법 운용의 예들로는 왕도적 치자는 공동체적 삶을 위한 기본법만을 제정하고 그 보조자들로 하여금 구체적인 법률들과 조례들을 제정하게 하거나(『국가』, 425e), 어떤 상황에 적용할 수 있는 법률이 없을 때 새 법률을 제정하거나, 기존의 법률에 결함이 있다고 판단하는 경우 새로운 법률로 대체하거나, 아니면 필요한 경우—위에서 열거한 조건들이 충족되는 경우— 법률에 구애됨이 없이 자유재량으로 통치 행위를 하는 경우를 들 수 있을 것이다.[49] 그러므로 이상에서 열거한 대부분의 조건들은 법률이 필요 없는 경우들이라기보다는 왕도적 치자의 특별한 개입이 필요한 경우들이라고 보는 것이 더 타당한바, 이는 최선의 통치 형태가 현명하고 덕스러운 통치자

---

49) 이 점은 '법의 지배'와 대비되는 '지혜의 지배'로 특징화할 수 있다. 그런데 '지혜의 지배'는 '이성의 순수한 이론적(인식적) 지식에 의한 지배'와도 구분되는바, 이성적(이론적) 지식과 프로네시스(경험적 판단 혹은 지혜) 그리고 덕성의 통합적 발휘로 이해할 수 있다. 이 점은 정합적 법치국가의 유지에 필수적인 요소로서의 프로네시스의 문제를 다룰 때 상론될 것이다.

가 법률을 가지고 통치하되 필요한 경우 법률에 구애받지 않고 자유재량을 행사하면서 통치할 수 있는 상태—즉 왕도적 통치자가 실질적 주권자인 경우—를 의미한다고 볼 수 있다.[50] 그리고 이렇게 이해할 때 "차선의 방법(deuteros plous)과 최선의 방법 사이의 중요한 차이를 더 현실성 있게 이해할 수 있다.

플라톤은 현명하고 덕스러운 통치자가 없는 불리한 여건에서는 "차선의 방법"으로 "법률과 성문화된 것들을…… 어기고 무엇이든 하는 것을 결코 허용치 않아야 [한다]."는 강한 보수적 원칙을 천명한다(『정치가』, 295e−300c). 그러므로 최선의 방법과 차선의 방법 사이의 가장 중요한 차이는 결국 법률의 존재 유무가 아니라 현명하고 덕스러운 통치자의 존재 유무 및 궁극적으로 법률을 초월할 수 있는 현명한 통치자의 자유재량에 따른 통치—기존의 법률을 개정하고 폐지할 수 있는 주권적 권위—의 가능성 여부이다. 즉 현명하고 덕스러운 통치자가 없는 경우에는 "나라 안에 있는 사람들 중 누구도 법률을 어기고 어떤 것을 하려 들어서는 [안 되며]" "그렇게 하려 드는 이는 사형이나 온갖 극형들에

50) 조운즈(J. W. Jones)는 플라톤이 생각한 입법의 한계를 다음과 같이 설명하고 있다. "기억될 수 있는 많은 규칙들로 법률을 정리하려는 시도는 플라톤이 볼 때 공허한 환상이다. 일반적으로 알려지고 수행되어온 입법은 본질적으로 복잡한 것을 단순한 형태로 만들려는 희망 없는 시도로서 인생사의 영원히 변하는 패턴을 고정시키려는 일과 같은 것이다. 비록 플라톤 자신이 법률과 입법에 대해 많은 것을 썼지만, 그는 정말로 진지한 입법자는 '진지한 주제들을 다루는 모든 다른 사람들처럼' 자신의 생각을 글로써 수정처럼 투명하게 표현하는 것을 회피할 것이다. 왜냐하면 글에 의존하는 것은 정신을 훈련하고 행위를 이성적으로 길들이기보다는 기억의 기술만을 산출할 수 있기 때문이다. 어떤 사람이 쓴 작문을 볼 때마다 우리는 그것이 그의 가장 진지한 산물이라고 결론지어서는 안 된다. 그것이 입법자의 법률이건 철학자의 명상이건 말이다"(Jones 1956, 12). 나중에 상론하겠지만, 이상과 같은 조운즈의 지적은 플라톤의 법치국가에서도 프로네시스의 개입이 반드시 필요한 가장 근본적인 한 가지 이유를 설명해준다.

의해 처벌[하는 것이] 가장 훌륭한 [것이고]"(『정치가』, 297e), 현명하고 덕스러운 통치자가 존재하고 앞에서 열거한 조건들이 충족되는 경우에는 현명한 통치자에 의한 융통성 있는 법률 운용과 개정이 가능하다는 것이다.[51)]

그런데 최선의 방법과 차선의 방법을 구분한 직후 플라톤은 곧바로 차선의 방법과 최악의 조건을 대비시킴으로써 보다 '불리한' 인간적·역사적 조건에서는 법률의 완고한 준수가 최선임을 강조하면서 어떠한 경우에도 "법률과 성문화된 것들을" "결코" 어겨서는 안 된다고 선언한다(300b-c). 왜냐하면 인간적·역사적 조건이 매우 열악한 상황에서는 "거수에 의해서나 우연히 제비뽑기에 의해 선발된 이가" "성문화된 것들에는 조금도 개의치 않고 어떤 이로움이나 사사로운 호의를 위해 이것들을 어기고 아무런 앎도 없이 다른 것들을 하려 [들기 때문이다]"(300a). 다시 말해 현명하고 덕스러운 통치자가 없는 경우, 법률을 초월하는 자유재량에 따른 통치는 결국 '최악의' 폭정으로 전락할 가능성이 크기 때문이다.

그러므로 최선의 방법(철인지배)과 차선의 방법(엄격한 법치주의) 간의 차이에 대한 플라톤의 설명은 현명하고 덕스러운 주권적 치자에 의한 법률의 '유연한' 운용과 그런 통치자가 없을 때의 법률의 '엄격하고 완

---

51) 하지만 여기서 놓치지 말아야 할 점은 비록 '지혜의 지배(주권)'에 대한 불가피한 대안으로 법치가 제시되지만, 이것이 법치질서에는 지혜라는 요소가 없어도 된다는 의미는 아니라는 것이다. 법률을 초월할 수 있는 절대적 지혜는 존재하지 않지만, 개별적인 상황에 적합한 법률을 선택하여 그 법률의 취지를 옳게 이해·적용할 수 있는 (제한적인) 실천적 판단 능력은 필수적이다. 필자는 야간회의에서 형성·발휘되는 집단적 프로네시스가 이 측면을 상징적으로, 그리고 또 (플라톤의 법치질서에서는) 실제적으로 표현하고 있다고 본다. 이에 대해서는 후술한다.

고한' 운용 사이의 차이를 조명하려는 것일 뿐이지, 철인지배와 법치주의 사이의 엄격한 양자택일적 대립관계를 부각시키기 위한 것이 아니다. 그렇게 볼 때 상이한 인간적·역사적 조건들에 적합하게 구성된 질서 모델들의 스펙트럼에서 가장 이상적인 인간적·역사적 조건에 부합하는 철인지배 모델은 현자의 지혜(지식과 덕)에 압도적인 비중과 역할이 주어지는 반면, 법률에는 비교적 낮은 비중과 역할이 할당되는 정치질서를 표상한다. 그리고 『법률』에서 묘사되고 있는 비교적 엄격한 법치주의 국가는 현자의 지혜에 비해 법률의 비중과 역할이 상대적으로 우세해진 질서를 표상한다.

이와 같은 전체적 구도 속에서 플라톤은 철학적 이성의 지배와 법치주의의 관계를 통합적으로 조명한다.[52] 이 둘의 관계에 대한 『국가』와 『법률』에서의 설명들은 철학적 이성과 법치의 상대적 비중을 다르게 반영한 통치 모델들에 대한 설명들이라고 할 수 있다. 그러므로 철인지배와 법치의 상보적 관계에 주목하면서 이 장의 남은 부분에서는 플라톤이 법치의 역할에 상대적으로 높은 비중을 둔 질서 모델을 구성하게 된 이유를 간략히 살펴보고자 한다.

『정치가』와 『법률』에서 플라톤은 법률의 '엄격한' 운용에 부합하는 인간적·역사적 조건을 부각시킨다. 완전한 철학적 이성의 부재 가능성과 공간적 한계성은 공동체 관리를 위한 공식적인 법체계의 수립을 필

52) 인간적·역사적 조건에 관련된 문제점과 법치의 한계를 고려하면서 플라톤은 이 두 요소를 변증법적으로 통합시키려고 시도하게 된다. 그런 점에서 플라톤은 이미 아리스토텔레스적 의미의 변증법을 어느 정도 구사하고 있다고 볼 수 있다.

요로 한다. 희망건대 법체계는 철학적 이성의 산물 혹은 그 모방이라는 점에서 정치적 지식의 성문화된, 따라서 다소 융통성 없고 완고하기까지 한 표현이어야 한다(『정치가』, 300c).[53] 그것은 입법자가 외국을 방문하게 되었을 때 공동체 관리를 위해 성문화한 규칙들을 필요로 하듯이 철인통치자에 대한 불완전하지만 필수적인 보완책으로서의 의미가 있다(『정치가』, 295c-d).[54]

그런데 법률이 현명하고 덕스러운 통치자의 보완책이라는 사실을 정당화하기 위해 반드시 그 통치자가 장시간 도시국가를 떠나 있는 상황을 가정할 필요는 없다. 기게스의 반지와 하데스의 모자에 관한 신화는 입법자 겸 통치자가 도시국가에 남아 있다 하더라도 모든 상황을 다 관찰·통제할 수 있는 전지전능함이 없다는 자명한 사실을 말해준다(『국가』, 359d-360b, 612b).[55] 심지어 5,040가구로 구성된 마그네시아와 같이 작은 도시국가에서도 왕도적 통치자가 언제 어디서나 도시국가의 상황을 모두 관찰할 수는 없다. 그것이 바로 플라톤이 마그네시아를 위한 정교한 법률 제정을 다루는 유력한 이유들 중 하나인바, 아테네와 같이

---

53) 이성과 법률은 동일하지 않다. 이성과 달리 법률은 결함이 있을 수도 있기 때문이다. 그럼에도 불구하고 플라톤은 법률은 일반적으로 이성으로부터 도출되기 때문에 실제에 있어서는 대체로 건전하다고 생각했다. 이런 생각이 전제되어 있기 때문에 플라톤은 현명하고 덕스러운 통치자가 없을 경우 기존의 법률을 완고하게 지키는 것이 이상적이라는 보수적인 견해를 펼칠 수 있었다. 기존의 법률은 지식을 갖춘 과거의 입법자에 의해 제정·전승한 것으로 가정되고 있는 것이다. 하지만 만일 현존하는 법률이 이성의 나쁜 모방이라면, 그 경우에도 기존의 법률을 고수하는 것이 바람직하다고 할 수 있는가? 철인통치자가 부재하는 경우, 플라톤의 보수주의적 입장은 정당화하기 어려운 것처럼 보인다. 이 점에 관해서는 Rowe(2000)를 볼 것.

54) 이 비유는 법률의 권위와 신성함을 높이기 위해 그리스 세계에 존재했던 한 가지 관행을 도입한 것으로 생각된다. 입법자가 법률의 제정을 마치면 장기간 도시국가를 떠나 있어야 한다는 관행은 법률의 기원을 초월적인 기원과 연계시킴으로써 권위와 신성함을 확보하는 한 가지 방식이었다.

40만 명을 전후한 대규모 도시국가의 경우에는 말할 것도 없을 것이다. 아테네와 같은 대규모의 도시국가에는 통치자가 자신이 신뢰할 수 있는 측근(현자)들을 파송하여 도시 곳곳의 상황을 감찰할 수 있는 대책을 마련할 수도 있을 것이다. 하지만 그 측근들이 철인통치자처럼 완전한 지식과 품성을 지니고 있지 않다면 이런저런 이유로 철인통치자의 뜻과 의도를 온전히 실현하기는 어려울 것이다. 때문에 철인통치자의 입장에서는 그 대리인들이 제대로 자신의 뜻과 의도를 실행하고 있는지 감시해야 하는데, 현명한 측근들을 통한 대리체제도 현실적으로 불가능함은 마찬가지이다. 그리고 일반인들의 입장에서도 순간순간의 사고·판단과 행위 과정에서 무엇이 옳고 그른지, 무엇을 해야 하고 해서는 안 되는지를 일일이 철인통치자와 그 대리인들에게 확인한다는 것은 상상할 수도 없는 일이다. 그러므로 현명하고 덕스러운 통치자는 좋은 정치질서에 필요한 제도적 요소로서 최소한의 법체계를 도입하지 않을 수 없다.

지금까지의 설명을 정체 형태 분류 도식과 함께 정리해보면 다음과 같다.

---

55) 케언즈(H. Cairns)는 일면에 있어 기게스의 반지 신화는 법률의 준수가 전적으로 무력에 의존한다는 사실을 보여준다고 해석한다(Cairns 1942, 370). 만일 두 사람이 반지를 낀다면 명예로운 자와 불명예스러운 자가 금방 가려질 것이다. 명예와 선의를 지닌 사람은 기게스의 반지를 꼈음에도 불구하고 법률을 지킬 것이지만, 명예를 존중하지 않는 사람은 이익이 될 경우 법률을 위반할 것이기 때문이다. 케언즈는 기게스의 신화를 통해 플라톤이 명예와 선의를 지닌 사람들에 의해 지지되지 않은 법률은 단지 무력에 지나지 않는다는 우려를 표현했다고 본다(Cairns 1942, 371). 그에 의하면 플라톤은 실천적인 철학자로서 시민들의 동의와 협력이 얼마나 중요한지를 알고 있었다. 『법률』에서 도입된 전문은 플라톤의 이와 같은 이해를 반영한 것으로 볼 수 있다. 하지만 전문은 그 자체로서 여러 가지 어려운 해석상의 문제가 있기 때문에 별도의 논의가 필요하다.

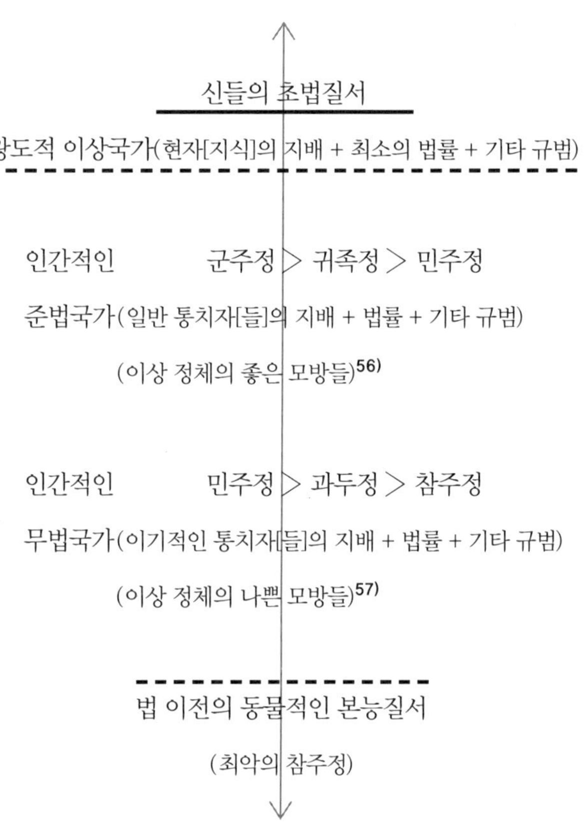

위의 도식에서 보듯이 만일 정치질서의 구성원들이 신적인 존재들이라면—이 경우 이미 정치질서로서의 국가가 아니지만—그 질서는

56) 만일 법치국가들이 참된 지식을 결여하고 있다면 그것이 어떤 의미에서 이상 정체의 좋은 모방인지가 분명하지 않다. 기존의 법률이 과거의 입법자에 의해 제정 · 전승된 것이 아니라면 좋은 모방이라 할 수 있는 근거가 없다.

57) 무법국가들이 왜 이상 정체의 나쁜 모방물로 이해되어야 하는지는 더 큰 의문이다. 무법국가들이 이상 정체를 '나쁘게' 모방했다는 의미가 이상 정체에서 왕도적 치자가 법률을 자유재량에 따라 개정할 수 있듯이 무법국가의 치자가 나쁜 방향으로 법률을 마음대로 개정할 수 있다는 뜻이라면, 그것은 모방의 의미를 잘못 사용한 것이다. 하지만 여기서 플라톤은 그런 의미로 모방 개념을 사용하고 있는 듯 보인다.

인간적 의미의 법률이 필요하지 않은 질서, 곧 초법적 질서이다. 신들은 전지적이고 완벽한 덕성을 갖춘 존재들이기 때문에 인간적인 영역에서 필수적인 법률을 전혀 필요로 하지 않는다(『국가』, 381b).[58] 법률은 아무리 동의와 설득의 요소를 포함시킬지라도 강제의 요소를 배제할 수 없다. 그러므로 신들의 질서에 설득과 강제의 요소가 있는 법률을 포함시키는 것은 모순적이다. 신들은 모든 것을 알고, 모든 것을 자율적으로 해결할 수 있는 존재들이기 때문에 신의 이성이 곧 완전한 (신들 사이에 적용되는 법률이 있다면) 법률과 같기 때문이다.

다음으로 정치질서의 구성원들—통치자(들)와 피치자들을 포함하여—이 인간이라면 법률은 필수적이다. 하지만 법률이 필요한 국가 영역은 인간적인 조건의 차이에 따라 지식을 갖춘 왕도적 치자가 최소의 법률을 '유연하게' 운용하며 통치하는 국가(=참된 정체)와, '비교적' 현명하고 덕스러울 수도 그렇지 않을 수도 있는 통치자(들)가 법률을 엄격히 준수하며 통치하는 국가들(준법국가들)—군주정, 귀족정, 우량한 민주정 그리고 혼합정의 형태들—로 구성된다.[59] 그런데 전자는 인간적·역사적 조건이 아주 이상적인 수준에서 구성된 정체 모델이기 때문에 '이상적인' 모델로 간주되어 일반적인 정체 분류에는 속하지 않고, 후자에 속

58) 플라톤에게 있어 법률의 목적은 완전히 선한 인간을 형성하는 것이기 때문에 완전히 선하고 덕스러운 신적 존재들에게는 법률이 필요하지 않다.

59) 이와 같은 배합에 관한 단서를 제공해주는 언급을 『정치가』에서 찾아볼 수 있다. "[손님]: 어떤 점에서 참으로 분명한 것은 입법술(nomothetikē)이 왕도적 치술에 속한다는 것이네. 그러나 최선의 것은 법률이 아니라 지혜를 갖춘(metaphronēseōs) 왕도적 치자가 우세한 것이네"(294a). 우세하다는 것은 비교의 관점을 표현한 것으로, 그 배합에 있어 왕도적 치자(현자)의 역할이 법률보다 '상대적으로' 크다는 것, 곧 법률이 아니라 왕이 주권자임을 의미한다. 그럼에도 불구하고 최소한의 법률이 필요하다는 의미에서 법치국가—엄격한 기준의 법치국가는 아님—의 영역에 속한다.

하는 군주정, 귀족정, 우량한 민주정만이 그 무법적 형태들—민주정, 과두정, 참주정—과 함께 일반적인 정체 분류의 대상이 된다.[60)]

다음으로 무법적 국가 영역에는 통치자(들)가 무지와 이기심으로 인해 자신의 이익을 극대화하는 정체들이 속해 있다. 이 영역에는 군주정, 귀족정, 우량한 민주정의 불법적 형태들인 민주정, 과두정, 참주정이 속한다. 이 무법적인 정체 형태들은 가장 낮은 수준의 인간적 조건에 조응하는 정체 형태들—이들 중에는 상대적으로 좋은 법률과 관습이 존재할 수도 있다—로서 통치자(들)가 법률과 관습을 무시하거나 자의적으로 개정·폐지함으로써 자기(집단)의 이익을 극대화하는 정체 형태들이다. 특히 이 중에서도 최악의 정체 형태는 단 한 명의 참주가 대다수를 불법과 강압을 통해 지배하면서 자신의 영광과 이익만을 추구하는 정체로서, 아마도 "정의가 가장 강한 자의 편익"과 동일시되는 트라시마코스적 정치질서의 가장 타락한 형태일 것이다.[61)] 그리고 "법과 정의로부터 [이탈했기 때문에]" 인간이 "대지가 키운 하고 많은 것들 중에서 가장 사나운 [것으로]" 존재하는 그런 정체일 것이다(『법률』, 766a).

그런데 이와 같은 무법국가의 사악성에 대한 깊어가는 우려—인간적 조건의 낮은 수준, 즉 추상성이 낮은 역사성 수준에 조응하는—는 플라톤으로 하여금 엄격한 준법국가의 당위성 및 구체적인 수준의 법률

---

60) 여기에 혼합정 형태가 첨가될 경우 7개의 정체 형태가, 그리고 이상적인 정체가 첨가될 경우 총 8개의 정체 형태가 제시된다.

61) 이 정체 형태는 통치자가 법률을 마음대로 개정·폐지·무시하면서 지배할 수 있다는 점에서 왕도적 치자가 지배하는 이상적인 왕정의 모방이지만, 지식을 갖춘 통치자에 의한 지배가 아니므로 이상 정체의 '나쁜' 모방이라 할 수 있다. 하지만 지식이 없는 상태에서의 자의적인 지배가 어떤 의미에서 이상 정체의 모방으로 이해될 수 있는지는 지극히 의문스럽다.

제정 문제로 나아가게 했다(Morrow 1941, 106-7). 그리하여 『법률』에서 플라톤은 법이 주권자가 되어야 하는 강력한 논거와 함께 마그네시아에 도입될 법체계의 구체적인 윤곽을 제시한다.

플라톤에 의하면, 인간적 조건이 매우 이상적인 수준이 아니라면 법이 주권자가 되어야 할 이유는 많다. "인간들 사이에서 가장 큰 통치권(권력: archē)을 감당해낼 수 있을 만한 경우가 결코 [없기]" 때문이며(『법률』, 691c), 어떤 절대적 통치자도 "나라에 있어 공적인 것을 우선적으로 살피면서, 사적인 것을 공적인 것에 종속시키며 끝까지 살아갈 수는 결코 없기 때문[이기도 하다]"(875c). 플라톤은 다음과 같이 법률의 지배를 정당화한다.

> [아테네인]: 이다음에 그가 감사를 면제받으면서 절대권을 행사하는 자로서 절대권을 행사하게 된다면…… 오히려 죽게 마련인 자의 그 인간성이 그를 탐욕과 사익의 추구(idiopragia)로 언제나 몰고 갈 것이니, 비이성적으로 고통은 피하면서 쾌락을 추구할 것이고, 더 올바르고 더 나은 것보다도 이들을 앞세우게 될 것이며, 또한 제 안에 암흑까지 조성하여서는 마침내 저와 온 나라를 온갖 악으로 가득 채울 것입니다. 언제고 인간들 중에서 누구가가 신적인 섭리에 의해 천성으로 충분히 자질을 타고남으로써 그런 지위를 얻게 될 경우에는, 그로서는 자신을 지배할 법률이 전혀 필요하지 않을 것입니다. 왜냐하면 앎(epistemē)보다는 법도 그 어떤 법령도 더 우월하지 못하며, 지성(nous)이 그 어떤 것에 종속된다거나 종 노릇을 한다는 건 가당치도 않기 때문입니다. 과연 지성이 그 본성대로 정말로 참되고 자유로울진대, 그게 모든 것의 지배자여야 함은 당연하

니까요. 하지만 현실적으로는 그 어디에도 그런 지성[을 지닌 인물]은 단연코 없습니다. 드문 경우들을 제외하고는 말입니다. 바로 이 때문에 차선의 것(to deuteron), 곧 법령과 법을 택해야만 하는 겁니다(875b-d).[62)]

플라톤은 또한 법률이 주권자가 되는 경우 얻을 수 있는 혜택과 그렇지 않을 경우 발생할 수 있는 파멸적인 결과를 대조시키며 법률의 지배를 정당화하기도 한다.

[아테네인]: 법이 휘둘리고 권위를 잃은 곳에서는, 그런 나라에는 파멸이 닥쳐와 있는 게 보이니까요. 그러나 법이 통치자들의 주인이고, 통치자들은 법의 종들인 곳에서는 구원이, 그리고 신들이 나라들에 주었던 온갖 좋은 것들이 생기는 걸 저는 봅니다(715d).

이상과 같은 다양한 근거에 입각하여 플라톤은 모든 시민적 덕성들 중 최고의 것이며 공직을 위한 최고의 자격은 법률에 대한 복종임을 강력히 천명하고(715c), 인간의 행위동기를 고려한 법률 제정과 다양한 법치의 기제들 도입에 착수한다(Morrow 1941, 107).

---

62) 『정치가』에서도 탁월한 지성을 지닌 인물—진정한 정치가 혹은 왕도적 치자—을 찾는 것이 어려움을 다음과 같이 표현하고 있다. "[엘레아에서 온 손님]: ……왜냐하면 지혜로운 왕도적 치자로부터 실제로는 전혀 그렇지 않지만 참다운 치자인 체하면서 대중들을 설득하는 어떤 사람들을 제외시키지 않을 수밖에 없다는 것을 알기 위해서는 이 지식을 보아야만 하네. ……그렇다면 자네는 적어도 나라 안에서 대중이 이런 지식을 얻을 수 있다고 보는가? [젊은 소크라테스]: 그걸 어떻게 할 수 있겠어요? (……) [엘레아에서 온 손님]: ……만일 바른 통치가 있다면 그건 한두 사람이나 전적으로 소수의 사람들에게서 찾아야만 하네"(『정치가』, 292d-293a).

5. '좋은 법질서'(eunomia)를 향한 철학적 충동

그러면 입법자 겸 통치자가 도입해야 할 법체계는 어느 정도 구체적이어야 하는가? 입법 과정에서 입법자(들)는 '좋은 법질서'는 제정된 법 외에도 좋은 관습과 도덕에 의해 유지된다는 점도 고려해야 한다. 때문에 법체계의 구체성과 전문성은 해당 정치질서의 성격과 인간적 조건에 관한 입법자의 판단에 따라 그 수준과 구체적 내용이 정해질 것이다(『국가』, 427a). 만일 철인통치자가 그 질서가 건전하고 우수한 관습(법)과 도덕에 의해 자율적으로 관리되고 있다고 판단한다면 아마도 최소한의 실정법을 제정할 것이고, 관습(법)과 도덕도 믿을 것이 못 된다고 판단한다면 상당히 구체적이고 세부적인 실정법을 제정하게 될 것이다. 그리고 이런 법체계의 구체성과 내용은 교육 관련 법률의 집행을 통해 사람들의 의식과 태도가 변화되고, 또 그에 따라 관습과 도덕이 새로워지거나 향상되는 정도에 의해 철인통치자의 판단에 따라 개정이 가능할 것이다.[63] 이런 관점에서 보면 『법률』은 플라톤이 마그네시아를 구성하게 될 인적 자원들과 자연적 · 인습적 요인들을 고려한 최대한의 법률을 담고 있는 것으로 이해할 수 있다.[64] 플라톤은 아테네인을 통해 제시하는 법률체계가 마그네시아의 질서를 선(善)순환적으로 유지할 수 있는 최소치 법률의 최대치여야 함을 적절한 수준의 법 제정에 관한 고민을 통해 암시하고 있다.[65] 예컨대, 『법률』 7권에서 플라톤은 자신이 가장 중요한 이슈로 생각하는 양육과 교육에 관한 법 제정 문제를 다루는 부분에서 적절한 법 제정 수준에 관한 고민을 다음과 같이 털어놓고 있다.

> [아테네인]: 남녀 아이들이 태어났으므로, 짐작건대 우리로서는 양육과 교육을 다음으로 말하는 것이 지당하겠습니다. ……그러나 이는 법률보다는 일종의 가르침(didakhē)과 훈계(nouthetēsis)로써 말을 하는 것이 더 적절할 것으로 우리에게는 보일 것 같습니다. ……그런 일들의 사소함과 잦음으로 해서 법률을 제정하여 처벌한다는 것도 부적절한 동

63) 플라톤은 자연적 요소가 문화적 · 도덕적 요소(덕)에 중요한 영향을 미칠 수 있다고 보고 마그네시아를 수립할 위치를 정함에 있어 자연적 요소에 최대의 신중함을 보이고 있다. 『법률』을 통해 문화와 자연의 관계에 대한 플라톤의 입장을 이해해보려고 한 시도에 대해서는 Junker(1999, 65)를 참조할 것.

64) 최소한의 법체계는 실정법으로 명문화해야 할 최대치를 담고 있어야 한다. 『법률』에 나타난 법률의 내용이 실정법으로 담아야 할 최대치가 아니라 최소치에 불과하다면, 『법률』이 지향하는 정치질서는 어원적인 의미에서의 노모스적 질서가 아니라 성문법만의 질서 혹은 법 만능적 질서에 불과하게 될 것이며 『법률』은 엄청나게 더 많은 내용으로 채워져야 할 것이다.

65) 모로우와 손더즈에 의하면 마그네시아 법률의 구체적인 조항들은 당대 아테네의 법률을 토대로 구성된 것이다(Junker 1999, 69). 하지만 테일러(A. E. Taylor)는 마그네시아의 법률은 실제로 존재했던 정체, 곧 아테네를 위한 것이었다고 본다(Taylor 1960).

시에 볼썽사납기도 하지만, 사람들로 하여금 사소하고 잦은 일들로 법을 어기도록 버릇 들임으로써 성문화된 법률마저도 망쳐놓기 때문입니다. 그래서 그것들과 관련해서는 법 제정을 한다는 것이 난처한 일이긴 하지만, 잠자코 있을 수도 없는 일입니다(788a-b). ……우리가 지금 꼼꼼히 다루고 있는 것들인 이것들 모두는 많은 사람이 성문화되지 않은 관례들(agrapha nominia)로 일컫는 것들이라는 사실입니다. 관습법(조상 전래의 관습들: patrioi nomoi)으로 말하는 것들 또한 이런 모든 것 이외의 것들이 아니죠. 또한 더 나아가 방금 시작된 우리의 논의가 이것들을 법률로 일컬어서도 안 되며, 말하지 않고 그냥 넘겨서도 안 된다고 한 것은 잘한 일입니다(793a-b).[66]

수렵에 관한 법률을 다루는 부분에서는 법보다는 다른 비강제적인 수단—훈계 및 훈계와 법률 사이에 있는 관습(822d)—이 더 바람직하다고 강조한다.

[아테네인]: 사냥과 관련해서 법률을 제정하는 입법자로서는 이것들을 명시하지 않을 수도 없고, 그렇다고 해서 모든 경우에 대해 지시들과 처벌들을 함으로써 위협하는 법규들을 제정할 수도 없습니다. 그러면 이와 같은 것들과 관련해서는 뭘 해야만 합니까? 한쪽은, 곧 입법자는

---

66) 플라톤이 이 맥락에서 언급하는 것들 중 상당 부분은 관습(법)에 관한 문제로서, 그는 제정법 만능주의를 피하고 바람직한 질서를 상당 부분 좋은 관습을 통해 유지하고자 한다. 플라톤은 노래에 관한 관습을 법에 빗대면서 아테네인을 통해 다음과 같이 언급한다. "그렇다면 누군가가 이것들을 법률로 제정할 경우에 무슨 수로 웃음거리가 되지 않겠습니까?"(799e-800b).

젊은이들의 노고와 활동들을 고려해서 사냥과 관련된 것들을 칭찬도 하고 비난도 해야 합니다. 반면에 다른 한쪽인 젊은이는 이를 듣고서 복종해야만 하며, 즐거움도 노고도 그를 막아서는 안 되고, 각각의 것들과 관련해서, 처벌로 위협하거나 법 제정을 하게 되는 것보다는, 칭찬과 함께 하는 말들을 더 존중하며 지시받은 것들을 이행해야만 합니다(823c-d).

『법률』 9권 앞부분에서 아테네인은 보다 '직접적으로' 최소치의 제정법으로 유지될 수 있는 국가가 최선임을 다음과 같이 언급하고 있다.

> 지금 우리가 제정하려고 하고 있는 이 모든 것을 입법한다는 것 자체가 사실은 어느 면에서는 부끄러운 일입니다. 훌륭하게 관리될 것이며 [사람으로서의] 훌륭함(덕: aretē)의 수행과 관련해서도 전적으로 바른 상태(pasē orthotēs)에 이르게 될 것으로 우리가 말하고 있는 그런 나라에서는 말입니다(853b). ……법률 제정을 할 필요는 전혀 없지만, 우리 자신들이 전반적인 나라 체제(정체)에 대한 고찰을 하게 됨으로써 최선의 것(to ariston)과 최소한도의 것(to anankaiotaton)이 어떤 식으로 될 경우에 실현을 볼 수 있을 것인지를 간파하도록 애쓰긴 해야 한다는 것입니다. 특히 지금 우리로서는, 우리가 원한다면, 최선의 것(to beltiston)을 고찰할 수 있을 것 같습니다만, 또한 원한다면 법률과 관련된 최소한도의 것을 고찰할 수도 있을 것 같습니다(857e-858a).

플라톤은 바로 위의 인용문 직전에 아테네인의 입을 빌려 '최소치의' 법률을 제정하려는 이유를 "지금 우리가 처한 상황은 행운입니다."

라는 말로 표현하고 있다(857e). 이는 『법률』에서 플라톤이 법 제정과 관련하여 시도하고 있는 것이 '최소한도의' 제정법을 필요로 하는 '행운 상황'에 적합한 "법률에 대한 포괄적인 봄(sysnopsis)"임을 이해할 수 있게 해준다(858c). 그런데 이는 마그네시아라는 새로운 질서의 모델이 '최대의' 강제적인 제정법에 의해서 유지되는 것이 아니라, 훈계와 관습과 같은 비강제적이거나 준(準)강제적인 다른 요소들의 효율적인 작용으로 인해 '최소한의' 제정법만으로도 유지될 수 있음을 의미한다. 다시 말해 『법률』에서 플라톤이 지향하는 질서는 협소한 의미의 노모스, 곧 제정법 일변도의 질서가 아니라 전통적인 노모스적 질서, 즉 관습과 도덕, 습관과 덕성 그리고 교육이 선(善)순환적으로 상호 작용하면서 하나의 정합적인 체제를 유지하는 질서임을 알 수 있다.[67] 『법률』은 그런 의미에서 플라톤 정치철학의 방법론이 여전히 일관적으로 관철되고 있는 저술이라 할 수 있으며, 『국가』와 『법률』 사이에 보이는 정치사상 내용의 변화—곧 이 두 저작들 사이의 관계—는 플라톤 정치철학의 근본적 변화를 의미하는 것이 아니라 단지 하나의 스펙트럼 위에 배열된 상이한 질서 모델들 사이의 차이로 이해할 수 있다.

요컨대, 피상적으로 보면 『법률』에 제시된 법률의 구성과 내용이 매우 구체적이고 세분화되어 있는 것처럼 느껴질 수도 있지만, 마그네시아를 위해 제정된 법률은 그곳에 거주할 인적 자원들의 지적 · 도덕적 자질을 감안한 거의 최대 수준의 제정법 체계—즉 최소치 법률의 최대

67) 그러나 여기서 노모스에 해당하는 것은 정체의 대(大)원칙인 정의에 부합하는 노모스를 의미한다.

한의 것—로 보는 것이 더 합당하다. 플라톤은 일찍이 『국가』에서 매우 세부적인 법체계의 구비를 바람직하지 않다고 보고 그런 세부적인 규정들은 영역별 관습이나 자율적 공조를 통해 해결되는 것이 바람직하다고 주장한 바 있는데[68] 이런 입장은 『법률』에서도 일관되게 관철되고 있는 것이다.[69]

그런데 이 맥락에서 강조할 필요가 있는 것은 플라톤의 실정법 체계는 전체 질서가 더 많은 법조항들을 필요로 하지 않고 가능한 한 최소의 법조항들로도 선(善)순환적으로 유지됨으로써 결국에는 "법률이 적용되는 사태가 결코 일어나지 않는" 상태를 만드는 데 관심이 있다는 것이다(『법률』, 880e; Heinze 2007a, 121-3). 만일 정치질서가 비공식적인 관습이나 시민들의 자율적인 태도와 덕성에 의해 유지되지 않고 주로 공식적인 법체계에 의해 유지된다면 사회의 모든 분쟁들이나 다툼들은 공식적인 법체계에 의해 해결될 수밖에 없을 것인바, 결국에는 "법률과 전체 나라 체제가 성문화[될 수밖에 없을]" 것이며(822e), 점증하는 분쟁에 대비하기 위해 사회는 더 많은 법률들을 제정함으로써 법체계를 사회의

68) "[소크라테스]: 따라서 이런 이유들 때문에 이와 같은 것들을 더 이상 내가 입법화하려 하지 않는다네. ……다음과 같은 시장 상거래의 세칙은 어떤가? 이를테면 시장에서 각자가 상호간에 맺게 되는 계약이라든가, 또한 자네가 원한다면 수공예가들과의 계약, 폭언과 폭행, 서면고소와 판관(배심원)들의 선임 등과 관련해서 말일세. 그리고 시장에서 세금의 부과와 징수가 혹시 필요한 경우에, 시장 조례 전반이나 치안 조례와 항만 조례 또는 그 밖의 이런 모든 것 중의 어떤 걸 우리가 굳이 입법화할 것인지 말일세. ……우리가 앞서 언급한 것들을 입법화하고 수정하는데, 그들은 자신들이 실은 히드라의 머리를 베고 있는 꼴이라는 걸 알지 못하고 있다네. ……그래서 나는, 나쁘게 다스려지는 나라에' 있어서건 또는 훌륭하게 다스려지는 나라에 있어서건, 법률 및 정체와 관련해서 이런 종류의 것으로 참된 입법가가 수고를 할 필요가 없다고 생각했었네"(『국가』, 425c-427a).

69) 그런데 너무 세세한 규칙까지 법률로 정하지 않는 것은 법의 신성성 혹은 권위를 위한 것이기도 하다(Jones 1956, 62).

관습과 도덕으로부터 유리된 독자적이고 자율적인 규범체계로 만들어 버릴 것이다.[70] 때문에 플라톤은 적은 법률만을 가지고도 자율적으로 정의로운 상태를 유지할 수 있는 사회를 만들기 위한 가장 효율적인 전략으로 교육 관련 법률 제정에 특별히 많은 관심을 보이고 있다. 만일 시민들의 훌륭한 성품을 계발해내고 또 이것이 좋은 관습과 도덕의 토대가 됨으로써 적은 법률로도 정의로운 사회를 유지할 수 있다면, 사회는 법률과 교육 그리고 관습과 도덕 사이의 통일성을 유지함으로써 '선순환적으로' 그리고 자율적으로 유지될 수 있을 것이다. 이에 플라톤은 특히 교육의 방식과 내용에 관련된 섬세한 법률 제정을 통해 정치질서의 선순환성을 확립함으로써 자율적이고도 정합적인 (전통적인 의미의) 노모스적 질서를 창출할 수 있는 토대를 마련하고자 한 것이다. 이와 같은 질서 창출 전략은 관념체계나 질서체계 내의 정합성을 끊임없이 추구해나가는 플라톤 철학의 (변증법적) 특성이 발현된 것으로, 이 전략을 통해 플라톤은 전통적인 노모스적 질서를 복원하되 거기에 정의에 관한 철학적 반성을 덧붙여 정의로우면서도 자율적으로 유지될 수 있는 노모스적 질서를 창출하고자 했던 것이다.[71] 이와 같은 플라톤 정치철학의 목표와 성격은 각각 상이한 인간적 · 역사적 조건에서이긴 하지만 『국가』와 『법률』을 가리지 않고 일관되게 관철되고 있거니와, 플라톤은 전

70) 관습과 도덕에 의해 해결될 수 있는 문제까지도 모두 법률에 의해 해결하고자 하는 것은 법률의 권위를 훼손할 뿐만 아니라, 법률이 목표로 하는 덕스러운 시민의 양성도 불가능하게 할 것이다.

71) 이미 지적한 바와 같이 여기서 변증법적이라는 표현은 플라톤적인 의미—철학의 최고 단계—로 사용된 것이 아니라 아리스토텔레스적인 의미에 더 가까운 것이다. 용어보다 중요한 것은 그 용어를 통해 표현하고자 하는 내용이라고 볼 때, 플라톤과 아리스토텔레스가 변증법이라는 개념을 다른 의미로 사용했다는 사실은 그들의 사유방식에 공통성이 있다는 점과 모순되지 않는다.

통적으로 노모스에 속했던 다양한 요소들이 상보적으로 작용함으로써 정의로운 "훌륭한 법질서"(eunomia)가 창출 · 유지되는 '순환적' 과정을 『국가』와 『법률』에서 다음과 같이 설명하고 있다.

[소크라테스]: 여보게나 아데이만토스! 우리가 이들에게 지시하고 있는 이 지시 사항들은, 누군가가 생각할 수 있듯, 많고 대단한 것이 아니라 모두가 경미한 것일세. 만약에 이들이, 속담에 있듯, 큰 것 하나를, 아니 큰 것이라기보다는 충분한 것 하나를 지킨다면 말일세. [아데이만토스]: 그게 뭔데요? [소크라테스]: 교육(paideia)과 양육(trophe)일세. 이들이 훌륭하게 교육을 받음으로써 절도 있는 사람들로 될 것 같으면 이들은 이 모든 것을 쉽게 간파할 뿐만 아니라, 우리가 지금은 제쳐두고 있는 많은 다른 것들까지도…… 쉽게 간파할 것이기 때문일세. ……게다가 정체는 일단 출발을 잘하게 되면, 마치 하나의 순환처럼, 성장해갈 걸세. 건전한 양육과 교육이 유지됨으로써 훌륭한 성향(자질)들을 생기게 하고, 다시 건전한 성향(자질)들은 이런 교육을 받음으로써 선인(先人)들보다도 더 나은 사람들로 자랄 것이기 때문일세. ……그러므로 아이들이 놀이를 함에 있어서 시작을 훌륭히 하게 되어 시가를 통해 '훌륭한 법질서'를 받아들이게 되면, 앞으로 경우와는 반대로 모든 면에서 훌륭한 법질서가 뒤따르고 배양될 것이니, 나라에 어긋난 것이 이전에 있었더라도 이것 또한 바로잡게 될 걸세(『국가』, 423e-425a).

[아테네인]: ……이것들[관습과 관습법들]은 일체 나라 체제(politeia)의 끈들(desmoi)이어서 이미 성문화하여 제정되고 확립된 모든 법률과

앞으로 제정될 법률 사이를 연결하고 있기 때문입니다. 그것들은 영락없이 조상 전래의 아주 오랜 관례들과도 같아서 그것들이 훌륭하게 확립되고 습관화되면, 그때 성문화되어 있는 법률을 완전한 안전장치로 감싸게 됩니다. 하지만 그것들이 훌륭함(to kalon)에서 벗어나게 될 경우에는…… 모든 것을 한군데로 무너져 내리게 만들어, 지주들도 그리고 나중에 그 위에 아름답게 지어진 것들마저도, 옛것들이 무너짐으로써 서로 다른 것들 위에 포개진 상태로 쌓이게 되죠. 클레이니아스님, 바로 이걸 우리가 염두에 두고서 새로운 것인 선생의 나라를 모든 방면에서 동여매야 합니다. 법률이니 습관들(ethē)이나 또는 관행들(epitēdeumata)이라 일컫는 하고많은 것들을, 그게 큰 것들이건 작은 것들이건 간에, 되도록 소홀히 하는 일 없이 말입니다. 이런 것들 모두에 의해서 나라는 함께 묶이게 되기 때문이거니와, 이것들이 어느 쪽이든 없을 경우에는 안정적일 수가 없을 것입니다. 따라서 우리가 보기에 많은 동시에 사소해 보이는 관례들(nomima)이나 인습들(ethismata)이 추가로 흘러들어 법률을 더 확장된 것들로 만들더라도 놀라지 말아야 합니다(『법률』, 793b-d).

[아테네인]: ……방금 여러 차례나 말한 것으로서, 지성이 천체들에 있는 것들을 주도하는 것이라는 겁니다. 그는 또한 이것들에 앞서는 필수적인 학문들(anankaia mathēmata)을 이해하게 될 것이며, 이것들과 [철학을 비롯한] 학예(mousa)에 있어서 공유하게 되는 것들을 함께 검토한 다음 관습의 관행들 및 법규들과 조화를 이루도록 이용할 것이요, 또한 의미 규정(logos)을 갖는 모든 것들에 대해서는 그것들의 의미 규정을 해줄 수 있을 것입니다(967d-968a).

“정의라는 통일적 원리”를 통해 마그네시아를 자율적이고 선순환적으로 유지되는 하나의 정합적인 노모스적 질서—전통적인 의미에 가까운—로 수립하고자 하는 플라톤의 시도는 그 질서가 한 치의 빈틈도 없이 완벽한 상태가 될 때까지 계속되는데, 이는 전적으로 근본 비판적이며 체계적이고 포괄적인 플라톤 정치철학의 성격을 반영한다.[72] 그리하여 플라톤은 『법률』에서의 시도가 ‘아직은’ 미완의 상태에 있기 때문에 앞으로도 계속되어야 할 것임을 다음과 같이 시사한다.

> [아테네인]: ……우리의 법률 제정[작업]은 거의 끝맺게 된 셈이었습니다. 그러나 모든 것들의 그때마다의 끝은 어떤 걸 가까스로 해내는 것도 획득하는 것도 또한 수립하는 것도 아니고, 탄생된 것을 위해 완전하고 지속적인 보전 대책(sōtēria)을 찾아내었을 때, 그때에야 해야 할 것들 모두를 한 것이라 여길 것이지, 그 전에는 전부가 마무리된 것이 아닙니다(960b).

---

72) 사실 이와 같은 플라톤의 포괄적이고 체계적인 특성은 『국가』는 물론 『법률』의 마지막 부분까지 관철되고 있다. “[아테네인]: ……즉 혼은 출생에 관여하는 모든 것들 가운데서도 가장 연상인 것이며, 불사하는 것이고, 모든 몸들 또는 물체들을 지배한다는 겁니다. 또한 바로 이것들에 더하여, 방금 여러 차례나 말한 것으로서, 지성이 천체들에 있는 것들을 주도하는 것이라는 겁니다. 그는 또한 이것들에 앞서는 필수적인 학문들(anankaia mathēmata)을 이해하게 될 것이며, 이것들과 [철학을 비롯한] 학예(mousa)에 있어서 공유하게 되는 것들을 함께 검토한 다음 관습의 관행들 및 법규들과 조화를 이루도록 이용할 것이요, 또한 의미 규정(정의: logos)을 갖는 모든 것들에 대해서는 그것들의 의미 규정을 해줄 수 있을 것입니다”(967d). 이 인용문은 플라톤 정치철학의 포괄적 성격을 다시 한 번 보여주고 있을 뿐만 아니라, 정의로운 정치질서의 근거를 영혼불멸 신념과 결합된 우주론적 견해에 연계시킴으로써 법치의 정당성과 권위를 뒷받침하고 있다는 점에서 매우 흥미 있는 부분이다. 이는 법치에 대한 아리스토텔레스의 신성화 시도와 연계되지만 아리스토텔레스의 방식과는 구분된다.

플라톤의 보전 대책, 다시 말해 지금까지 수행해온 자신의 시도를 계승함으로써 마그네시아의 질서가 선순환적으로 정합성을 유지할 수 있게 해줄 수 있는 대책으로 플라톤이 구상한 것은 '[새벽녘의] 야간회의'이다(908a, 909a, 951d-952d, 961a-969c). 이 '야간회의'는 질서의 정합성을 유지하기 위해 아테네인이 마그네시아 질서 속에 제도적으로 내재화시켜놓은 대책으로, 말하자면 플라톤의 규범철학적 시도의 체제 내재화로서 이해할 수 있다.[73] 플라톤은 이 제도를 통해 마그네시아 질서가 완전한 정합적 질서로 확립 · 유지될 수 있도록 하는 동시에 자신의 규범철학적 과업이 끊임없이 계속되게 함으로써 철학이 『국가』에서처럼 여전히 중요한 지위를 가질 수 있는, 그리하여 철학적 활동이 안전을 보장받을 수 있는 질서의 윤곽을 '일단' 완성시키고 있다. 다만 보보니치의 지적대로 '야간회의'는 『국가』의 철인통치자처럼 절대적 권위를 가질 수 없다(Bobonich 2002, 408). 그것은 마그네시아의 다른 제도들에 의해 견제되고 있을 뿐만 아니라, 그 위원들을 선거제도를 통해 선출되게 하고 토의의 요소를 강화시키고 있기 때문에 『국가』의 철인통치자가 갖고 있는 절대적 권위를 가질 수 없다. 그리고 무엇보다 야간위원회는 법치국가의 제도, 곧 법률의 주권하에 있는 제도임을 잊어서는 안 된다. 비록 야간회의가 법률을 개정할 수 있는 권위를 누리고 그 일부가 "법률

73) 이 야간회의의 등장에 대한 해석은 아직도 논쟁 중이다. 최근까지도 모로우의 비제도적 해석이 가장 유력한 해석으로 군림해왔는데, 최근 클로스코는 이 비제도적 해석의 타당성에 도전을 가하고 있다(Klosko 1988 & 2008). 하지만 클로스코는 이 제도를 마그네시아가 지향하는 질서와 모순적인 것으로 인정하면서 플라톤이 아직 이 모순을 온전히 해결하지 않은 채로 사망했다고 해석하며, 이 모순의 존재를 반드시 해소할 필요가 없다고 본다. 하지만 이 책에서의 해석은 이 '야간회의'의 지위와 관련된 논쟁을 나름대로 설득력 있게 해소시킬 수 있다고 본다.

의 참된 수호자" 역할을 겸임할 수 있는 권위를 누리지만, 야간위원회의 필요성은 법치국가의 안정성과 영속성을 위한 것임을 잊어서는 안 된다. 요컨대 마그네시아는 어린아이들이 즐기는 사소한 유희에서의 변화마저도 체제의 통일성을 깨트릴 수 있는 완벽히 정합적이고 정의로운 노모스적 질서—전통적인 노모스적 질서에 가까운—를 확립·유지할 수 있도록, (정치)철학이 『국가』에서 차지하고 있는 위상에 비해 매우 제한적이긴 하지만 여전히 중핵적인 역할을 수행할 수 있는 질서의 모델로서 제시된 것이다.[74)]

법치국가의 보전 대책으로 제시된 '야간회의'의 지위를 앞에서의 주장과 결합시켜보면 다음과 같은 결론이 도출된다. 플라톤의 정치철학은 (마그네시아에서 최고의 철학적 지성을 [집단적으로] 대변하는 '야간회의'로 제도화됨으로써) 모든 규범적 요소들을 하나의 정합적인 '좋은 법질서'로 향하게 하는 정치질서의 필수 요소인 동시에, 법의 불완전한 주권과 결합하여 하나의 완전한 주권적 지배를 완성시켜주는 보완적 주권체로서의 지위를 갖고 있다. 요컨대, 플라톤의 정치철학은 그의 정치사상의 정합적 통합성을 추구하는 체제 내적 원리이자 법과 함께 상호 주권을 구성하는 상보적 주권 요소인 것이다.

---

74) 그런데 야간회의는 정합적인 법률질서의 빈틈을 메워줄 수 있는 최종적인 요소로서의 프로네시스의 작용과도 밀접한 연관성이 있다. 이 점은 곧이어 다뤄질 프로네시스의 필수성에 대한 설명에서 재론될 것이다.

6. 법치국가와 프로네시스 I : 정치술, 입법 그리고 전문(前文)

지금까지의 고찰로 『법률』의 법치국가가 정합성을 유지할 수 있는 모든 중요한 요소들이 다 설명된 것으로 볼 수는 없다. 왜냐하면 법률을 옳게 적용하는 중대한 문제가 남아 있기 때문이다. 법치국가가 법률과 철학이라는 두 핵심적 요소를 갖추고 있지만, 어떤 법률을 어떤 상황에 적용할 것인가를 선택하는 문제에서부터 선택된 법률을 올바르게 해석·적용하는 문제에 이르기까지는 또 다른 지적 능력이 필요하기 때문에 이 법치질서에서 프로네시스(실천적 판단 능력)의 지위가 해명되어야 한다. 만일 철학적 지식이 존재하고 그에 입각하여 법률이 제정되었다 하더라도 개별 법조항들을 개별적인 상황에 올바르게 적용하기 위해서는 법 집행자의 현명한 판단력이 필요하다. 그렇지 않을 경우 『법률』의 법치국가는 법체계와 법 집행의 불일치로 인해 체제의 정합성을 유지하기 어렵게 된다. 그러므로 플라톤은 법치질서의 정합성을 유지하는 데 필요한 요소로서 프로네시스의 지위를 고려하지 않을 수 없다.[75)]

플라톤이 기대하는바 법을 이성의 산물 혹은 이성 그 자체라고 인정한다 하더라도 법은 개별적인 특수 상황에 기계적으로 적용될 수는 없다(『법률』, 294a–c). 법률은 일반적인 사항만을 명시하지 개별적인 상황을 다루지 않기 때문에 개별적 상황에 해당하는 법률의 선택 및 최선의 해석은 법 적용자의 경험과 판단에 의존할 수밖에 없다. 법률이 신적 이성의 산물이라는 믿음은 법의 신성성과 법치의 권위를 보장해주는 중요한 요소이지만, 신성한 법률의 존재 자체가 정의에 부합하는 법의 해석과 집행을 보장해줄 수는 없다.

인민재판에 의한 소크라테스의 사형선고는 법의 신성성과 부당한 적용이 공존할 수 있는 역사적인 한 가지 예를 제공한다. 소크라테스의 재판이 부당함을 주장하기 위해서 당시의 아테네 법이 반드시 악법임을 증명할 필요는 없다. 정의로운 법체계에 입각해서도 부당한 법 해석과 적용은 언제나 발생 가능하고 소크라테스 재판은 실제로 그런 불일치를 보여준 가장 대표적인 역사적 사건이었기 때문이다.[76)] 그러므로 법의

---

75) 일반적으로 프로네시스의 중요성은 아리스토텔레스에 의해 최초로 부각된 것으로 알려져왔다. 하지만 플라톤 역시 인간적인 법치질서에서 프로네시스의 필수성을 충분히 인식하고 있다. 이에 관한 최근의 연구로는 Stern(1997)과 Brown(2005)을 볼 것. 브라운은 이성의 지배와 지혜의 지배를 구분함에 있어서는 탁월하지만, 지혜의 지배와 법률 지배의 대조성을 강조한 나머지 이 둘의 관계를 상보적인 관계가 아닌 긴장된 관계로 인식하는 경향이 강하게 나타난다. 이 점에 관하여 필자의 견해와 가장 일치하는 것은 스턴의 해석이다. 스턴은 이 둘의 관계를 양립 가능할 뿐만 아니라 상보적인 것으로 파악하고 있는바, 이는 필자가 일관되게 견지하고 있는 입장과 일치한다. 다만 스턴은 텍스트의 문맥을 분석함으로써 그런 결론을 도출하지만, 필자의 경우는 지금까지의 논의로부터 알 수 있는 바와 같이 '일차적으로' 플라톤 정치사상의 방법론적 특성—철학적 성격—에 대한 분석에 입각하여 텍스트의 문맥을 검토함으로써 이런 결론을 추론·구성한다.

지배는 정의롭고 신성한 법체계가 존재한다는 사실만으로 자동적으로 실현되는 것이 아니라, 법의 취지나 가치 그리고 그 내용을 제대로 이해하는 한편 해당 법률을 선택하여 개별적인 상황에 옳게 적용할 수 있는 경험적 분별력과 판단 능력을 필요로 하는바, 법의 지배를 단순한 이성의 지배와 동일시하는 것은 법치를 가능하게 하는 포괄적인 조건의 중요성을 간과하는 것이다.[77)]

마그네시아에서 구현될 정합적 법치질서의 완성과 유지를 위해 프로네시스가 필수적이라면 그것은 근본적으로 인간의 본성에 내재하는 한계와 객관적인 세계의 불투명성에 기인한다(Stern 1997, 265-6).[78)] 그는 의사의 비유 및 장기간 나라를 떠나 있는 입법가의 예를 들어 법치의 불가피성을 설명하는 가운데 프로네시스의 필수성을 부각시킨다.[79)] 플

76) 사실 소크라테스의 발언으로 와전되어온 "악법도 법이다."라는 진술이 당시 아테네의 법체계에 대한 정당한 평가였다면 소크라테스는 일흔의 나이에 이르기 훨씬 전 그 악법에 의해 이미 처벌을 받았어야 했다. 일흔의 나이에 이르도록 소크라테스가 자신의 사명에 따라 자유롭게 활동할 수 있었다는 사실은 당시 아테네의 법이 반드시 악법이었는가에 대해 의구심을 자아내게 한다. 일흔 살의 소크라테스에 대한 사형선고는 당시 아테네의 법이 악법이었다기보다 법을 정치적으로 악용하거나 잘못 적용한 결과였다는 주장을 더 설득력 있게 만든다. 소크라테스의 행적에 대한 누적된 불만과 우려를 갖고 있었던 세력들이 당시의 인민법정 체계와 수사학적 선동을 이용하여 소크라테스의 행위를 억지로 불법적인 것으로 몰아붙인 것으로 이해할 수도 있다. 부당한 재판에 대한 소크라테스의 수용을 국가의 안정성에 대한 법의 효과와 연관시켜 이해할 수도 있는데, 이에 대해서는 김영환(2008, 93)을 참조할 것.

77) 그러므로 현자의 지배와 법의 지배를 이항 대립의 관계로 인식하는 것은 그 두 가지 지배 형태의 '이론상'의 대조를 플라톤의 '실제적' 제안으로 받아들이는 것으로, 이론 범주상의 오류를 범하는 것이다. 다시 말해, 철인통치와 법치의 대비는 '현실적'으로 그중에서 한 가지를 선택해야 실제적인 대안들이 아니라, 현실국가를 진단·평가·개선하는 작업을 위한 '이론적'인 두 기준을 제시하기 위한 것이라 할 수 있다. 말하자면 현실을 체계적이고 의미 있게 이해하기 위해 베버가 구성한 지배 형태의 이념형이라고 볼 수 있다.

78) 프로네시스는 개인들, 집단들 수준의 실천적 삶 속에서뿐만 아니라 국가적 수준의 모든 통치 행위—자유재량적 통치 행위 및 법률의 해석과 적용을 포함하여—에 관련하여 중요하다. 여기서는 국가의 공식적인 통치 행위와 관련된 프로네시스만을 언급한다.

라톤은 바른 통치자의 통치술과 바른 의사의 의술이 갖는 공통된 성격을 다음과 같이 설명한다.

[엘레아에서 온 손님]: 그러나 이들[바른 통치자]을, 그들이 자발적인 이들을 다스리든 마지못해 다스리든, 그들이 부자든 가난하든, 우리가 지금 생각하기로는 그게 어떤 통치이든 간에 기술에 의해(kata technēn) 통치하는 이들로 보아야 하네. 그리고 우리는 무엇보다도 그들이 우리가 원하든 원치 않든 수술을 하거나 소작을 해서, 또는 다른 어떤 고통을 가해서, 그리고 성문화된 것(처방)에 준하건 또는 이를 떠나서건, 또는 가난하건 부유하건 우리를 치료한다면 그들을 의사들로 보았거니와, 그들이 설사를 시키거나 다른 식으로 살을 빼거나 심지어 살을 찌게 해서 기술(의술)을 관장함으로써 오직 신체들의 좋음을 위해서 더 나쁜 상태로부터 더 나은 상태를 만들어 각각의 보살피는 이들이 보살펴지는 것들을 구제하는 한, 우리는 그야말로 그에 못지않게 의사라고 주장하네. 내가 보기에 우리는 다른 게 아니라 이렇게, 이것이 의술 및 그게 어떤 것이든 그 밖의 다른 통치의 유일한 바른 기준(horon orthon)이라고 간주할 걸세. ……그리고 그들이 좋게 할 목적으로 어떤 사람들을 죽이거나 추방해서 나라를 숙정하든, 또는 벌 떼처럼 그들을 국외로 어디든

---

79) 물론 이 부분은 일차적으로 '지혜의 지배(주권)'가 왜 불가피하게 '법률의 지배(주권)'로 넘어가야 하는가를 설명하려는 목적을 갖고 있다. 하지만 그는 '법률의 지배'가 갖는 한계를 지적하는 가운데 '지혜의 지배'에는 못 미쳐도 구체적인 개별적 상황에서 법률이 최대한으로 그 취지에 적합하게 해석·적용되어야 한다는 당위성을 시사함으로써 법치질서의 유지에서 프로네시스의 발휘가 필수적임을 드러내고 있다.

이주시켜 나라를 더 작게 하든, 또는 나라 밖 어디에서든 다른 어떤 사람들을 끌어들여서 시민들로 만들어 나라를 확장하든, 지식과 정의를 사용하고 나라를 구제해서 더 못한 상태로부터 더 나은 상태를 힘닿는 대로 만드는 한, 우리는 이것이 당시에, 그리고 그와 같은 기준들에 따라서 유일한 바른 정체라고 말해야만 하네……(『정치가』, 293a–c).

플라톤은 이어서 '지혜의 지배' 대 '법치'를 대비시키는 가운데 절대적으로는 '지혜의 지배'가 우월한 이유를 다음과 같이 설명한다.

[엘레아에서 온 손님]: 왜냐하면 법은 최선의 것과 가장 올바른 것을 정확히 파악해서 동시에 모든 이들에게 가장 좋은 것을 결코 지시할 수 없기 때문이네. 이는 인간들 및 행위들이 천차만별이라는 것과, 말하자면 인간사들의 어느 것도 결코 정지해 있지 않다는 사실이 어느 경우든 어떤 기술로도 모든 것에 관해, 그리고 영원토록 적용될 수 있는 절대적인(haploun) 어떤 것을 공포하게 허용하지 않을 것이기 때문이네……(『정치가』, 294a–b).

이미 설명한 바와 같이 '법률의 지배'에 대한 '지혜의 지배'의 우월성에 대한 강조를 '법률이 없는 지혜의 지배'를 의미하는 것으로 이해하지 않고 법률을 갖추고 있지만 지혜가 주권적 역할을 하는 지배 형태를 의미하는 것으로 해석하는 것이 옳다면, 위의 인용문은 인간사의 관리에 법률이 필요하지만 "인간들 및 행위들이 천차만별이라는 것"과 변화무쌍한 인간사를 고려할 경우 "모든 이들에게 가장 좋은 것을" 지시하기 위해서는 현명한 자들의 지혜를 필요로 한다는 의미로 해석할 수 있다. 다시 말해 사회는 불가피하게 소수의 현명한 자들과 다수의 그렇지 못한 자들로 구성되어 있고, 또 사회 속에서 발생하는 많은 일들은 어떤 고정된 절대적 규칙을 기계적으로 적용함으로써는 다수에게 '최선의' '올바른' 결과를 가져다주기 어렵기 때문에, 딱딱하고 융통성 없는 법률의 지배는 소수의 지혜를 통해 그 결함이 보완되어야만 한다는 것이다. 그리고 바로 여기에서 최선의 법률 지배 질서를 유지하기 위해 프로네시스의 적극적 개입의 필요성을 확인할 수 있다.[80)]

플라톤에게 있어 지혜는 단순히 이성을 의미하지 않는다. 플라톤은 『정치가』에서 정치가를 (재)정의하려고 시도하는 가운데 정치적 지식의 성격을 상론한다. 여기서 플라톤은 전체 지식을 '실천적 지식'(hē praktikē)과 '인식적(이론적) 지식'(hē gnostikē)으로 분류하고, 이 분류에 입각하여 참된 왕도적 치술(basilikē)을 규정하는 '하나의 지식', 곧 정치가를 참다운 정치가로 만드는 정치적 지식(기술)이 '인식적' 지식에 '유사한' 것임을 주장한다(258e-259d). 여기서 주의할 것은 플라톤이 정치가의 지식을 '인식적' 지식과 '동일한' 것이라고 주장하지 않고 '유사한' 것이라고 주장하고 있다는 점이다.[81)] 다시 말해 정치적인 지식은 순수한 '실천적 지식'으로부터 순수한 '인식적인 지식'에 이르기까지의 연속적인 스펙트럼상에서 '인식적' 지식에 '가까운' 것이지 순전히 인식적

80) 법치의 한계에 대한 인식은 프로네시스를 발휘하는 현자의 지배(인치)에 의해 보완되어야 한다는 주장으로 나아가게 된다. 그렇지만 인치 역시 이미 지적한 문제점이 있기 때문에 법치와 인치는 상보적인 통합관계를 통해 최선의 정치질서를 유지해야 한다.

인 수학적 지식과 '같은' 것이라는 의미는 아니다. 그런데 이 말은 정치적 지식이 그 본질은 '인식적 지식'에 가까우나 약간의 '실천적인' 요소를 지닐 수 있다는 것을 함축한다. 플라톤은 이 점을 다음과 같이 설명한다.

> [엘레아에서 온 손님]: 그러나 어쨌든 다음은 분명하네. 즉 모든 왕도적 치자가 통치를 해나감에 있어서 손과 온몸으로 할 수 있는 일들은 마음의 통찰 및 힘에 비하면 사소한 것들이네. ……우리는 손재주나 일반적으로 실천적 기술보다도 인식적 기술에 한층 더 왕도적 치자가 유사하다고 말할 건가? [젊은 소크라테스]: 물론이죠(『정치가』, 259c-d).

즉 플라톤은 그 속성상 정치적 지식이 '인식적 지식'에 가까운 것이긴 하지만 "손과 온몸으로 할 수 있는 일들" 혹은 "손재주나 일반적으로 실천적 기술"에 속하는 것들을 포함하고 있음을 인정하고 있다. 정치적 지식에 있어서 실천적 기술들의 지위나 비중이 비교적(혹은 매우) "사소한 것"이긴 하지만, 그것들이 정치적 지식(기술)의 필수적 일부를 구성하고 있음은 명백하다.

플라톤은 정치적 지식의 이와 같은 복합적인 성격—비록 그 비중은

---

81) 그러므로 플라톤이 제시하고 있는 '실천적 지식'과 '이론적 지식'의 이분법은 정치적 지식의 성격을 설명하기 위한 방법론적인 것이지 말 그대로 모든 지식이 이 두 종류로 말끔하게 분류된다는 것을 의미하는 것은 아니다. 스턴은 이 이분법을 정치적 지식의 특성을 설명하기 위한 방법론적인 전략으로서보다는 말 그대로 지식의 두 부류로 이해하고 있는 듯 보인다. 그 때문에 인식술이 이론적인 지시술과 실천적인 판단술을 동시에 포함하는 것으로 설명하고 있는 부분을 다소 모순적인 것으로 인식하는 듯하다(Stern 1997, 267).

압도적으로 '인식적 차원'에 있지만—을 판단술(kritikē)과 지시술(epitatikē)의 위계적 내포관계를 통해 보완 설명한다. 그에 의하면 정치적 지식의 본령은 지시술이지만 반드시 판단술을 보조로 하여 행사되는 복합적 성격을 갖는다(『정치가』, 260a–c). 인식적 지식을 구성하는 '판단술'이 일종의 관객과 같은 역할을 한다는 의미에서 보조적이고, '지시술'이 주인과 같은 역할을 한다는 의미에서 주도적이기 때문에 '지시술'이 인식술을 대표하는 것으로, 다시 말해 플라톤의 표현을 빌리자면 왕도적 치자가 지시술 위에 앉아 있는 것으로 간주할 수 있다(『정치가』, 260c–e).

플라톤은 계속적인 구분법(bifurcations)을 사용하여 왕도적 치술이 기반해 있는 왕도적 지식을 직조술에 비유하는 가운데, 다시 한 번 왕도적 치술(지식)이 보조적인 실천적(판단적) 지식들을 필요로 하면서도 그런 보조적 지식들이 아닌 '원인 자체'(he autēaitia)로 분류되거나(281b–d, 287b–c) 혹은 전체적인 지시적 지식에 의해 대표됨을 주장한다. 즉 그에 의하면 "이것들[보조적 지식들] 없이는 나라도 치술도 도대체 있을 수 없겠지만…… 이것들 가운데 어떤 것도 왕도적 치술의 기능으로 놓지 [않는다]"(『정치가』, 287D).

이어서 플라톤은 짧은 정체 분류를 소개하고, 지혜로운 왕도적 치자를 가짜 치자들로부터 구분해주는 것이 정치적 기술임을 다시 한 번 확인한 후, 진정한 의사와 조타수의 기술에 비유하여 정치가의 기술을 설명한다(『정치가』, 293a–c, 297a–b). 그리하여 마침내 정치가의 기술이 수학적 지식처럼 단순히 인식적이거나 이론적인 것이 아니라 보조적인 지식(기술)들로서 경험이나 직관 그리고 의견을 필요로 한다는 점을 분명히 드러내고 있다(Stern 1997, 56).[82] 플라톤은 왕도적 치술을 의사의 의술에 비유하는 대목에서 의술이 이론적 지식뿐 아니라 다양한 경험적 지식을 필요로 한다는 점을 강조한다(『정치가』, 293b-d).

이로부터 분명히 알 수 있는 것은 정치가는 "지식과 정의"라는 기준에 따라 나라의 상태를 개선시킬 때 구체적인 상황에서 자신이 최적이라고 판단하는 방법들을 자유재량으로 선택·활용할 수 있다는 것이다. 하지만 주어진 지식이나 정의의 원칙을 실현하는 데 사용되는 최선의 방법은 인식적(이론적)으로 주어진 것이 아니라 경험을 통해서만 획득할 수 있다는 점에서 정치가의 지식은 경험에서 우러나오는 실천적 지혜를 포함할 수밖에 없다.[83] 그리하여 경험적 지혜는 인식에 의해 주어진 "국가의 바른 경영의 가장 참다운 기준"—다시 말해, 나라 전체에 좋은 것이 무엇인가에 관한 지식—을 구체적인 상황 속에서 최선으로 실현할 수 있는 '방법'이나 '수단'을 찾아줌으로써 정치가의 치술을 보조한다(『정치가』, 296e).

하지만 지혜의 지배, 곧 지혜의 주권은 이미 앞에서 살펴본 바와 같

---

82) 플라톤은 이 점에 대해 다음과 같이 말하고 있다 "[엘레아에서 온 손님]: 그러니까 둘로 나누기 불가능하니, 우리는 그것들을 마치 제물처럼 '지체에 따라'(kata melē) 나누도록 하세"(『정치가』, 287b-c).

83) 브라운(E. Brown)에 의하면, 지혜는 지식(이성) 이상의 요소를 포함하고 있다. 지혜는 지식과 달리 이론화나 법전화할 수 없는 것으로 공동체 전체의 집단적 선을 위한 헌신의 각오, 곧 덕성을 포함하고 있다. 따라서 지혜는 개인의 영혼에 존재하면서 개별적인 상황에 적합한 구체적인 판단을 제공한다. 때문에 지혜의 지배는 단순한 이성(지식)의 지배도 아니며 법률의 지배도 아니다. 지혜는 지식과 덕성의 통합적 작용을 의미한다(Brown 2005, 88-9). 하지만 지혜의 지배에 관한 브라운의 설명은 경험에서 획득한 실천적 판단 능력을 간과하고 있을 뿐만 아니라, 프로네시스를 순전히 개인적인 영혼의 덕성으로만 국한시키는 한계가 있다. 뒤에서 설명하겠지만, 프로네시스는 그 능력을 갖춘 개인들 사이의 집단적 심의를 통해 증대될 수 있다. 이 점에 대해서는 야간회의(평의회)와 관련하여 설명될 것이다.

이 다양한 인간적 · 역사적 조건에 의해 법률의 지배, 곧 법률의 주권으로 대체되지 않으면 안 된다. 그렇다면 프로네시스는 더 이상 필요가 없게 되었는가? 그렇지 않다. 이미 앞에서 설명한 바와 같이 법치국가에서도 프로네시스는 여전히, 아니 더욱더 중요하다. 프로네시스는 입법자들의 국가 수립 과정은 물론, 법률의 제정과 공포 그리고 해석과 적용의 과정에서도 필수불가결한 역할을 수행한다. 단지 탁월한 프로네시스를 지닌 진정한 정치가를 찾기 어려운 인간적 · 역사적 한계로 인해 프로네시스의 질적 수준이 하향할 수밖에 없기 때문에[84] 법치질서의 유지와 향상을 위해 프로네시스의 작용을 제도화 · 집단화하는 진지한 노력—이 노력 자체가 최초 입법자(들)의 프로네시스를 반영한다—이 병행된다. 『법률』은 법치의 필수적 구성요소인 프로네시스가 법치질서의 유지를 위해 어떤 방식으로 개입하는가를 상세히 보여준다.

『법률』 3권 말미에서 플라톤은 새로운 나라의 구성에 착수하기 전 입법자의 세 가지 목적—자유롭고 우애로우며 지성(nous)을 갖춘 나라를 위한 입법—에 부합하는 정체는 혼합정 형태가 될 것임을 강조하면서 나라 수립에 있어 경험적 판단의 중요한 역할을 인정하고 있다 (701d-702a).

---

84) 『국가』에서 제시된 이상 정체의 통치자(들)에게도 프로네시스의 능력은 필수적이다. "[소크라테스]: 그렇다면 어떤가? 이제 막 우리에 의해서 수립된 이 나라에 사는 시민들 중의 어떤 사람들에겐 어떤 지식이 있는가? 즉 이 나라의 부분적인 것들 중의 어떤 것에 관련해서가 아니라, 이 나라 전체와 관련해서 어떤 방식으로 이 나라가 대내적으로 그리고 다른 나라들과 가장 잘 지낼 수 있을 것인지를 숙의 결정해주게 될 그런 지식 말일세. [글라우콘]: 물론 있습니다. [소크라테스]: 그건 무엇이며, 누구에게 있는가? [글라우콘]: 그건 나라의 수호술이며, 우리가 방금 '완벽한 수호자들'로 불렀던 그 통치자들에게 있습니다"(『국가』, 428c-d).

[아테네인]: 바로 이것들[자유, 우애, 지성]을 위해서 가장 전제적인 나라 체제(politeia)와 가장 자유로운 나라 체제를 선택해 이것들 가운데 어느 것이 바르게 다스려지는지를 우리가 지금 살피고 있습니다. 한데 이것들, 곧 전제적인 통치를 하는 유형들과 자유롭게 하는 유형들 각각이 어떤 적도(適度) 상태(metriotēs)를 취하게 되었을 경우에는, 그럴 경우에는 그것들에 유달리 번영이 일었음을 보았습니다. 반면에 그 각각이 극단으로, 즉 한쪽은 노예 상태의 것들의 극단으로, 다른 쪽은 그 반대 것들의 극단으로 나아갈 경우에는 그 어느 쪽에도 유익함은 없었습니다. [메길로스]: 더없이 참된 말씀입니다. [아테네인]: 또한 더 나아가서는 이것들 때문에 도리스 군대의 정주와 다르다노스가 산자락에 정주한 일에 대해서도, 또한 바다 가까이의 정주와 [대홍수로 인한] 파멸에서 살아남게 된 첫 세대의 사람들에 대해서도 고찰했습니다. 더 나아가 이런 것들에 앞서 있었던 시가와 술 취함(취흥) 그리고 이것들 이전의 것들에 대한 우리의 논의들도 그것들 때문에 고찰했습니다. 이것들 모두는 도대체 어떻게 하면 나라가 가장 훌륭하게 경영될 수 있을 것이며, 또한 개인적으로는 어떻게 하면 누군가가 자신의 삶을 가장 훌륭하게 영위하게 될 것인지를 알아내기 위해서 말하게 되었으니까요……(701e-702a).[85]

85) 4권 앞부분에서의 언급도 나라 수립(입법)에서 경험적 판단과 의견의 중요성을 드러낸다. "단일 부족은 언어가 같고 법률도 같은 데다가, 신성한(종교적인) 것들 및 이와 같은 모든 것을 공유하기에 일종의 우애를 갖기는 하지만, 본국의 것들과 다른 법률이나 다른 나라 체제(정체)들에 대해서는 쉽사리 참고 견뎌내기 힘들죠. ……이와는 달리 도처에서 같은 곳으로 모여든 부족은 새로운 법률에 아마도 더 잘 순응하고자 하겠지만, 통합을 이루는 것은 그리고 마치 멍에로 연결된 한 쌍씩의 말들이, 흔히 말하듯, 호흡을 맞추며 같은 방향으로 향하는 것은 많은 시간을 요하며 아주 어려운 일입니다" (708c-d).

입법자는 다양한 경험에 대한 이해에 입각하여 최선의 법률 지배 '정체를 수립할 때' 프로네시스를 발휘해야 하지만, 그 정체에 필요한 '법률들을 제정할 때'에도 인간 본성 혹은 유형의 다양한 형태들을 고려하면서 신중하게 입법 과정에 착수해야 한다.[86] 플라톤은 『정치가』에서 왕들과 성직자들 그리고 이들의 종사자들 등을 구분하고, 이어서 그 밖의 "다른 많은 군중"을 여러 유형으로 분류한다. 그에 의하면 그들은 "매우 복합적인 부류"로서 그들 중 많은 이들은 사자와 켄타우로스를, 그리고 다른 많은 이들은 사티로스와 연약하고 변신을 잘하는 짐승들을 닮았다고 분석하고 있다(291a-b).[87]

이와 같은 다양한 인간 유형의 존재에 대한 (주로 경험적인) 인식은 『법률』에서 착수하고 있는 입법 작업의 필수적 전제가 된다. 그것은 그가 입법자를 의사에 비유하고 의사를 노예 의사와 자유민 의사로 구분한 다음, 노예 의사와 자유민 의사가 각각 상이한 대상을 상이한 방법으

86) 인간의 다양한 유형들을 고려하는 것이 입법자의 필수적 덕목이라는 것은 이미 『정치가』에서도 강조되고 있다. "[엘레아에서 온 손님]: 왜냐하면 법(nomos)은 최선의 것과 가장 올바른 것을 정확히 파악해서 동시에 모든 이들에게 가장 좋은 것을 결코 지시할 수 없기 때문이네. 이는 인간들 및 행위들이 천차만별이라는 것과, 그리고 말하자면 인간사들의 어느 것도 결코 정지해 있지 않다는 사실이 어느 경우든 어떤 기술로도 모든 것에 관해, 그리고 영원토록 적용될 수 있는 절대적인(haploun) 어떤 것을 공포하게 허용하지 않을 것이기 때문이네……"(294a-b). 이 인용문은 인간의 다양한 유형과 인간사의 복잡성을 고려할 때 일반성을 특징으로 하는 법률은 한계가 있다는 것을 보여주면서도, 입법자가 법률을 제정할 때에는 이와 같은 인간의 다양한 부류와 변화무쌍한 환경적 요인들을 감안해서 입법해야 한다는 이중적 메시지를 담고 있다. 이 후자의 측면은 『법률』에서 명확히 확인된다.

87) 입법자가 고려해야 하는 것은 비단 인간의 다양한 부류만이 아니다. 『법률』은 입법자가 경험적으로 고려해야 할 수많은 사항이 있음을 보여준다. 예컨대, 마그네시아의 위치는 인간성과 상호 작용하는 도시의 물리적 위치와 기후 조건 등을 고려하여 정해져야 한다. 그런 모든 것들이 인간의 혼에 영향을 미칠 수 있기 때문이다. "이것들에 대해서 적어도 지각 있는 입법자는, 이와 같은 것들을 인간으로서 고찰할 수 있는 한 검토해보고서, 그리 법률을 제정하려고 꾀할 것입니다"(『법률』, 747e).

로 치료하는 예를 들며 자신의 입법 방식이 혁신적인 것임을 강조하는 대목에서 분명히 드러난다.

플라톤은 노예 의사가 노예를 치료할 때 내리는 처방 방식—일방적인 명령—을 단순한 형식의 법(ho haplous nomos)으로, 그리고 자유민 의사가 자유민 환자를 치료할 때 쓰는 치료방법—병의 원인을 설명하고 치료법에 관하여 대화를 통해 설득하는 방식—을 이중적인 형식의 법(ho diplous nomos)으로 규정하고 후자의 치료 방식이 월등히 우월한 것임을 부각시킨다(721a–e). 락스와 보보니치가 강조하듯, 일방적인 명령으로서의 법률은 어떤 설명도 없이 부과될 뿐만 아니라 처벌의 위협을 통해 복종시킨다는 의미에서 폭력적이지, 결코 교육적이지 않기 때문이다(Laks 1991, 221–3; Bobonich 2002, 106).

이어서 플라톤은 기존의 법률은 "개인은 30세가 되면, 35세까지는 결혼할 것. 그러지 않을 경우에는 벌금과 불명예에 의한 처벌을 받을 것임. 벌금은 얼마 얼마이며, 불명예는 무엇 무엇임."과 같은 조항처럼 위협과 강제를 통해서만 작용한다고 비판하고, 자신의 새로운 입법 방식은 왜 그 나이에 결혼하는 것이 좋거나 바람직한 것인가를 상세히 설명한 후 처벌 조항을 덧붙임으로써 설득과 강제 방법을 동시에 사용하는 새롭고도 우월한 것임을 부각시킨다(722b–c). 그리하여 플라톤은 전체 법률 앞에 전체 법률의 목적과 취지를 설명하는 전문과, 개별 법률 앞에 개별 법률의 목적과 취지를 설명하는 전문이 필요함을 역설하고 지금까지 자신의 설명이 전체 법률의 전문에 관한 것이었음을 밝힌다(723d–b).

그런데 여기서 중요한 것은 전문이라는 요소의 혁신성보다는 전문이 필요한 이유이다.[88] 전문은, 의술이 다뤄야 할 다양한 인간 부류들—노예와 자유민—이 있듯이, 법률이 다뤄야 할 다양한 인간 부류들이 있기 때문에 필요하다. 만일 인간이 순전히 강제적 처벌의 위협을 수단으로 해서만 법률을 지킬 수 있는 노예와 같은 존재라면 전문은 필요하지 않을 것이다. 하지만 인간 중에는 법률의 취지를 충분히 이해하고 자발적으로 법률에 복종할 수 있는 부류도 있기 때문에 궁극적으로 덕성의 함양을 목적으로 하는 법률의 목적상 전문을 통해 법률에 대한 자발적인 복종을 유도하는 것이 바람직하다. 그러므로 플라톤이 혁신적인 입법 방법을 구상한 것은 엄존하는 인간의 다양성에 대한 경험적인 인식과 고려, 곧 프로네시스 발휘의 결과이다. "입법자로서는…… 한 가지 것에 대해 두 가지 말을 할 수가 없고" "한 가지 것에 대해서는 언제나 한 가지 말을 표명해야만" 하기 때문에(719d), 전문이 없다면 인간 부류의 다양성을 최대한 고려할 수 있는 법 제정은 불가능하게 된다. 따라서 전문은 인간의 다양성을 반영하여 법률의 일반성과 완고한 성격을 최대한 완화시켜보려는 입법자의 프로네시스를 반영한다.[89] 그리하여 입법자는 "실제 행동이나 말을 통해", "즐거움이나 괴로움을 동반할 수도, 또는 명예나 불명예 그리고 금전적인 처벌이나 선물이 함께할 수 있는" "무슨 방법을" 사용해서든, 즉 구체적인 인간적 조건을 고려하여 최대의 효과를 올릴 수 있도록 인간이 "불의는 미워하되 올바름의 성질(정

88) 플라톤은 전문을 도입하는 자신의 입법 방식을 수사학(연설)과 음악에서 원용했음을 밝히고 있다(『법률』, 722d-e).

89) 실버손(M. J. Sliverthorne) 역시 전문이 법의 약점으로 지적되는 법의 일반성을 보완하기 위한 것임을 지적하고 있다(1975, 10).

의)을 좋아하거나 아니면 혐오하지는 않도록 만드는" 법률의 최고 목적을 관철시킬 수 있도록 입법 작업에 임해야 한다(『법률』, 862d).

입법 과정에서 법 적용의 대상이 되는 인간적 다양성에 대한 경험적 인식과 판단이 반영된다는 사실은 전문의 성격을 분석해보면 더 구체적으로 확인할 수 있다. 플라톤의 전문은 단순히 법률의 취지를 이성적으로 설명하기 위한 것만은 아니다. 그것은 수사학적인 설득도 포함하고 있다. 철학적인 설득이 논리적으로 이성의 동의를 구하는 방식이라면 수사학적인 설득은 감정에 호소한다. 이처럼 전문(들)은 공히 이성과 감정에 호소함으로써 시민들을 덕스럽게 교육시키고 법의 정신으로 충만하게 함으로써 법을 올바르게 이해 · 적용하도록 이끈다.

작은 도시국가에서 수사학이 갖고 있는 엄청난 힘을 일찍부터 알고 있었던 플라톤은 수사학의 위력을 정치가의 통치 활동(『정치가』)과 입법자의 입법 작업(『법률』)에 적극 활용코자 했다(Silverthorne 1974, 10-1).[90)]『파이드로스』에서 상이한 인간 유형에 적합한 상이한 수사학적 기술들을 구분한 바 있는 플라톤은 이와 같은 구분법을 『법률』의 전문 작성에도 적용한다.[91)] 즉 플라톤은 전문을 나라 전체에 좋은 것에 대한 입법자의 지식을 적절히 표현해주는 대변인으로서, 말하자면 정치적 지식의 다양한 수사학적 표현들로서 이해한다(Silverthorne 1975, 13). 그것은 마

90) 하지만 플라톤은 『파이드로스』가 제시하는 수사학적 기술, 즉 진상(眞相)과 무관한 설득 기술을 비판하고 수사학적 기술이 진상을 담보로 해야 함을 강조한다(260a-e). 다시 말해 수사학은 철학(변증술)에 종속될 때만이 "사람을 속이는 숙련"이 아닌 기술로서 존재할 수 있다(cf. 『정치가』, 304d-e). 『파이드로스』의 전반부는 수사학의 토대가 되어야 할 변증술(철학)의 목적, 곧 "아름다움에 대한 에로스적 충동을 통해 이데아계로 상승하는 것"을 다루고 있다.

치 자유민 의사가 환자의 협조를 통해 환자의 건강을 돌보려고 대화와 설명 방식을 취하듯, 시민들의 이해와 협조를 통해 시민들을 덕성을 갖춘 준법적인 존재로 만들기 위해 사용하는 체계적인 교육 및 설득 방법이다.[92]

그런데 전문에 적용된 수사기법에 관해서는 논란이 있다. 실버손은 전문이 철학적이지 못한 일반인들을 대상으로 씌어졌기 때문에 수사학적이라고 주장한다(Silverthorne 1974, 15). 그의 해석에 따르면 철학적이지 못한 일반인들의 생각은 지식(epistēmē)의 영역이 아닌 의견(doxa)의 영역에 속하기 때문에, 가르침(teaching)에 의해 전달되는 지식과 달리 설득에 의해 전달된다. 따라서 그것은 이성적 이해에 기반을 둔 지식과 달리 철학적이지 않은 사람들에게도 쉽게 전달되어야 하는바, 일반인들

---

91) 『파이드로스』에서 플라톤은 다양한 인간 유형에 적합한 상이한 수사의 기술을 분류한다. "[소크라테스]: 셋째로 그는 연설의 부류들과 영혼의 부류들은 물론 그것들의 성질들을 질서에 맞춰 분류한 뒤 그 원인들을 탐색하면서, 그 하나하나의 짝을 맞추어 어떤 성질의 영혼이 무슨 이유 때문에 어떤 성질의 연설에 의해 설득을 당할 수밖에 없고, 어떤 성질의 영혼이 설득을 당하지 않는지 가르칠 걸세. ……[소크라테스]: 연설의 능력은 영혼의 인도에 있기 때문에, 연설가가 되려는 사람은 영혼의 형태에 어떤 것들이 있는지 반드시 알아야 하네. 그런데 영혼의 형태는 수도 여럿이고 그 성질도 여럿이어서, 그로 말미암아 어떤 사람들은 됨됨이가 이러저러하게 되고 또 어떤 사람들은 그와 다르게 된다네. 그리고 이런 구분에 상응해서 연설의 형태도 수가 여럿이고 저마다 성질이 다르지. 그래서 성향이 이러저러한 사람들은 어떤 특정한 이유 때문에 이러저러한 연설들에 의해 이러저러한 상태에 쉽게 빠져들고, 그와 성질이 다른 사람들은 (같은 말을 들어도) 다른 여러 가지 원인 때문에 그런 상태에 빠져들지 않네. (연설가가 되려는 사람은) 이런 점들을 충분히 통찰하고, 그런 다음 그것들이 실제 상황 속에서 실행되는 것을 지켜본 뒤 감각을 동원해서 그것들을 치밀하게 따라 할 수 있는 능력을 갖추어야 하네"(『파이드로스』, 271b-e; cf. 277c). 실버손에 의하면 변증술(철학)에 기반한 진정한 수사학은 체계적이며 실천적이다. 그것은 인간 본성의 다양성을 분석하여 그에 적합한 수사학적 기법들을 제시하고 있다는 점에서 체계적이며, 연설가의 실천적 판단을 훈련시켜주는 한편 설득에 유리한 기회들을 포착할 수 있는 능력을 예리하게 해준다는 점에서 실천적이다(Silverthorne 1974, 12).

92) 다양한 부류의 인간에게 적합한 수사학적 가술들의 적용 예들에 관해서는 실버손의 글을 참조할 것(1974, 15-8).

을 대상으로 한 법률의 전문은 수사학적 설득에 초점이 두어져 있다는 것이다.

보보니치는 전문이 이성적 설득과 숙의를 통해 시민들이 법률에 대한 신념을 갖도록 교육시키기 위한 것이라 주장한다(Bobonich 2002, 104). 그에 의하면 법률의 적용 대상자들이 요구하는 것은 법률의 배후에 놓여 있는 원칙들이 참된 것이라고 생각할 수 있는 훌륭한 인식적 근거들이다(『법률』, 885d-e). 따라서 입법자가 전문을 통해 시도하는 것은 시민들에게 그와 같은 훌륭한 인식적 근거들을 제시함으로써 교육을 제공하는 것이므로, 전문은 "비교적 우호적인 상황을 전제로 하여" 시민들의 이성적인 숙고 능력에 호소함으로써 시민들의 신념에 영향을 미치기 위한 것이라고 본다. 비록 시민들의 자질이 충분히 이성적인 설득에 적합하지 않다고 해도 반복적인 교육을 통해 이성적인 설득 대상으로 계몽될 수 있다고 보는바, 전문은 이와 같은 희망적인 가능성을 염두에 둔 이성적 의론의 성격을 갖고 있는 것으로 해석된다(Bobonich 2002, 106-7, 110-5).[93]

실버손과 보보니치 사이에 락스의 해석을 넣을 수 있다. 그는 플라톤이 9권에서 전문의 원칙으로 언급했던 이성적 논의의 원칙은 법치국가의 입법적 유토피아(legislative utopia)에 부합하도록 구상한 것이었지만, 실제에 있어서는 실망스럽게도 이성적 설득에 훨씬 못 미치는 칭찬

---

93) 전문을 통한 시민교육은 중요함에도 전체 시민교육의 일부일 뿐이다. 시민교육은 음악과 체육 및 자유 시민들을 대상으로 하는 수학, 측정술, 천문학 등으로 구성되어 있다(『법률』, 817e-818a). 보보니치는 전문을 통한 이성적 계몽의 가능성은 철학자들이 아닌 일반인들의 계몽 가능성에 대한 후기 플라톤의 낙관주의를 반영한다고 해석한다.

과 비난의 방식—본질적으로 감정에 호소하는 수사학적인 기법—을 활용했다고 분석한다.[94] 입법자가, 법률처럼 강제적인 방법은 아니지만, 다양한 사회적 압력을 통해 시민들의 신념과 사생활까지도 통제하려고 한 것은 전문의 목적이 시민들의 이성적인 능력 신장에 있는 것이 아님을 방증하는 것이라 본다. 그리고 이와 같은 성격의 전문은 인간의 본성을 고려할 경우, 모든 도시—정의로운 도시를 포함하여—에서 공통적으로 채택될 수 있는 바의 것이라고 평가한다(Laks 1991 & 2000).[95]

전문의 성격을 둘러싼 논쟁 당사자들이 제시한 근거들은 나름대로 타당성을 갖고 있기 때문에 어떤 해석이 결정적으로 옳은 것인지를 판단하는 것은 결코 쉽지 않으며 또 이 글의 목적도 아니다. 다만 이 글의 기본 관점, 곧 법 제정 과정에서의 프로네시스의 발휘라는 관점에서 볼 경우, 인간성의 역사적 상황에 대한 판단은 전문 작성에서 매우 중요한 역할을 한다고 보거니와 지나치게 비관주의적인 해석과 지나치게 낙관주의적인 해석은 프로네시스의 최적의 발휘라는 관점에서는 지양되어야 한다고 본다. 다시 말해 입법자의 관점에서는 소수이긴 하지만 충분히 이성적인 시민들과 충분히 이성적이지 못한 다수 시민들이 공존하고 있는 엄연한 현실과, 법률과 전문의 목적이 시민들을 덕스럽고 준법적인 시민들로 교육시키는 분명한 목적을 갖고 있지만(『법률』, 630c, 705d-

---

94) 락스는 이 점과 관련하여 다음과 같이 주장한다. "야수로부터 신에 이르기까지의 단계는 둘째 도시의 시민들 사이에서 발견될 수 있다. 입법자가 채택하는 놀라울 정도의 다양한 전문들은 이런 다양성의 결과일 뿐이다(Laks 2000, 290).

95) 스탤리(R. Stalley)는 아테네의 손님이 보여주고 있는 발언과 행위 사이의 모순은 플라톤의 의도적인 기만이거나 그의 지적 능력이 쇠퇴한 결과라고 본다(1994, 171). 이에 대한 반박으로는 보보니치 참조(2002, 112).

706a, 962b-963a), 현실적으로 충분히 덕스럽지 못한 시민들이 많지 않다는 사실을 동시에 고려해야만 한다. 만일 마그네시아가 충분히 이성적이고 덕스러운 시민들로만 구성되어 있다면 법률 자체의 존재 근거가 없을 것이며, 모든 시민들이 다 절대적으로 비(非)이성적이고 덕스럽지 못하다면 전문을 통한 이성적 설득은 무의미해질 것이고 더 많은 법률 제정이 필요해질 것이다. 그러므로 마그네시아의 법률 및 전문 제정은 이와 같은 인간적 조건을 치밀하게 검토하여 최적의 법률과 전문으로 제시되어야 한다. 그렇다면 지나친 낙관주의도 지나친 비관주의도 지양될 필요가 있다.

입법자의 프로네시스는 따라서 이성적이고 덕스러운 시민들을 더 덕스럽고 이성적으로 만들기 위해 이성적인 논증 형식의 전문을 작성할 필요가 있을 뿐만 아니라, 충분히 이성적이고 덕스럽지 못한 사람들을 칭찬하고 비난함으로써 더 이성적이고 덕스러운 존재가 될 수 있도록 유인할 수 있는 수사학적 기술을 동시에 활용해야만 한다. 그리고 아마도 시민들 상당수가 문자를 읽을 수 없었던 당시의 현실에서 법률의 전문을 정교한 철학적 논의로 채운다는 것은 지나치게 비현실적인 전략이었을 것이라는 점을 두고 볼 때, 입법자의 프로네시스는 법률의 이상적 목적과 냉정한 인간적 현실을 모두 고려한 전문 작성을 지향하지 않을 수 없었을 것이다. 전문은 동의와 자발성에 따라 행위하는 자, 마지못해 비자발적으로 따르는 자, 일방적으로 강제되어야 할 자, 노인과 젊은이 그리고 아동들 등 다양한 부류들을 동시에 고려해야 했기 때문에 그 성격과 구성이 매우 복합한 양상을 띨 수밖에 없는 것이다.[96]

이와 같은 관점에서 보면, 전문의 성격을 둘러싼 권위 있는 연구자들의 논쟁에 대해 굳이 일도양단의 판단을 내릴 필요가 없다. 이들의 논쟁은 원칙적 · 이상적 고려와 현실적 · 실천적 판단 사이에서 『법률』의 입법자가 발휘한 프로네시스의 복잡성과 신중성을 반영한 것으로 볼 수 있기 때문이다. "중대한 법률과 사소한 법률의 경우에도 똑같이 전문을 갖게 하도록 우리가 지시를 한다면" 옳은 것이 아니듯, 모든 전문을 한결같이 감정에 호소하는 수사학적 기법에만 의존하거나 이성적 동의를 구하는 철학적인 논증에만 의존하는 것은 옳지 않을 것이다(『법률』, 723c). "그런 것은…… 입법자 자신에게 그때마다 맡겨야만 [한다]"(『법률』, 723d).

96) 보보니치 역시 이와 같은 전문의 다양한 성격과 종류를 인정한다(Bobonich 2002, 113). 하지만 손더즈와 마찬가지로, 수사학적 기법을 쓰는 부분들은 시민들의 덕성에 호소하는 설득과 교육 방법을 쓰는 긴 전문 뒤에 온다는 사실에 주목하여 플라톤의 전문이 이성적 설득과 교육을 목표로 씌어졌다고 주장한다. 필자는 이 주장이 설득력이 있다고 보지만 다른 해석들 역시 완전히 그릇되었다고 보지 않는다. 단지 이들 사이의 해석 차이는 입법자의 복잡하고 신중한 프로네시스의 적용을 투명하고 일관되게 이해하려는 방법에 기인하는 것으로 본다. 필자는 그 복잡성과 다양성을 그대로 인정하는 것이 이들의 해석과 근본적으로 충돌하는 것은 아니지만 입법자가 발휘하는 프로네시스의 성격에 더 부합하는 것으로 이해한다.

7. 법치국가와 프로네시스 Ⅱ : 호법관, 3심제도 그리고 야간회의

입법자의 프로네시스는 나라의 수립과 법 제정 과정은 물론 제정된 법률의 수호와 적용 및 개정 그리고 법률의 권위 부여(신격화) 방식에도 '예상적으로' 개입한다.[97] 왜냐하면 "법률 제정(nomothesisa)이 중요한 일이기는 하지만, 훌륭하게 수립된 나라가 적합하지 않은 관리들로 하여금 훌륭하게 제정된 법률에 대한 책임을 지도록 할 경우에 훌륭하게 제정된 법률의 실효도 전혀 못 보며, 아주 많은 웃음거리가 되는 걸로만 그치지 않고 이 법률로 해서 아마도 나라들에 아주 지대한 해악과 손상이 발생하게 될 것[이기 때문이다]"(『법률』, 751b-c).[98]

특히 이런 대비는 최초의 입법자(들)가 직접 통치할 가능성이 없는 곳에서 더욱 중요해진다. 『법률』의 입법자가 바로 그런 경우를 예시한다. 마그네시아의 주된 입법자는 직접 통치할 가능성이 없다. 이 점은 법치국가의 수립을 주도하는 아테네인이 클레이니아스가 임시로 초대한 '손님'이라는 사실에 의해 확인된다.[99] 법률 지배 국가의 수립, 곧 입법이 끝나면 아테네인은 스파르타인 메길로스와 함께 본국으로 돌아가거나 다른 곳으로 떠나야 한다.

이런 사정을 감안하며 플라톤은 법치국가의 유지를 위한 제도적 장치들, 곧 권력구조를 설계하고 있는데[100] 여기서는 특히 법률의 수호와 적용 및 개정과 관련된 제도들인 호법관(=법률수호관. nomophylax, pl. nomophylakes)과 3심제도 그리고 야간회의(nocturnal council)를 프로네

---

97) 주도적인 입법자인 아테네의 손님은 입법적 논의가 끝나면 돌아가야 하기 때문에 법률의 수호와 적용 방식에 대해서는 '미리' 판단함으로써 제도를 만들 수밖에 없다. 그리고 법률 관련 제도들과 프로네시스의 관계를 다루기 전에, 플라톤이 상당히 강조하고 있는 소유제도의 특징을 간략히 언급할 필요가 있다. 5,040가구로 구성된 마그네시아는 부동산(토지)의 경우는 동등하게, 동산의 경우는 최상위 계급이 가장 최하위 계급의 4배를 초과하지 않도록 규정하고 있다(『법률』, 744d-745a). 하지만 소비와 사치품의 수입은 법률에 의해 엄격히 통제되고 있기 때문에 동산의 불평등이 실질적인 생활 수준의 심각한 불평등을 낳지 않는다. 때문에 브런트(P. A. Brunt)의 연구가 잘 보여주듯, 마그네시아에서 계급의 구분은 심각한 경제적 불평등을 허용하지 않기 때문에 큰 의미가 없다(Brunt 1993, 265). 더구나 모든 남녀 시민들을 위한 공동식사 제도의 도입은 경제적 불평등을 거의 의미가 없게 만들어버린다(Bobonich 2002, 376-7). 보보니치에 의하면, 플라톤은 마그네시아에 제한적이긴 하지만 사유재산 제도를 도입하고 있기 때문에 무분별한 이기심과 욕망이 마그네시아를 붕괴시키지 않도록 특별한 조치들을 통해 이런 위험을 봉쇄하려고 했는바, 부의 제한과 공동식사 제도가 바로 그런 제도들이라고 분석한다(Bobonich 2002, 378).

98) 이와 같은 관점에서 볼 때, 소크라테스가 '악법'의 희생자인지 좋은 법의 잘못된 '적용'의 희생자인지를 생각해볼 수 있다. 물론 소크라테스의 죽음이 악법의 잘못된 적용의 결과라는 최악의 경우도 생각해볼 수 있을 것이다. 필자는 잘못된 법의 존재보다도 법의 잘못된 적용의 관점에서 소크라테스의 죽음을 이해하는 것이 더 유익하다고 판단한다.

99) 고대 그리스의 한 가지 관행은 입법자가 직접 통치하는 경우가 드물다는 것이다. 입법자는 입법을 마치면 장기간 외유를 하거나 영구적으로 떠나는 것으로 그려지곤 하는데, 이는 법률의 신성화 혹은 권위를 확립하기 위한 관행인 것으로 보인다. 그러므로 플라톤은 최선의 나라를 신속히 갖추기 위한 개혁에 가장 좋은 정체를 논하는 가운데 "젊고 절제 있으며, 쉬 배우고 기억력이 좋으며 용감하고 호방한 참주가" "그의 시대에 칭찬할 만한 입법자가 태어나서" 그와 상봉하게 된다면 그것은 나라 경영을 위해 큰 행운이라고 말한다. 그리고 클레이니아스의 입을 빌려 "최선의 나라(aristē polis)가 그야말로 최상급의 입법자 및 절도 있는 참주와 함께하는 참주체제에서 생기는 것"이라고 말한다(『법률』, 710c).

시스의 개입과 연관시켜 분석해보고자 한다.

먼저 호법관 제도이다.[101] 플라톤은 이 제도의 도입이 다소 이상적인 상황에서 작동하는 것으로 가정한다. 왜냐하면 호법관은 법률질서를 안정적으로 존속시키는 데 필요한 제도로서, 먼저 "법률을 쉽게 받아들이지 않은 사람들"로 하여금 법률을 받아들이게 하는 정착 단계를 생략한 채 제시된 제도이기 때문이다(『법률』, 752b-c). 이 정착 단계를 생략한 채 호법관 제도를 논하는 플라톤에 대해 유토피아적이라고 비판할 수 있으나, 플라톤이 이 단계를 성공적으로 건널 수 있는 정교한 교육체계를 제시했다는 점을 기억한다면 이 비판은 과녁을 빗나간 것이라 할 수 있다. 플라톤은 호법관 제도가 "아동교육을 받은 나라가 그 시점 이후로도 존속할 안정성을 확보할 수 [있도록]" 하기 위한 것임을 언급함으로써 교육론에 대한 자신의 논의가 이 단계를 건너기 위한 실천적인 것임을 분명히 밝히고 있다(『법률』, 752c).[102]

민회에서 선출되는 법률의 수호자들, 곧 호법관들은 37명으로 구

---

100) 필자는 소크라테스의 죽음으로 상징되는 법률의 부당한 집행(해석과 적용)의 위험성에 대한 우려가 플라톤으로 하여금 관리의 선출에 그토록 심혈을 기울이도록 한 요인이었다고 보며, 특히 아테네의 재판제도를 비판적으로 개선하여 3심제도를 도입하게 된 이유였다고 본다. 플라톤은 올바른 관리의 선출을 위해 그런 관리들을 선출할 수 있는 일반 시민들의 분별력과 판단력을 강조하고, 그런 능력을 배양시켜줄 수 있는 교육, 특히 아동교육의 중요성을 강조하고 있다(『법률』, 752c). 이런 플라톤의 사유방식은 인간의 한계에 대한 철학적 숙고와 (특히 아테네의 사법적 실제와 관련된) 경험적 학습 및 판단을 통합시키고 있다는 것이 필자의 생각이다. 플라톤의 법사상이 아테네의 소송문화와 사법적 실제에 대한 비판적 개혁 의지를 반영한다는 점과 그 개혁의 내용에 대해서는 모로우의 글을 참조(Morrow 1941).

101) 이는 『국가』에서 언급되고 있는 '완벽한 수호자들'(teleoi phylakes) 및 '참된 수호자들'(alēthinoi phylakes)에 조응하는 법치국가의 제도라고 볼 수 있다.

102) 여기서 플라톤의 논의가 자신이 판단하는 역사성 수준을 신중히 고려하며 진행되고 있음을 다시 확인할 수 있다.

성되어 있는데, 최소한 50세 이상의 시민들로 구성되고 선출된 때부터 70세까지 복무하도록 규정된다(755a). 호법관 제도는 야간회의와 더불어 마그네시아의 가장 중요한 제도이기 때문에 호법관들을 선출하는 선거는 "으뜸가는 관리들이 가장 안전하게 그리고 가장 훌륭하게 임명되도록…… 반드시 전심전력을 다해서 해야" 할 일로 강조된다(752d-e). 플라톤에 따르면 호법관들은 법률을 수호하고, 자산등록 서류를 보관하며, 이와 관련된 위반 사항을 재판한다(『법률』, 754d-755b).

하지만 모로우에 의하면 자산등록 서류를 보관하고 그 위반 사항을 재판하는 역할은 법률 수호라는 일반적인 임무의 특수한 형태에 불과한 바, 호법관들은 『법률』에 구체적으로 명시되지는 않았지만 다음과 같은 네 가지 기능들을 수행한다(Morrow 1960, 195-215).

첫째, 다른 행정관들을 징계할 권한은 갖고 있지 않지만 그들을 감독하는 일반적인 업무와, 관련 케이스들을 법정이나 조사관(examiner)에 회부하는 업무를 담당한다.

둘째, 일반 시민들에 대한 폭넓은 감독 업무를 담당한다. 예컨대 축제 기간에 지나치게 낭비가 심한 사람에게 벌금을 부과하고, 해외여행의 허가를 내주며, 고아를 돌보는 이들을 감독하는 일 등을 수행한다.

셋째, 다양한 사법적 기능을 수행하는데, 특히 가족, 재산, 그리고 법률의 남용을 포함하는 중요하거나 곤란한 케이스들을 책임진다.

넷째, 가장 중요한 임무로서 호법관은 기존 법률을 수정하고 보완하는 임무를 수행한다.

이 네 가지는 모두 법치국가의 질서를 유지하는 데 중요한 임무들인데, 호법관들이 이런 임무들을 적절히 수행하기 위해서는 개별적인 케이스들에 대한 종합적인 판단, 곧 일반적으로 규정된 법률의 원칙과 개별 상황들이 원칙을 어떻게 위배 또는 이행하고 있는가에 대한 판단을 필요로 한다는 점에서 프로네시스의 요소를 필요로 한다. 하지만 플라톤은 네 가지 임무들 중에서 마지막 임무를 특히 중요하다고 생각하고 있기 때문에 이 넷째 임무만을 프로네시스와 연관시켜 분석해보고자 한다.

플라톤은 기존 법률을 수정 · 보완하는 호법관 제도를 두는 이유를 설명하기 위해, 죽음을 앞두고 "어느 날 최대한 아름다운 상을 그리고선 이것이 또한 언제까지나 이어질 세월 동안에도 결코 더 나빠지지 않고 더 나아지도록 할 궁리를 하고 [있는]" 화가의 비유를 든다(『법률』, 769c).[103] 즉 호법관은 "나라 체제(politeia)가, 그리고 그에 의해서 수립된 나라와 관련된 질서가 결코 더 나빠지지 않고 언제나 더 나아지게 하기 위해서" 완전한 법률을 다 제정하지 못하고 죽거나 떠나야 하는 입법자가 자신의 임무를 계승하여 수행토록 지정해놓은 일종의 대리 입법자들이다(770a).[104] 그것은 화가로 말하자면, 마치 아름다운 그림을 남기고 떠나는 화가가 자신의 사후에 그 그림이 불완전한 것으로 드러나거나 훼손될 경우 자기 대신 그 그림을 완성시켜주거나 보완해줄 대리 화가를 예비해놓은 것과 같은 것이다.

---

103) 이런 상황은, 앞에서 설명한 바와 같이, 주 입법자인 아테네인이 대강의 입법을 마치면 떠나야 할 '손님'이라는 사실에 의해 확인된다.

104) 대리 입법자로서의 호법관의 지위에 대해 플라톤은 다음과 같이 언급하고 있다. "[아테네인]: 우리가 바야흐로 법률 제정을 하려 하고 있습니다만, 우리의 호법관들이 이미 선출된 데다 우리는 삶의 해질녘(황혼기)에 있는 데 반해 이들은 우리와 대비해 젊은 터라, 지금 우리가 말하고 있듯, 우리는 법률 제정을 하는 것과 동시에 바로 이들을 입법자로도 또한 호법관으로도 만들 수 있도록 가능한 한 노력해야만 합니다"(『법률』, 770a).

그런데 대리 입법자로서의 호법관 제도의 수립은 인간적 조건—『국가』에서 가정된 것보다 훨씬 낮은 인간적 조건—에 대한 플라톤의 다양한 숙고를 반영한다. 그것은 나라 수립 시기의 입법자(들)가 전지적인 신과는 큰 괴리가 있는 불완전한 존재라는 자각을 반영한다. 즉 아무리 뛰어난 입법자라도 "법률을 제정하게 되는 각각의 분야에서 아주 많은 것을 빠뜨리게 될 것"이라는 판단은 인간의 지적 한계를 고려해볼 때 불가피할 수밖에 없다는 판단을 반영한다. 입법자(들)는 윤곽 그림, 곧 법률체계의 대강을 잡는 작업에서 "사소한 것들이 아닌 전체적인 것을…… 그리지도 못하고 놓쳐버리는 일"을 "가능한 한 하지 않을 것이지만", 현재 입법자가 처한—상황 죽음을 앞두고 있거나 일시적인 방문을 마치고 떠나야 하는—을 고려해볼 때 "이 개략적인 언급(윤곽 그림, 곧 법체계의 대상)을 완전하도록 채우는 것은" 호법관들에게 맡길 수밖에 없다(『법률』, 770b-c).[105]

사실 『법률』에서의 입법자의 한계는 이미 입법 책임자인 아테네인이 보조적 입법자들인 클레이니아스와 메길로스의 협조를 필요로 한다는 점을 통해 드러나고 있다. 아테네인은 입법을 주도해가지만 이들과의 토론과 심의 그리고 동의를 통해 입법에 임한다. 이미 집단적 입법체제를 가동하고 있는 것이다. 이런 집단적 입법의 문제는 이미 『법률』에서의 입법자들이 『국가』에서의 철인과 비교해볼 때 지적 · 도덕적으

105) 이 부분은 최초 입법자들의 역할은 헌법적인 원칙들을 결정하는 것이며, 호법관들의 역할은 (최초 입법자들이 제정한 헌법의 틀 내에서) 구체적인 법률들을 제정하고 또 (필요할 경우 최초 제정된 법률을 10년 내에) 수정하는 것이라는 해석을 가능하게 해준다.

로 불완전한 상태에 있음을 반영한다.

이와 같은 관점에서 마그네시아의 호법관들의 수를 37명으로 구성해놓은 것은 매우 흥미롭다. 마그네시아가 채택할 법체계의 윤곽 그림을 그리고 있는 입법자들의 수가 세 명—사실은 주 입법자 1인과 보조 입법자 2인—인 데 비해, 그들의 임무를 계승하여 마그네시아의 법률을 수정 · 보완하거나 (부분적으로) 제정할 호법관들은 집단체제를 구성한다. 이것은 마그네시아를 구성할 인적 구성원들의 지적 · 도덕적 수준과 집단체제를 통해 대처해나가야 할 사회경제적 상황에 대한 최초 입법자(들)의 신중한 판단을 반영한다. 37명으로 구성된 호법관 제도는 개인적인 판단과 명령에 의존하는 체제에 비해 편견과 타락으로부터 자유롭다 (Bobonich 2002, 381). 뿐만 아니라 법률과 관련하여 1인 또는 극소수의 판단보다 더 현명한 판단을 내릴 수 있다. 그리하여 호법관들은 훌륭한 사람들, 곧 최초 입법자(들)가 갖춰놓은 법체제—법률과 법정—를 "지금 탄생되고 있는 나라 체제에 적합하도록" "따져도 보고 수정도 하여 이것들 각각이 충분히 확립된 것이라 여겨질 때까지, 경험에 의해 시험도 해보고서" 최종적으로 확정할 수 있도록 계속적으로 시험을 해야 한다(956a-b).

보보니치는 호법관 제도가 37명의 위원들 사이의 집단적 심의를 통해 운용된다는 사실을, 마그네시아의 시민들이 그만큼 교육을 통해 지적으로나 도덕적으로 계몽되었다는 사실을 반영한다고 해석한다 (Bobonich 2002, 381). 이는 호법관들이 시민들의 반복적인 선거를 통해 선출되고, 또 집단적 심의를 통해 문제를 해결하는 방식을 통해 입증된다고 본다.

하지만 최초 입법자(들)의 관점에서 볼 때는[106] 37명의 위원회로 구성된 호법관 제도는 개인적으로 그런 일을 감당할 수 있는 (최초 입법자와 같이) 현명한 1인 혹은 2~3인의 호법관을 발견하기도 어려울 뿐만 아니라, 설혹 그와 같은 인물들을 발견했다고 하더라도 그 호법관을 계속 신뢰하기 어렵다는 신중한 평가를 반영한 것으로 해석할 수도 있다. 다시 말해 비교적 다수의 호법관들을 두는 것은, (지금까지 설명해온) 플라톤 정치사상의 전체 구조에 비춰볼 때, 일차적으로 마그네시아인들의 향상된 지적 · 도덕적 능력을 높이 평가해서라기보다는 집단적 심의를 통해 법률을 보호 · 수정 또는 적용하는 절차를 택하는 것이 안전하고 바람직하다는 최초 입법자들의 신중한 판단의 결과라 할 수 있다.[107] 그들은 경험에 비추어 법체계와 제도의 현실적 가치를 테스트해봐야 하는 한편 집단적 토의를 통해 최종적인 결론을 도출해야 하는 취약성을 지니고 있기 때문이다.

3심제도의 도입은 최초 입법자(들)가 발휘한 또 다른 프로네시스를 반영한다. 그것은 무엇보다 아테네의 법 집행 기관인 법정에 대한 플라톤의 경험적 평가에 입각해 있다. BC 5~4세기 아테네에서 사법 행정의 가장 두드러진 특징은 인민법정들(dicasteries)의 최고성이었다(Morrow 1941, 108). 민주주의의 발달과 더불어 보통 201명에서 2,501명 정도로 구성된 인민법정은 소수 관리들과 행정관들로 구성된 오래된 법정들을

106) 필자는 호법관 제도가 최초 입법자에 의해 도입되기 때문에 일차적으로 최초 입법자가 그 제도를 도입하는 이유가 더 중요하다고 본다.

107) 물론 이 두 가지 해석이 서로 양립 불가능한 것은 아니다.

대체했다(Bobonich 2002, 382). 이런 오래된 법정들 중 특별법정(Areopgus)만은 상당한 권력을 박탈당했음에도 불구하고 예외적으로 존속되었는데, 이는 이 특별법정이 도시의 모든 시민들로부터 존경을 받아왔기 때문이다.

민주주의의 발달과 더불어 이 인민법정이 민주정체의 중심적인 제도로 정착되면서 인민법정 제도는 여러 세력들 사이의 논쟁의 중심에 서게 되었다. 예컨대 아리스토파네스는 인민법정을 풍자적으로 비난했고 투키디데스는 그 결함에 대해 냉정히 분석했지만, 민주파는 인민법정을 민주주의의 요새로서 옹호했다(Morrow 1941, 108-9).

『변명』을 통해 알 수 있듯이, 플라톤 역시 『법률』을 쓰기 오래전부터 이 논쟁에 참여해왔는데, 법정 개혁에 대한 플라톤의 제안은 바로 이와 같은 인민법정 제도에 대한 그의 미묘하면서도 통렬한 비판을 반영하고 있다. 플라톤은 『변명』은 물론 『국가』 및 『제8편지』에서도 아테네 법정에 대한 비판 혹은 개혁안을 제시하고 있다(『국가』, 405c; 『제8편지』, 356d-e). 그 비판의 요지는 피고는 발언 기회가 적었고, 공식적인 협의와 사적인 편견이 혼동되곤 했으며, 수사학의 득세로 인해 재판이 아첨과 감정에 의해 왜곡되거나 리더들에 의해 조작되기 쉬웠고, 투표의 익명성으로 인해 시민 재판관들이 비판이나 공격으로부터 면제되기 일쑤였으며, 무엇보다 사회적 행복(social well-being)의 기본원리인 "자신이 맡은 일만을 한다는 원리"(the principle of doing one's own business)를 침해했다는 등이다(Morrow 1941, 109-110).

하지만 인민법정에 대한 비판적 입장에도 불구하고 플라톤은 인민법정 제도의 폐지를 주장하지는 않았다. 그는 가능한 곳에서는 언제나 선출된 소수의 판사들이 판결을 내려야 한다고 주장하면서도 사법 행정과 공직에 참여하지 못하는 이는 시민이 아니라는 민주정적 시민권 개념을 모두 수용했다.[108] 이 두 가지 원리들은 각각이 귀족주의적 원리와 민주적 원리를 대변한 것으로, 플라톤은 한 원리를 위해 다른 원리를 포기하는 대신 이 두 가지 원리들을 통합시킬 수 있는 혁신적 아이디어를 제시했는데 그것이 바로 상소를 허용한 3심제의 도입이다(Morrow 1941, 111-2; 『법률』, 765d-767b).[109]

3심제도는 사적인 소송과 공적인 소송 모두에 적용되었다. 사적인 소송의 경우, 1심 법정은 '이웃 사람들'(neighbors) 혹은 '중재자들'(arbitrators)로 불리는 법정으로서 이웃 사람들이나 친구들 중 추첨에 의해 구성되었다. 1심 결과에 불만을 품은 사람은 2심 법정인 '부족법정'(tribal court) 곧 인민법정에 상소할 수 있었고, 또 이 결과에 불만이 있는 사람은 매년 모든 관리들에 의해 선출되는 '특별판사들'(select judges)에게 상소할 수 있었다(765d-767b; 956b-d). 상소에 패할 경우 그에 상응하는 벌금을 물어야 했지만, 이 3심제도는 몇 단계의 재판을 거쳐 사법적 부정의를 시정할 수 있었다.

공공의 이익이 걸려 있는 공적인 소송의 경우, 플라톤은 민회가 최종적인 결론을 내리는 것이 바람직하다고 생각했다(『법률』, 767e-768a).[110] 다만 소송의 원고와 피고에 대한 심문은 최고위직을 맡고 있

108) 후자의 경우 인민이 특정한 부류의 타락으로부터 자유롭다는 그의 판단 및 당시의 현실이었던 민주정적 시민권 개념을 수용한 결과였다.

109) 이와 같은 통합적 접근 방법은 아리스토텔레스적 의미의 변증법적 사유와 매우 유사하다.

는 세 명의 행정관이 수행할 것을 권고하는 한편 사원 약탈, 선동, 모반, 청부살해 및 특정한 불경건 행위와 같은 중대 범죄를 재판할 경우에는 선출된 특별판사들과 호법관들로 구성된 특별법정 구성을 제안함으로써 인민법정(민회)의 한계를 보완하려 했다.

이와 같은 플라톤의 법정 개혁 구상은 인민법정에 의해 그의 스승 소크라테스가 사형선고를 받은 사건과 무관하지 않다(Morrow 1941, 112). 그리하여 플라톤은 인민법정의 재판권과 절차에 새로운 제한을 덧붙임으로써 소크라테스의 사망선고와 같은 부정의가 되풀이되는 것을 막고자 했다. 그리고 이와 같은 관점에서 보면 인민재판에 대한 상기의 제한들은, 보보니치가 주장한 것처럼 인민의 능력에 대한 신뢰를 반영한다기보다는, 그들의 능력은 인정하되 엄격한 제한을 둠으로써 그들을 과신하여 발생할 수 있는 부정의를 방지하려는 데 초점을 두었다고 볼 수 있다(Bobonich 2002, 382). 어쨌든 인민법정은 당시 아테네 민주정의 주요 사법제도였기 때문에, 이에 대해 엄격한 제한을 두려 했던 플라톤의 시도는 일반인들의 능력에 대한 전폭적인 신뢰를 반영했다기보다는 어느 정도의 불신을 반영했다고 보아야 한다.

---

110) 플라톤은 3심제도를 도입했지만, 특히 공공소송의 경우 3심제도를 어떻게 제도화할 것인가에 대해서는 구체적인 설명을 제시하지 않고 있다. 그는 『법률』 12권에서 3심제도에 대해 설명한 후 다음과 같이 언급하고 있다. "……이와 유사한 일체의 것들은 앞서도 말한 바 있습니다만, 옳은 것이야말로 두 번이고 세 번이고 말해도 좋은 것입니다. 그렇더라도 사소하고 고안하기 쉬운 모든 법규들은 원로 입법자가 제쳐놓음으로써 젊은 입법자가 보충케 해야 합니다. 사적인 법정들은 이런 식으로 이루어지는 것이 적절할 것입니다. 하지만 공공의 일반법정들은 그리고 해당하는 당국이 이용함으로써 관직들의 각각을 위해 운용해야만 하는 그런 법정들은 많은 나라들에 있어서 훌륭한 사람들이 세운 것으로, 호법관들은 이런 것들에 대하여…… 지금 탄생되고 있는 나라 체제에 적합한 것들을 구축하도록 해야 할 것입니다"(957a).

3심제도의 도입은 프로네시스의 개입을 이중 삼중으로 반영한 것이다. 그것은 먼저 아테네 사법 행정의 실제에 대한 플라톤의 비판적 검토를 반영했다는 측면에서 그렇고, 마그네시아 시민들의 다양한 지적 · 도덕적 상태에 대한 최초 입법자—아테네의 손님 및 클레이이니아스와 메길로스, 특히 이 중에서도 아테네의 손님—의 판단의 결과로 수립된다는 측면에서 그러하며, 또 두 번의 상소제도를 통해 재판관들의 프로네시스가 단계적으로 그리고 집단적으로 발휘되게 함으로써 법률 적용의 오류를 최소화한다는 측면에서 그러하다. 이처럼 3심제도에 대한 플라톤의 구상은 이중 삼중으로 입법자들과 호법관들 및 재판관들의 경험적 지혜와 판단을 활용함으로써 공공의 이익을 증진할 수 있다는 아이디어에 입각해 있는바, 집단적 프로네시스의 중첩적 제도화의 결과로 이해할 수 있다.[111)]

마지막으로 야간회의와 프로네시스의 관계를 살펴본다. 플라톤은 (이미 앞에서 설명한 바와 같이) "정의라는 통일적 원리"를 통해 마그네시아를 자율적이고 선(善)순환적으로 유지되는 하나의 정합적인 노모스적 질서—전통적인 의미에 가까운—로 수립코자 한다. 때문에 플라톤의 정치철학적 과제는 그 법치국가의 규범질서가 한 치의 빈틈도 없이 완벽한 상태에 도달할 때까지 계속 수행될 필요가 있는데, 이는 전적으로 근본 비판적이며 체계적이고 포괄적인 플라톤 정치철학의 성격을 반영한다. 그리하여 플라톤은 『법률』에서의 시도가 '아직은' 미완의 상태에

111) 물론 이와 같은 이중 삼중의 안전장치가 필요하다는 플라톤의 인식은 인간의 본성과 인민법정의 역사적 실태에 대한 경험적 판단에 입각해 있다.

있기 때문에 앞으로도 계속되어야 할 과제임을 언급하며, "탄생된 것을 위해 완전하고 지속적인 보전 대책(sotēria)"을 마련할 필요가 있음을 강조, 그 구체적인 대책으로 '[새벽녘의] 야간회의'를 제시한다(908a, 909a, 951d–952d, 960b, 961a–969c). 이는 지금까지 아테네인이 주도적으로 수행해온 시도를 계승하여 마그네시아의 규범질서가 선순환적으로 정합성을 유지할 수 있도록 총괄하기 위한 기구이다.

야간회의가 처음으로 거론된 『법률』 10권에서는 야간회의의 교육적 기능, 특히 수감자들에 대한 "충고와 혼의 구원" 기능이 언급된다(909a). 하지만 10권에서의 논의는 수감자들의 계도를 위한 제도로서 언급되었을 뿐 야간회의 자체에 대한 상세한 설명을 제공하지 않는다. 야간회의는 『법률』의 마지막 권인 12권에서야 비교적 상세하게 설명된다(951d–969d).[112)]

먼저 그 구성을 보면 야간회의는 ① 수훈을 세운 제관(祭冠)들, ② 10명의 원로 호법관들, ③ 교육 감독관들과 그 전임자들, ④ 야간회의가 파견한 외국 시찰단들 중의 일부, ⑤ 이상의 위원들이 추천·대동한 30세부터 40세 사이의 젊은이들로서 다른 위원들의 동의를 얻은 자로 구성된다(951d–e, 961a–b).

플라톤은 이 야간회의의 기능을 상세하게 열거·설명하기보다는 그

---

112) 12권의 마지막 부분 전체가 야간회의의 구성과 기능에 할애되고 있다는 사실은 상징하는 바가 크다. 이 기구는 입법자의 의도를 계승하여 마그네시아를 완벽한 질서로 완성시키고 또 유지해야 하는 총괄적인 임무를 맡게 되기 때문에 가장 마지막으로 설명된다. 하지만 이 야간회의는 앞으로 이 기구의 정확한 역할까지도 스스로 규정해야 하기 때문에 이 단계에서 이 야간회의에 대한 완전한 설명을 기대하기는 어렵다.

목적과 성격을 설명함으로써 그 중요성을 부각시킨다. 사실 『법률』에 구체적으로 제시된 야간회의의 기능들만을 살펴볼 경우, 이 야간회의가 마그네시아에서 얼마나 중요하고 높은 지위를 점할 수 있을지에 대해 의구심을 품지 않을 수 없다. 그 기능은 주로 외국을 시찰하고 돌아온 방문자들을 면담하여 외국의 법률 제정과 교육 및 양육에 관련된 발견과 경험들에 대해 듣거나(952b-d), 외국에서 온 사적인 방문객들과 공적인 방문객들을 맞이하여 방문 목적에 따라 적절히 응대하는 기능을 수행하는 것이기 때문이다(952d-e). 사적인 방문자들에 대해 이들이 마그네시아에 무언가 새로운 변화를 일으키지 않도록 관리해야 하고, 공적인 방문자들에 대해서는 방문 목적에 따라 협의회의 운영위원들(prytaneis)을 만나게 하거나 일체의 교육을 감독하는 훌륭한 사람을 만나게 하여 서로 가르침을 주고받을 수 있도록 조치를 취한다는 점에서 그 기능이 마그네시아의 전체 질서를 유지 · 향상시키기 위한 중요한 것임을 애써 부각시킬 수도 있다(953b-d). 하지만 적어도 구체적으로 열거된 기능들만을 두고 보면 야간회의가 마그네시아의 정치조직에서 가장 중요한 역할을 담당한다고 주장할 수 있는 근거는 희박하다고 할 수 있다.

하지만 구체적으로 열거된 기능만이 아니라, 야간회의의 목적과 성격에 대한 플라톤의 설명을 보게 되면 마그네시아에서 야간회의가 차지하는 역할과 위상은 지정된 기능에 비해 훨씬 더 중요하다는 것을 알 수 있다. 플라톤은 사실 야간회의가 맡아야 할 임무의 방향과 내용에 대해서는 야간회의 스스로가 정해야 할 것이라고까지 언급하고 있기 때문이다(968c).

[아테네인]: 메길로스님 그리고 클레이니아스님이시여! 그런 것들 [야간회의의 임무]과 관련해서는 아직은 법률 제정을 할 수가 없습니다. 그게 설립되기 전에는 말입니다. 그때에는 이들이 스스로 그 법률 제정을 하게 되는 자격을 갖게 됩니다. 하지만 실제로 그런 것들을 갖추도록 하는 것은 많은 교류를 동반한 가르침일 것입니다(『법률』, 968c).

플라톤은 야간회의의 목적이 법치국가 마그네시아의 안정성과 영속성을 위한 것임을 분명히 제시한다(960b). 야간회의는 "나라와 시민들에게 몸들을 위한 건강과 그 보전뿐만 아니라, 혼들에 있어서의 훌륭한 법질서(eunomia), 아니 그보다는 법률의 보전을 가능케 해[주는 것]" 곧 "나라 체제와 법률"을 보전하는 포괄적인 책임을 맡고 있다(960d-e). 다시 말해, 야간회의는 "나라의 닻"으로서 "이 나라에 어울리는 모든 것을 다 갖추게 [하여]" "우리가 원하는 모든 걸 구원[하는]" 역할을 하는 바, 동물로 말하자면 가장 중요한 "혼과 머리"에 해당하는 역할을 수행한다(『법률』, 961c-d).

그런데 이와 같은 "혼과 머리"의 역할은 몸의 움직임을 지시할 수 있는 지식을 필요로 하기 때문에 야간회의는 마그네시아를 위한 입법 목적에 대한 지식, 곧 덕에 관한 지식을 소유하고 있어야 한다(『법률』, 962b-c). 이 덕에 대한 지식은 덕이 무엇임을 정의할 수 있고 따라서 덕이 여러 개이자 동시에 하나임에 대해 아는 것으로, 예컨대 용기와 절제가 마땅히 덕으로 인정되어야 함을 아는 것이다(963c-964a). 야간회의의 위원들은 또한 신들과 영혼 그리고 별들의 움직임에 관한 지식 및 그런 지식의 필수적 일부로서 음악과 수학에 대한 지식을 갖추도록 기대된다

(966c-968a). 아테네인은 그들이 공부해야 할 것들에 대한 구체적인 목록을 제시하지는 않지만, 광범위한 철학적 주제들은 물론 법률에 관련된 경험적 문제들과 다른 도시의 법전에 대해서도 공부할 필요가 있다는 것을 시사한다(Bobonich 2002, 391-2). 위원들의 선정 방식을 볼 때, 모든 위원들이 다 충분한 철학교육을 받았다고 볼 수는 없지만 적어도 그중의 다수는 높은 철학적 수준에 도달했다는 것을 알 수 있다(Bobonich 2002, 392).

말하자면 야간회의는 "배의 조타수"처럼 "그 [나라] 목표를 알고 있는 어떤 부류"이자, "이 목표에 어떤 방식으로 관여해야만 하는지" 그리고 어떤 법률과 조언자들이 이 목적을 올바르게 지적할 수 있는지를 아는 사람들로서 "일체의 덕"을 갖추고 있는 자들이다(961c-962d). 그리하여 이들은 네 가지 덕에 대하여 "깨닫고 알아야 할 필요가 있는 자에게" 그것을 해설해주며, 덕과 부덕이 어떻게 다르고 또 어떤 죄에 대해 어떤 처벌이나 견책을 내리는 것이 합당한지에 대해 충분히 가르쳐줄 수 있는 능력과 자격을 갖추고 있다(964c-d). 『법률』의 마지막 부분에서 플라톤은 이 야간회의의 권위를 다음과 같이 강조하고 있다.

> 아닌 게 아니라 우리의 이 비범한 [신적인] 회의체(ho theios syllogos)가 정말로 성립된다면, 친구들이시여, 이것에 나라를 넘겨주어야만 할 것이며, 이에 대해서는 오늘날의 입법자들 중 그 누구의 경우에도 실제로 아무런 시비도 일지 않을 것입니다. 오히려 조금 전에 논의를 통해서 머리와 지성의 협력관계의 어떤 상을 혼성함으로써 다루었던 꿈이 실제로 거의 현실로서 실현되어 있을 것입니다. 그러니까 우리의 이

> 사람들[야간회의]이 엄격하게 선발되어 적절하게 교육받고, 교육을 받은 다음에는 이 나라의 성채(akropolis)에 거주케 하여 수호자들로서 완벽을 기하게 한다면 말입니다. 우리는 나라 보전의 훌륭함과 관련해서 이 정도가 된 사람들을 일찍이 우리 생애에서 보지를 못했습니다(969b-c).

그런데 야간회의의 성격과 위상에 대한 플라톤의 이상과 같은 언급은 야간회의의 제도적 권위에 대한 뜨거운 논쟁의 대상이 되고 있다. 야간회의를 프로네시스와 연관시켜 파악하는 것이 이 절에서의 주된 목적이지만, 야간회의의 성격과 위상에 대한 이해는 이 과제와 어느 정도 연관되어 있기 때문에 먼저 이 논쟁을 간략히 정리 · 평가해본다.

야간회의의 위상과 권위에 대한 해석은 전통적으로 두 가지로 구분되어왔다. 그 한 가지는 모로우가 『크레타의 도시』(1960)에서 새로운 해석을 시도하기 이전까지 가장 지배적으로 통용되어온 해석으로, 바로 위에서 제시한 인용문을 토대로 야간회의를 마그네시아의 가장 최고의 '공식적인' 정치적 권위로 이해하는 것이다. 이 견해에 따르면 마그네시아는 『국가』에서의 철인통치자(들)와 동일한 권력을 갖는 것으로 이해되거나, 그 권력의 구체적인 범위를 자체의 판단에 따라 스스로 정할 수 있는 최고의 권위를 갖는 것으로 이해된다(Sabine 1950; Luccioni 1958).

그런데 이 해석의 문제점은 『법률』의 11권까지 플라톤이 애써 구축해온 법치국가의 원리 및 제도들과 잘 부합하지 않는다는 것이다. 다시 말해, 『정치가』의 후반부부터 『법률』의 거의 마지막 부분까지 옹호해온 법치국가를 단번에 뒤집어버리고 『국가』의 모델에 따라 법치원리를 철학의 지배에 굴복시켜버리는 것으로 해석함으로써 『법률』을 매우 일관적이지 못하고 모순적인 저술로 간주해버린다는 것이다.

최근에 클로스코는 이 해석을 계승·심화시키는 한편, 1960년 이후 최근까지 표준적인 해석이 되어온 모로우의 해석을 비판함으로써 야간회의의 성격과 위상에 대한 새로운 논의가 시작되어야 함을 강조하고 있다(Klosko 1988 & 2008). 그 핵심은 『법률』은 완성된 저술이 아니며, 더구나 『법률』에서의 비일관성—법치와 철인통치 사이의 모순—은 플라톤이 철인통치에 대한 염원을 결코 버리지 못한 결과이기 때문에 그 비일관성을 없애려 하지 말고 그대로 인정할 필요가 있다는 것이다. 이 주장의 의미는 결국 플라톤은 야간회의를 국가 최고의 '공식적인' 제도로 기획함으로써 철인통치의 이상을 끝까지 견지했다는 것이다. 클로스코는 다음과 같이 결론짓는다.

> 전 저작을 통해 플라톤은 법률의 필요성을 확신했다. 법률이 없으면 인간은 야수와 같이 살아야 한다. 하지만 그는 여전히 법률 없이도 통치할 수 있는 비범한 개인들이 나타나면 권력이 그들에게 쥐어져야 한다는 의견에도 주목했다. "왜냐하면 어떤 법과 명령도 지식보다는 전능하지 않으며, 이성이 어떤 다른 것에 복종하는 것이나 속박되는 것도 옳지 않기 때문이다." 그래서 플라톤은 그런 개인들이 발견될 가능성이 없다고 믿음에도 불구하고 전적으로 철학적 지혜가 없는 국가를 용납할 수 없었고, 철학적 개인들이 나타날 수도 있다는 기대를 포기할 수도 없었다. 『국가』에서 이상국가의 건설에 관해 반복적으로 말하고 있는바, 그것은 어렵지만 불가능하지는 않다. 그러므로 『법률』에서 우리가 서 있는

지점은 『정치가』의 그것과 가깝다. 11권까지는 거의 명백하게 철인왕의 지배를 포기하고 법의 지배를 지향했지만, 그가 계속 묘사하는 정치술은 법 없이 통치하며 신민들의 동의를 요구하지 않는 현명한 전제군주에 의해 행사되어야 한다. ……『법률』에서도 플라톤은 젊은 시절의 이상을 완전히 포기할 수 없었다. 그는 자신의 마지막 작품을 철학적 요소가 마그네시아를 차선의 지위로부터 상승시켜줄 수 있을 것이라는 희망으로 돌아감으로써 끝내기를 원했을 수도 있다. 이 사실이 앞에서 설명한 도시와 잘 부합하지 않는다는 사실은 그가 살아서 해결할 수 없었던 문제였다. 프리들랜더가 말하기를, "플라톤에 있어 소크라테스는 아직까지도 플라톤 속에 있는 솔론[법률]을 이기고 있다(1988, 87-8. 동일한 내용의 주장이 2008년 논문에서도 개진되고 있다).

이런 해석에 반해, 모로우는 야간회의를 마그네시아의 비공식적인 자문기구로 간주한다(Morrow 1960, chap. 9). 야간회의의 지위와 성격에 관한 모로우 이전의 지배적인 해석은 야간회의를 『법률』을 거의 다 쓴 뒤의 때늦은 보론(afterthought)으로서, 『법률』에서 제시된 이상도시의 다른 측면들과 모순적인 요소로 파악하는 것이었다. 하지만 모로우는 야간회의에 관한 플라톤의 생각이 12권에서 갑자기 추가된 것이 아니라 이미 『법률』 전체에 걸쳐 예시되었다고 파악하고, 다양한 지식을 소유하고 있는 한편 젊은 회원들을 스스로 교육시킬 능력을 지닌 야간회의를 공식적인 권력을 지니지 않고서도 마그네시아의 통치에 상당한 영향을 미칠 수 있는 '비공식적인' 자문기구로 해석함으로써 『법률』을 일관성 있고 매력적인 저술로 이해할 수 있는 길을 텄다. 다음 해에 칸(C.

Kahn)도 모로우의 연구에 의해 그동안 야간회의에 대한 논란은 단번에 종식되었다고 주장함으로써 모로우의 입장을 지지했다(Kahn 1961, 421). 이후 모로우의 해석은 많은 학자들의 지지를 받음으로써 야간회의에 대한 가장 표준적인 해석으로 수용되었다(Saunders 1970; Hall 1981; Stalley 1983; Guthrie 1962-1981; Laks 2000).[113)]

하지만 필자는 마그네시아를 하나의 정합적인 규범질서로 선(善)순환적으로 유지하고자 하는 플라톤의 일관된 관심을 두고 볼 때, 그리고 비록 『국가』의 최선국가에 비해 불리한 인간적 · 역사적 수준에서 구성되었지만 선순환적인 상승 작용을 통해 가능한 한 최선국가에 더 가깝게 개선시키고자 하는 플라톤의 의도를 두고 볼 때, 다양한 공식적 제도들의 구성원들로 구성된 별도의 야간회의를 설립하는 것은 당연한 수순이었다고 본다.[114)] 다시 말해, 그것은 12권에서 갑자기 구상된 보완적 제도였다기보다는 플라톤 정치철학의 성격상 이미 예비되어 있었던 제도로서 마그네시아의 제도적 설계가 대충 끝난 12권에서 다뤄지는 것이 당연한 것이었다는 뜻이다. 문제는 그것을 공식적인 제도로 볼 것인가 아니면 비공식적인 자문기구로 볼 것인가 하는 점인데, 필자의 입장은 그것이 마그네시아의 관리에서 상당히 큰 실질적인 영향력을 미칠 수

---

113) 이 책의 집필이 사실상 완료된 시점에 클로스코의 해석을 비판하고 모로우의 해석이 타당하다는 주장을 개진한 논문(Marquez 2011)이 발표되었다. 그러므로 이 논쟁은 현재도 진행 중이라고 할 수 있다.

114) 물론 야간회의의 규모가 비교적 크고, 젊은 구성원들 상당수가 40세가 되면 교체되며, 『국가』의 철인통치자가 누리는 것과 같은 절대적인 공식적 권력을 누릴 수 없다는 점 등은 야간회의를 『국가』의 철인통치자나 그 대체물로 보는 클로스코 식의 해석에 대한 결정적인 반박이 된다(Bobonich 2002, 394).

있다면 공식적인 지위를 갖든 비공식적인 지위를 갖든 그다지 큰 차이가 없다고 보는 것이다.[115] 단지 필자는 공식적인 지위가 야간회의의 권위를 더 공고히 함으로써 플라톤이 일찍부터 강조해온 '철학(지식)의 지배' 요소를 강화시킬 수 있다는 점에서 비공식적인 해석에 비해 플라톤이 더 선호했을 가능성이 높다고 본다.[116]

물론 그럼에도 불구하고 야간회의는 『국가』에서 철인통치자가 누린 절대적인 권력을 요구할 수도, 소유할 수도 없다는 점은 분명하다(Bobonich 2002, 408). 그것은 마그네시아의 다른 제도들에 의해 견제되고 있을 뿐만 아니라, 선거제도를 통해 위원들을 선출하고 토의의 요소를 강화시키고 있기 때문에 『국가』의 철인통치자가 갖고 있는 절대적 권위를 가질 수 없다. 그리고 무엇보다 야간회의는 법치국가의 제도, 곧 법률의 주권하에 있는 제도임을 잊어서는 안 된다. 비록 야간회의가 법률을 개정할 수 있는 권위를 누리고, 그 일부가 "법률의 참된 수호자" 역할을 겸임할 수 있는 권위를 누림으로써 마그네시아에서 중핵적인 역할을 수행한다고 하지만, 『국가』에서 철학이 차지하고 있는 위상에 비해서는 매우 제한된 권위를 누릴 수밖에 없다.

---

115) 마르케스(X. Marquez)는 호법관의 역할은 최초 입법 이후 10년 동안—즉 비교적 단기적으로—법률을 보완·수정하는 것인 반면, 야간회의의 (입법 관련) 역할은 올바른 법률 개정에 필요한 지식과 경험을 산출함으로써 장기적으로 법치를 유지하는 것이라고 본다(2011, 193).

116) 이 야간회의는 규범질서의 정합성을 선순환적으로 유지하기 위해 아테네인이 마그네시아 질서 속에 제도적으로 내재화시켜놓은 대책으로, 말하자면 플라톤의 규범철학적 시도의 체제 내재화로 이해할 수 있다. 플라톤은 이 제도를 통해 마그네시아 질서가 완전한 정합적 질서로 확립·유지될 수 있도록 하는 동시에, 자신의 규범철학적 과업이 끊임없이 계속되게 함으로써 철학이 『국가』에서처럼 여전히 중요한 지위를 가질 수 있는, 그리하여 철학적 활동이 안전을 보장받을 수 있는 질서의 윤곽을 '일단' 완성시키고 있다.

그런데 야간회의가 『국가』의 철인통치자에 비해 훨씬 제한된 권위와 권력을 누릴 수밖에 없는 근거는 플라톤이 법치국가 운용의 필수적 요소로서 프로네시스를 강조하게 된 근거와 동일하다. 플라톤은 완벽한 철인통치자에게도 프로네시스가 필수적이라고 보았지만[117] 법치국가에서는 특정한 상황에 적합한 법률을 선택하여 그것을 올바르게 해석 · 적용해야 할 필요성 때문에 프로네시스가 더욱더 필요하다. 더구나 마그네시아의 법률은 철인통치자가 지배하는 최선국가에서보다 훨씬 더 많고 복잡할 뿐만 아니라 그 법률을 해석 · 적용할 현자들의 지식과 지혜가 철인통치자에 비해 매우 불완전할 것이기 때문에 프로네시스에 대한 법치의 의존성은 훨씬 더 높을 수밖에 없고, 따라서 프로네시스의 집단적 조직화를 통해 철인통치에 근접할 수 있는 가능성을 제고시켜야 한다. 이와 같은 관점에서 보면 플라톤이 마그네시아의 핵심적 제도들로서 호법관과 3심제도 및 야간회의를 두는 이유를 잘 이해할 수 있다. 그것은 철인통치자의 부재를 메울 수 있는 최선의 대안으로서 프로네시스의 발휘를 집단화시키되, 권력기구들이 부분적으로 서로 중첩되도록 제도화시킴으로써 프로네시스의 상황 적합성과 정확성—법률 적용의 측면에서—을 최고조로 끌어올리기 위한 것이다.

사실 마그네시아에 야간회의를 두는 이유 자체가 이미 최초 입법자들의 프로네시스를 반영한다. 그것은 근본적으로 입법자들이 현재 지니고 있는 지식의 한계에 기인할 뿐만 아니라 앞으로 마그네시아의 권력을 담당할 인적 자원들의 지적 · 도덕적 능력에 대한 최초 입법자들의

117) 정치술에 이미 프로네시스가 포함되어 있다. 이에 관해서는 이미 논의한 바 있다.

신중한 판단을 반영한다. 여기에는 이미 인간사와 정치 세계의 한계에 대한 입법자들의 경험적 학습이 투영되어 있다. 과거의 경험에 비추어 볼 때, 앞으로 마그네시아는 이중 삼중으로 중첩된 집단적 지도체제로 나아가는 것이 현명하다는 판단을 반영하고 있다는 것이다. 마그네시아의 최초의 입법자인 아테네인은 이 점을 직접 인정하고 있다.

> [아테네인]: ……우리가 자세히 다룬 그 많은 교육에 참여하게 된 통치자들의 [새벽녘] 야간회의가 법에 따라 [나라의] 보전을 위한 수호 장치로 될 것인지 하는 것입니다. ……[아테네인]: 그렇지만 어쨌든 이런 것에 대해서는 모두가 열성으로 임합시다. 저 또한 적어도 이 일에는 열성으로 두 분의 협력자가 되고 싶으니까요. 오랫동안 제게 축적된 이런 것들과 관련된, 그것도 아주 풍부한 경험과 고찰에 힘입어서 말입니다(『법률』, 968a–b).

최초 입법자들은 앞으로 마그네시아에서 일어날 모든 일들을 예측할 수 없고, 따라서 모든 경우들에 대비한 완벽한 법체계를 제정할 수 없기 때문에 마그네시아의 상황 변화에 따라 법률을 수정하거나 새로 개정해야만 할 개연성에 미리 대비해두어야 한다. 다시 말해, 자신들의 프로젝트를 계승하여 마그네시아가 좋은 법률과 교육 및 관습에 의해 훌륭한 노모스적 질서를 유지할 수 있게 총괄적인 지시를 하거나 실효성 있게 자문할 수 있는 제도적 장치를 구비해야만 한다. 더구나 이 장치는 마그네시아가 존재하는 한 계속 그 임무를 수행해야 하기 때문에 반복되는 세대교체까지 염두에 두면서 치밀하게 구성될 필요가 있다.

> [아테네인]: 나라 자체는 몸통 같은 것이어서 수호자들 가운데서도 자질이 훌륭하고 혼 전체를 통해 날카로움을 지닌 젊은이들이 선발되어, 이를테면 머리 꼭대기에서 나라 전체를 빙 둘러 조망하여 지켜보면서 지각한 것들을 기억들에 넘겨줌으로써 연장자들을 위해 나라에서 일어나는 모든 일의 보고자가 되고, 반면에 많은 주목할 만한 일들에 있어 특출하게 지혜를 발휘함에 의해서 지성에 비유되는 사람들, 곧 원로들은 숙의 결정을 하고, 젊은이들과의 협의와 함께 이들을 조수들로 이용함으로써 바로 이처럼 양쪽이 공동으로 나라 전체를 진정으로 보전하는 게 명백합니다(『법률』, 964c-965a).

야간회의는 임무의 중차대함을 고려해볼 때, 이미 앞에서 언급한 다양한 이론적 지식을 습득해야 할 뿐만 아니라 프로네시스도 습득 · 축적할 필요가 있다.[118] 이것은 비단 30세부터 40세까지의 젊은 회원들에게만 국한되지 않는다.[119] 이 젊은 회원들이 더 많은 교육과 학습이 필요한 것은 사실이지만, 모든 회원들이 다 더 많은 지식과 경험적 지혜를 필요로 한다. "나라의 닻"인 야간회의의 위상을 나라의 구원자로 설명하면서 플라톤은 이론적 지식과 경험적 지혜의 필요성을 다음과 같은 비유를 들어 설명한다.

---

118) 『법률』, 818a, 967d; 『국가』, 548b-c 등.

119) 이들은 40세가 되면 야간회의에서 탈퇴해야 한다. 그런데 이런 과정이 반복되면 일반 시민들 중 교육 수준이 높은 사람들이 많아지면서 마그네시아의 질서는 더욱 향상될 수 있다. 그리고 이런 시민들 중 우수한 자들이 행정관에 진출하고 또 최종적으로 호법관이나 야간회의와 같은 높은 공직에 진출함으로써 마그네시아는 선(善)순환적으로 향상될 수 있게 된다.

[아테네인]: 클레이니아스님! 그러니까 모든 것과 관련해서는 각각의 활동들에 있어서 적절한 구원자를 알아볼 수 있어야만 합니다. 이를테면 동물에게는 혼과 머리가 그 본성상 가장 중요한 것이라는 걸 말입니다. ……[아테네인]: 혼에는, 다른 것들에 더해서, 지성(nous)이 그 안에 생겨서요. 머리에도 또한 다른 것들에 더해서 시각과 청각이 그 안에 생겨서입니다. 요컨대, 가장 훌륭한 감각(aisthēsis)과 함께 지성이 혼합되어 하나로 될 경우, 이게 각각의 동물들의 안전으로 불리어 지당할 것입니다. ……[아테네인]: 실상 그런 것 같습니다. 하지만 지성이 무엇과 관련해서 감각들과 함께 혼합될 경우, 폭풍우에도 그리고 좋은 날씨에도 배들의 안전으로 될까요? 배에서는 조타수와 함께 선원들이 [이들의] 감각들을 조타술에 밝은 지성과 혼합함으로써 자신들을 그리고 배와 관련된 것들을 안전토록 하지 않습니까?(『법률』, 961d-e).

[아테네인]: 그럼 이 경우는 어떤가요? 모든 진지한 것들과 관련된 우리의 주장은 이것이겠죠? 즉 진실로 법률의 수호자들로 될 사람들은 법률의 진실과 관련된 것들을 진정으로 알아야 하며, 이를 말로써 능히 해설할 수 있어야 하고, 또한 행동이 뒤따라야만 한다는 것이겠죠? 이루어진 것들로서 훌륭하게 된 것들과 그렇지 못한 것들을 그 성질에 따라 판별함으로써 말입니다(『법률』, 966b).

플라톤은 야간회의 회원들의 자격과 성품을 논하는 맥락에서 야간회의의 구성원들이 나이와 연령 및 기질적 성품에 따라 그에 적합한 교육을 받아야 한다는 점을 강조함으로써 이들을 교육시키는 방식과 절차를 구상함에 있어서도 반드시 프로네시스가 필요함을 인정하고 있다.

> 첫째로는 나이와 배움의 능력, 기질적인 성품, 그리고 습관에 의해서 수호의 성격에 적합한 사람들의 명부를 작성해야 할 게 틀림없습니다. 그러나 그 다음으로는 무엇들을 배워야만 하는지를 찾아내기도 쉽지 않고, 이를 찾아낸 다른 사람에게서 배우는 자로 되는 것도 쉽지가 않습니다. 이것들에 더해서 그 기간들을, 곧 그 기간에 이것들 각각을 습득해야만 한다는 걸 명문화해서 말해둔다는 것은 공연한 일입니다. 왜냐하면 배우는 당사자들에게는 무엇을 알맞은 때(적기)에 배우는 것인지가 불명할 것이기 때문입니다. 아마도 각자의 혼 안에 그 학과목의 지식이 생기게 되기 전에는 말입니다(『법률』, 968c-d).

마지막으로 강조할 필요가 있는 것은 플라톤이 프로네시스를 마그네시아라는 법치국가의 필수적인 통치 요소로 수용·강조하고 있음에도 불구하고, 그것을 철저히 이론적인 지식—정의로운 국가의 목적으로서의 덕의 실현, 혹은 국가 전체의 선이나 행복에 관한 지식—에 결박시키고 있을 뿐만 아니라 이중 삼중의 제도적 여과 장치의 수립을 통해 자의성을 최소화시키고 있다는 점이다. 인간적 기질과 타고난 자질의 차별성 및 환경적 요인의 가변성은 아무리 우호적인 조건하에서일지라도 불가피하게 프로네시스의 집단적 조직화를 통한 '보다 나은' 혹은 '현 시점에서 최선의' 해결책이나 판결을 도모할 수밖에 없게 만든다. 이 같은 관점에서 볼 때, 플라톤의 법치질서는 정치적 진리(정치 원리 혹은 정치도덕)에 대한 정확한 이해에 입각해서만은 성취될 수 없고, 많은 경험과 시행착오를 거쳐 형성되는 실천적 지혜, 곧 프로네시스의 조력을 통해서만 (현실적으로 '보다 나은' 혹은 운이 좋다면 '최선의') 그 실현을 기대해볼 수 있는 바의 것이다.

8. 소결론

플라톤이 추구했던 "좋은 법질서"(eunomia)는 통치 행위와 법 그리고 관습과 개인의 미덕이 교육을 매개로 하여 선순환적인 통합관계를 이루고 있는 총체적 규범질서였다. 현자들의 지식과 덕성은 공동체를 위해 필요한 최소한의 입법으로 실현되고, 이 법체계는 공동체 구성원들의 덕성 함양을 목표로 하는바 법체계의 취지를 이해시키고 덕의 습득을 목표로 하는 교육체계와 더불어 투철한 준법정신을 갖는 덕스러운 시민 양성에 기여한다. 역으로 시민들의 준법정신과 덕스러운 태도는 그것들에 의해 지탱되는 사회적 관습과 더불어 이상적인 노모스적 질서를 유지함에 기여하게 된다. 그러므로 플라톤에게 있어 법치의 영역은 좋은 정치질서에 필수적이긴 하나 자체의 자율성을 갖는 전문 영역이 아니라 바람직한 사회 유지와 재창출에 기여하는 정치질서의 필수적 구성 부분으로 이해된다. 그리고 그렇게 이해되는 한에서만 총체적 규범질서의 필수적 구성요소로서 법체계의 본질적 특성이 드러나게 된다.

아리스토텔레스가 지적하고 있듯이, 플라톤이 추구한 정치질서의 통일성은 인간의 본성과 개인적 삶의 다양성을 부정할 정도로 과도한 것이었기 때문에 다원주의를 근본 특징으로 하는 현대사회에 그대로 적용되기는 어렵다(『정치학』, 1261a10-1264b25). 국가의 통일성은 자신의 것을 소유하고 싶어 하는 인간의 자애심을 인정해줄 수 있고, 다양한 삶의 형태들을 수용할 수 있을 정도의 제한된 통일성이어야 한다. 하지만 하나의 정치질서로서의 국가가 어느 정도의 지속적인 정체성과 통합성을 유지하는 것이 필요하다고 보면, 전체 정치질서와 그 구성요소들—법, 관습, 교육, 시민의 덕성 등—사이에 어느 정도의 정합성을 수립하려는 노력까지도 고전 시기에나 적합한 것으로 치부해서는 안 된다. 현대사회에서도 다원주의와 조화될 수 있는 통합된 정치질서를 모색하려는 시도는 계속되고 있다. 이런 시도의 역사적 특수성과 한계를 이해하고 대안적인 정치철학을 모색하는 데 플라톤으로 대변되는 고전적 정치철학의 통합적 접근 방법은 유익한 통찰을 제공해줄 수 있다.

마지막으로 플라톤의 정치철학은 곧이어 고찰할 아리스토텔레스의 정치철학에 심대한 영향을 미쳤다는 것을 강조하고자 한다. 아리스토텔레스의 정치철학은 플라톤의 정치철학과 상당한 차이가 있음에도 불구하고[120] 플라톤이 확립한 '고전적' 정치철학의 근본 성격을 공유하고 있다. 플라톤과 아리스토텔레스는 서로 대립하는 주장이나 요소들의 모

120) 이에 관해서는 곧이어 설명할 것이다.

순들을 비판 · 제거하면서 새로운 통합적 입장을 모색하고, 그 통합된 입장의 내적 정합성을 끊임없이 추구해가는 사유방식을 공유하고 있다. 이미 살펴본 바와 같이 플라톤의 이와 같은 사유방식은 법치와 인치의 상보적 통합성 명제를 통해 발현되고 있는데, 이와 유사한 특징이 아리스토텔레스의 정치철학에도 명확하게 나타난다. 아리스토텔레스는 이와 같은 사유방식을 변증법이라 명명하고 그 타당성을 특히 실천적 지식의 영역에 한정시키고 있는바, 사실 그의 변증법적 사유방식은 플라톤 정치철학의 주된 특징을 의식적으로 정교화시킨 것이라 볼 수 있다. 그런 의미에서 플라톤의 정치철학은 아리스토텔레스의 변증법을 통해 계승 · 심화됨으로써 서구 (실천)철학의 중요한 방법론적 입장의 확립에 기여한 것으로 이해할 수 있다. 그리고 이것이 바로 이 책이 플라톤과 아리스토텔레스의 정치철학의 차이보다는 그 공통적 성격에 주목하고자 하는 이유이다. 아리스토텔레스의 정치철학과 변증법적 법치주의에 관한 논의는 이와 같은 필자의 입장을 뒷받침해줄 것으로 보인다.

Ⅱ

아리스토텔레스의 변증법적 법치주의

1. 현대의 실천철학과 아리스토텔레스의 법치주의

1부에서 살펴본 바와 같이 플라톤의 정치철학은 서로 다른 인간적 · 역사적 조건에서 구성한 상이한 정치질서 모델들의 수직적 스펙트럼을 구성하고(반성적 균형), 그렇게 구성된 정치질서의 본이 하나의 조화롭게 통일된 전체를 구성 · 유지할 수 있도록 구성요소들 사이의 완전한 정합성을 확립해가는 변증법적인 특성을 갖고 있다.[121] 그리고 그의 법치 원리는 정치질서의 근본 원리인 정의관을 토대로 하여 교육과 관습을 지탱함으로써 개인의 품성과 습관 형성을 지원하는 방식으로 정치질서의 선순환적인 유지에 기여하는바, 이와 같은 법치의 위상 규정은

---

121) 이 수직적인 스펙트럼은 최상의 교육과 양육 및 그것을 보장하는 좋은 법체계의 작동을 통해 와선 모양으로 상승(향상)할 수 있도록 구성되어 있다.

규범질서의 완전한 정합성을 추구하는 비판적이며 포괄적인 사유방식으로서의 정치철학적 특성을 반영한다. 그렇다면 아리스토텔레스의 정치철학은 어떤 성격을 갖고 있으며 그의 법치 원리는 정치철학과 어떤 구조적 연관성을 갖고 있는가? 이 장은 먼저 아리스토텔레스 정치철학의 성격을 고찰함으로써 그의 정치질서에서 법치가 점하고 있는 위상을 검토하기 위한 방법론적 토대를 마련한다.

아리스토텔레스의 정치철학을 그의 스승 플라톤의 정치철학과 비교해보면 차이점과 아울러 공통점도 발견된다. 가장 두드러진 차이는 플라톤이 주로 연역적 · 재구성적 사유방식을 선호한 데 반해, 아리스토텔레스는 경험적인 귀납적 방법을 선호했다는 점이다(Barker 1959). 이 기질적 · 성향적 차이로 인해 아리스토텔레스는 플라톤에 비해 관습과 여론에 훨씬 더 큰 비중을 두게 되었으며, 가장 이상적인 정체를 구상하기에 앞서 현존하는 정체들에 대해 광범위한 연구 조사와 정보 수집을 수행했다. 아리스토텔레스의 정치철학이 기반으로 하는 귀납적인 연구방식은 정치학이 윤리학과 구분된 독자적인 연구 영역으로 진화될 수 있는 중요한 계기를 마련한 것으로 평가되기도 한다.

이에 덧붙여 통치 집단 내부의 공산주의를 기반으로 정치질서의 완전한 통합을 이루고자 했던 플라톤과 달리, 아리스토텔레스는 억압적이고도 획일적인 플라톤적 정치질서를 거부하고 개인의 욕구 실현을 허용해줄 수 있는 다원주의적인 정치질서가 더 바람직하다는 견해를 피력했다는 점도 지적된다(『정치학』, 1260b27-1264b25). 또한 플라톤의 경우 정치철학의 귀착점이 법치였던 데 반해, 아리스토텔레스의 경우에는 법치가 정치철학의 출발선이었다는 점도 중요한 차이로 지적되곤 한다.

플라톤과 아리스토텔레스의 차이에 주목할 경우 그들 사이에는 이처럼 상당한 거리가 있다. 그리고 이 거리는 정치철학 및 정치사상의 진화 과정에 있어 결코 무시할 수 없는 차이들을 포함하고 있다. 주요 정치철학자들 사이에 존재하는 이와 같은 차이는 시대가 바뀜에 따라 더욱 확대되고 누적됨으로써 정치철학의 성격에 근본적인 변화를 발생시키고, 또 정치사상의 내용도 크게 변화시키게 된다. 요컨대 이와 같은 진화론적 관점에서 평가해볼 경우, 아리스토텔레스에 의한 플라톤 정치철학의 비판과 수정은 고전적 시기와 우리 시대를 갈라놓는 엄청난 사상적 거리의 일부를 구성하는 의미 있는 최초의 변화로 파악할 수 있다.

하지만 플라톤과 아리스토텔레스 사이에 존재하는 차이의 부각은 그들 사이에 존재하는 공통성에 대한 강조에 의해 보완되지 않을 경우 아리스토텔레스의 정치철학에 대한 오해를 초래할 뿐만 아니라 그의 정치철학이 갖고 있는 정치철학사적 의의를 적절히 평가할 수도 없게 만든다. 왜냐하면 플라톤의 정치철학으로부터 아리스토텔레스 정치철학으로의 진화는 순전히 비판과 수정만을 담고 있는 것이 아니라 연속과 계승이라는 측면도 아울러 담아내고 있기 때문이다. 만일 아리스토텔레스의 정치철학이 가장 근본적인 측면에서 플라톤의 정치철학을 계승하고 있다면 앞에서 언급한 차이들의 정치철학사적 의의는 혁명적일 정도로 크다고 보기는 어려울 것이다.

사실 이 책에서 앞으로 보여주고자 하는 바처럼, 포괄적으로 살펴볼 경우 아리스토텔레스 정치철학의 전체적 성격과 구조는 플라톤의 정치철학과 상당한 공통점이 있다. 마치 현미경으로 사물을 관찰하듯 그의 정치철학(정치사상)의 일부분을 확대해서 보면 플라톤과의 차이가 대단히 큰 것처럼 인식될 수도 있다. 하지만 정치철학의 일부분이 아닌 전체적 성격과 구조에 주목해본다면 그런 부분적 차이는 본질적인 동일성의 범위를 크게 벗어나지 않는다. 특히 실천적 규범철학으로서의 정치철학의 목적과 성격에 주목할 경우, 아리스토텔레스의 정치철학은 플라톤 정치철학의 비판적 극복이란 관점에서보다는 비판적 발전이란 관점에서 더 적절히 조명·평가될 수 있다. 이와 같은 관점에서 이 장에서는 아리스토텔레스 정치철학의 성격과 구조를 분석해봄으로써 그의 법치주의를 체계적으로 이해할 수 있는 방법론적 토대를 마련하고자 한다.

이 책의 서론에서 살펴보았듯이, 현대철학의 가장 주된 경향 중의 하나는 철학적 문제들을 주로 이분법적인 대립의 관점에서 인식하는 것이다. 개념적 구분법을 통해 철학적 문제들에 접근하는 방식은 서양철학의 시원을 이루는 고대 그리스 시대부터 존재해왔지만, 이런 구분된 요소들의 관계를 서로 화해할 수 없는 대립관계로 고착시켜 인식하는 경향은 근대의 철학적 사유와 깊은 연관성이 있다(Elgin 1997, 1; Junker 1999, 63). 철학적 주제들을 두 요소들 사이의 화해할 수 없는 대립관계로 인식하는 기계론적 인식 방식은 실천철학에도 깊이 침투하여 실천철학적 주제들에 대한 현대적 사유방식(혹은 방법론)을 전반적으로 규정하고 있다(Valauri 2010; Vega 2010, 2).

현대 실천철학에 깊이 침투되어 있는 이항대립적 사고방식은 법치와 인치의 관계를 인식하는 방식에도 큰 영향을 미침으로써 아리스토텔레스의 법치주의를 이해하는 데에도 적지 않은 영향을 미치고 있다. 법치주의 문제에 접근하는 아리스토텔레스의 고유한 사유방식을 간과하고 현대의 이항대립적 사유방식을 기계적으로 적용할 경우, 아리스토텔레스는 법치주의자도 인치주의자도 아닌 매우 모순적인 이론가로 이해될 수 있다. 법치와 인치는 서로 양립할 수 없는 통치 원리들이기 때문에 이 둘의 관계를 상호 보완적인 통합관계로 보는 입장은 변명의 여지 없이 모순적으로 보이기 때문이다.[122)]

현대 법철학은 법치와 인치를 양립할 수 없는 대립적인 원리들로 본다. 법치주의(혹은 입헌주의)는 군주정이든 민주정이든 통치가 폭정으로 타락할 수 있는 가능성을 동시에 방지하고자 하는 규범적 정치 원리로 이해되고 있다(Frank 2007; Holmes 1995). 법치는 형식적인 적법성의 기준이나 최소치의 실질적인 정의 원리들을 갖춘 법체계가 정당성을 담보한 절차와 제도에 의해 일관되게 해석·적용되는 상황에서 실현된다고 보며, 따라서 인간의 자의적인 지배와 구분되고 또 구분되어야 한다고 본다(Fuller 1971, chap. 2; Raz 1979, 211-3; Rawls 1971, 235-43).

이처럼 법치 원리가 '법에 의한 지배'로 잘못 이해·남용될 수 있는 높은 개연성을 두고 볼 때, 법치가 인치와 이항대립적인 관계로 인식·규정되고 있는 이유를 충분히 이해할 수 있다. 그럼에도 불구하고 법을 제정하고 법의 위헌 여부를 심사하며 그렇게 승인된 법률을 해석·적용하는 인간의 판단 없이 법치주의가 실현될 수 있는가를 질문해볼 경우, 더구나 이런 모든 과정에서 해석상의 충돌 및 절충과 같은 인적인 요소들이 개입하는 불가피성을 감안해볼 경우, 법의 지배에서 인간적인 요소를 배제한다는 것은 사실상 불가능하다(Farrelly and Solum 2008; Sherry

122) 그가 자연법주의자냐 법실증주의자냐 하는 논쟁도 사실은 현대의 이항대립적 사고방식에 입각하여 아리스토텔레스의 입장을 재단하려는 경향을 반영한다.

2008). 그리고 법의 적용 과정에서 형평 원리와 같은 요소들은 판사들의 실천적 판단의 문제가 법치주의의 내재적 원칙으로 인정되고 있다는 것을 말해주는바, 법치를 엄밀하게 이해하면 할수록 해석과 심의 그리고 판단이란 인적인 요소를 개입시켜 이해하지 않을 수 없다. 예컨대, 법의 지배의 최후 보루라 할 수 있는 공정하고 이상적인 재판을 생각해볼 경우, 판사들(및 보조자들)의 성품은 재판의 질을 좌우하는 중요한 역할을 한다. 파렐리(C. Farrelly)와 솔럼(L. B. Solum)은 잘 부패하지 않는 성품, 여론이나 정치적 압력에 굴하지 않는 용기, 성마르지 않은 침착한 성품, 근면함, 유능함과 총명함 등의 덕목을 훌륭한 재판에 필수적인 덕목으로 제시함으로써 법의 지배가 결코 인간적 자질과 분리될 수 없다고 주장한다(Farrelly and Solum 2008, 15).

어쨌든 현대의 주류를 이루고 있는 이항대립적 인식 방법을 가지고 접근하게 되면 법치주의에 대한 아리스토텔레스의 옹호는 상당한 모순을 내포하는 것으로 이해되기 쉽다. 법치와 인치는 서로 양립 불가능한 정치 원리들이기 때문에 법의 주권을 옹호하면서 동시에 인치의 요소를 수용하는 것은 법치주의를 근본적으로 부정하는 것이 되기 때문이다. 그러므로 이런 인식 방식을 통해 아리스토텔레스의 법치주의를 바라보게 되면 법치주의에 대한 아리스토텔레스의 옹호를 순전히 수사적인 것으로 보든지, 아니면 그의 법철학의 한 가지 모순으로 간주해야만 한다. 하지만 과연 아리스토텔레스가 법치와 인치의 관계를 상호 견제적인 관계로만 보았을까? 이와 같은 문제의식은 법치주의에 관한 아리스토텔레스의 확고한 지지를 두고 볼 때 더욱더 힘을 얻게 된다.

아리스토텔레스 법치주의에 대한 프랭크의 최근 해석은 일정의 균형적 해석을 제시함으로써 이항대립적 해석이 노정하는 난점을 해소하고자 했다(Frank 2005). 프랭크는 '법의 지배와 인간의 지배에 대한 아리스토텔레스의 입장'에서, 아리스토텔레스는 법치와 인치를 동시에 지지하였지만 이 둘의 관계를 상호 견제적인 관계로 파악했다고 보았다(Frank 2005, 509). 법의 지배에 내재된 문제점을 완화하기 위해 인치가 필요하고, 인치에 내재하는 문제점을 완화하기 위해 법치가 필요하므로 이 둘의 관계는 긴장적인 보완관계를 형성하고 있다고 본 것이다.

> 아리스토텔레스는 시민들과 통치자들이 도를 넘는 것을 우려했다. 때문에 그는 법의 지배를 통해 시민들의 입장에서나 통치자들의 입장에서 주권적 권력을 과도하게 행사하는 것을 절제시키고자 했다. 하지만 그의 관점에서 볼 때, 법 또한 절제되어야 한다. 왜냐하면 대부분 도시의 법은 지배를 목표로 하기 때문이다(『정치학』, 1232b70). 따라서 아리스토텔레스는 좋은 시민들은 정의의 이름으로 부당한 법률이나 무력에 불과한 법률에 대해 복종하지 말아야 한다고 주장한다. 그러므로 인간의 지배를 법의 주권에 있어서의 과잉을 완화시키는 것으로 본다. 환언하면 아리스토텔레스는 법의 지배는 인간의 지배를 절제시키며, 인간의 지배는 법의 지배를 절제시킨다고 주장한다(Frank 2005, 509).

프랭크의 해석은 아리스토텔레스 법철학의 고유한 특성을 어느 정도 포착하고 있다. 법치와 인치에 관한 당대의 통념들에 내재된 문제점 혹은 모순들을 제거하고, 상반된 입장 속에 들어 있는 합리적인 요소들을 결합시켜 개선된 하나의 입장으로 통합시키는 아리스토텔레스의 변증법적 특징을 어느 정도 조명해주기 때문이다(cf. Lindsay 1991, 508). 하지만 프랭크의 해석은 아리스토텔레스의 정치철학과 법치주의 사이에 존재하는 구조적 연관성을 밝혀주고 있지 않을 뿐만 아니라, 무엇보다 법의 주권 원칙에 대한 아리스토텔레스의 확고한 옹호와 잘 양립하지 않는 측면이 있다. 프랭크는 아리스토텔레스의 법치주의를 인치에 의해 견제 또는 완화되고 있는 것으로 파악함으로써 은연중 법치주의(=법의 주권)에 대한 아리스토텔레스의 옹호를 다소 수사학적인 것으로 간주하고 있다. 프랭크처럼 법치를 견제하는 독립적인 원리로 인치를 볼 경우, 그것은 법의 주권을 견제 또는 완화시키는 또 다른 주권의 존재를 긍정하는 것이기 때문에 궁극적으로 법의 주권적 지배로서의 법치주의 원리와 부합하지 않기 때문이다.

이런 관점에서 보면, 법치와 인치라는 대립적인 통치 요소들이 상호 견제 작용을 하면서 이상적인 통치를 구성한다고 보는 프랭크의 해석은 좀 더 발전시킬 필요가 있다. 두 가지 대립적인 요소들이 서로 견제하는 수준에서 이상적으로 균형을 유지할 수 있을 것이라고 기대하는 것은 다소 무리가 있기 때문이다. 상호 견제의 기능은 언제나 상호 충돌과 불균형의 가능성을 안고 있다. 이 두 가지 요소 사이의 공통적 기반이 없거나 이 두 가지 요소가 보다 깊은 의미에서 통합되어 있지 않다면, 이 두 요소 사이의 긴장과 견제관계는 언제든지 대립관계로 변할 수 있다. 법치주의를 인치와 대립되는 것으로 보는 현대의 인식 경향은 바로 이와 같은 개연성에 대한 우려를 반영한다. 그러므로 아리스토텔레스의 법치주의에 대한 해석은 법치와 인치의 관계를 보다 통합적인 보완관계로 보는 해석에 의해 뒷받침될 때에야 모순을 피할 수 있는바, 프랭크의 균형적 해석을 좀 더 통합적인 해석으로 심화시킬 필요가 있다.

법치주의를 옹호하는 아리스토텔레스의 진정성과 조화되면서도 법치와 인치의 관계를 상보적 통합관계로 이해할 수 있는 설득력 있는 해석은 그의 정치사상의 일관성을 담보하기 위해서도 필요할 뿐만 아니라, 일견 모순적으로 보이는 두 원리—법치와 인치의 상호 견제 원리 및 법의 주권 원리—의 관계에 대해 아리스토텔레스가 모순적으로 인식하지 않았던 이유를 이해하기 위해서도 반드시 필요하다. 아리스토텔레스 정치철학의 독특한 성격과 구조에 대한 이해는 그와 같은 이해를 가능하게 해주는 실마리를 제공해준다. 변증법적 사유방식을 그 핵심적 요소로 포함하고 있는 아리스토텔레스의 정치철학은 법치와 인치의 상보적 통합성에 입각해 있는 그의 법치주의를 이해할 수 있는 방법론적인 열쇠를 제공해주기 때문이다. 아리스토텔레스는 법과 인치의 상호 침투적인 재귀적 관계를 보여줌으로써 법치와 인치 사이에 존재하는 표면상의 긴장 혹은 대립을 변증법적으로 극복하여 법치주의에 대한 자신의 옹호가 일관되고 진정성 있는 것이었음을 논증할 수 있었다.

2. 아리스토텔레스 정치철학의 변증법적 성격

발로리(J. T. Valauri)에 의하면, 아리스토텔레스의 변증법적 개념 분석 방법은 이와 같은 이항대립적인 법철학의 문제점을 극복할 수 있는 가능성을 열어준다(Valauri 2010, 34–51). 법의 본질에 관한 상이한 선험적 직관들에 입각해 있는 현대의 법이론적 입장들—법실증주의와 비실증주의(특히 자연법주의)—은 그들이 전제하고 있는 선험적 직관들의 근본적인 차이로 인해 통합 불가능한 대립적 관계로 나아가는 경향이 있다. 이와 달리 통념이나 익숙한 상식으로부터 출발하는 아리스토텔레스의 변증법적 분석 방법은 양쪽의 입장에 내재하는 난제들이나 모순들을 제거해나가는 과정을 통해 서로 다른 입장들이 보다 향상된 하나의 입장으로 통합될 수 있는 가능성을 열어준다(『니코마코스 윤리학』, 1145b1–7).[123]

아리스토텔레스의 변증법적 사유에서 이항대립적인 요소들을 종합해낼 수 있는 통찰을 발견하고 있는 발로리의 입장은 이 책의 입장과 매우 유사하다. 하지만 발로리는 주로 현대 분석적 법철학의 이분법적 접근 방식을 비판하며 아리스토텔레스의 변증법적 사유방식이 그에 대한 훌륭한 대안이 될 것이라는 주장을 제시하고, 규칙 대 목적 그리고 법과 형평성의 관계를 개념적으로 통합된 관계로 해석하는 것에 멈추고 있다. 그에 비해 이 책은 정치질서의 두 가지 주된 통치 요소인 법치와 인치의 관계를 변증법적인 통합관계로 해석하고자 할 뿐 아니라, 이 두 요소가 상호 침투적이고 상호 재귀적으로 통합됨으로써 아리스토텔레스적 법치주의를 완성시키고 있음을 종합적으로 고찰한다. 다시 말해 법과 관습, 교육, 덕성 및 통치자의 실천적 지혜(=판단)를 매개로 법치와 인치가 상호 침투·통합되는 메커니즘을 규명함으로써 아리스토텔레스의 실천철학 전체를 체계적으로 조망한다. 그래야만 아리스토텔레스가 생각하는 법의 본질이 드러날 수 있다고 보기 때문이다.

이 책의 총체적인 접근 방법은 아리스토텔레스의 실천철학에 접근할 수 있는 가장 적절한 방법이다. 왜냐하면 그에게 있어 정치철학과 법철학 그리고 도덕철학(혹은 윤리학)은 불가분의 통합관계를 형성하고 있기 때문이다. 분석적인 목적을 위해 법철학의 특수한 분야나 주제에 국한시켜 변증법적인 사유방식을 적용하는 것은 불가피한 측면이 있다. 하지만 사실상 통합되어 있는 하나의 실천철학을 총체적으로 조명하지

---

123) 아리스토텔레스의 변증법적 사유방식에 대해서는 곧이어 설명될 그의 정치철학적 방법을 설명하는 과정에서 좀 더 상세히 다뤄질 것이다.

않고 부분적인 이슈들에 국한시켜 조명할 경우에는 그와 같은 이슈들을 다루는 접근 방법의 변증법적 특징이 충분히 부각되기 어렵다. 이 책에서는 이런 점에 주목하고 아리스토텔레스의 법치주의를 보다 포괄적인 실천철학의 필수적 구성요소로 파악하면서, 다시 말해 그의 정치철학의 체계적이고 종합적인 특성에 주목하면서 법치와 인치의 변증법적 통합 관계를 조명하고자 한다.

전체적인 성격에 있어 아리스토텔레스의 정치철학은 플라톤 정치철학의 다소 변형된 형태로 볼 수 있다. 이미 살펴본 바와 같이 플라톤의 정치철학은 정치질서 모델들의 스펙트럼을 구성하는 반성적 균형과, 반성적 균형에 의해 구성된 질서 모델들의 내적 정합성(혹은 통일성)을 추구하는 철학적 사유의 결합이라는 이중 구조로 구성되어 있다. 아리스토텔레스의 정치철학 역시 이중 구조를 갖고 있다. 하지만 아리스토텔레스는 플라톤이 반성적 균형을 통해 구성한 것과 같은 정치질서 모델들의 (수직적인) 스펙트럼을 구성하지는 않았다.[124] 대신에 그는 실제적인 역사 속에서 수집한 수많은 경험적 정보들에 대한 비교 · 분류에 입각하여 고유한 목적을 추구하는 각 정체 형태가 어떻게 안정적으로 유지될 수 있는가를 탐구하는 한편(『정치학』, 5권 8-9장, 11장, 6권 5장, 7

---

124) 아리스토텔레스의 경우 정체 모델들의 스펙트럼 대신에 다양한 삶들의 위계적 스펙트럼을 구성하는 것으로 이해할 수 있다. 즉 그는 실천적 삶과 철학적 삶을 구분하고, 철학적 삶이 실천적 삶보다 위에 위치하는 것으로 설정함으로써 다양한 삶들의 위계적 스펙트럼을 구성하고 있는 것처럼 보인다(『니코마코스 윤리학』, 1095b14-1096a10; 『정치학』, 7권 2-3장). 하지만 아리스토텔레스는 정치적 삶이 철학적 삶을 통해서는 얻을 수 없는 자체의 가치를 지닌다고 봄으로써 반드시 철학적 삶보다 낮은 위상을 차지하는 것으로 단정하지는 않았음을 주의할 필요가 있다. 상이한 부류의 집단들이 추구할 수 있는 좋은 삶에 관한 연구로는 박성우(2005)를 참고할 것.

장)[125] 정의에 관한 철학적 성찰을 매개로 해서 각 정체 형태들의 장점과 단점을 취사선택하여 최선의 정체 형태, 곧 혼합 정체를 구성하고(『정치학』, 4권 8-9장, 11-13장), 입법자(=이상 정체의 건축가)적인 관점에서 그렇게 구성된 정체가 하나의 이상적인 정합적 규범질서로 완성 · 유지될 수 있는 방안들을 제시했다(『니코마코스 윤리학』, 1094a27-b7; 『정치학』, 7-8권).[126] 이처럼 각 정체 형태들이 그 목적에 따라 고유한 방식으로 유지되는 방식들에 대한 그의 관심과 이상 정체의 내적 통일성(정합성)을 확립하기 위해 적용하는 사유방식에 주목할 경우, 아리스토텔레스의 정치철학은 플라톤의 정치철학과 유사한 특징을 공유한다고 볼 수 있다.

하지만 이런 공통성에도 불구하고 아리스토텔레스의 규범철학이 플라톤의 철학에 대한 어느 정도의 비판적 수정을 통해 확립되었다는 것은 분명하다. 플라톤의 경우 변증법은 전기, 중기, 그리고 후기에 걸쳐 의미 변화를 겪는다(Kahn 2006, 592-4). 역사적 소크라테스의 영향이 강한 초기 저작들 *Gorgias*와 *Protagoras*에서는 변증법이 주로 소피스트들의 수사학적 논쟁술(eristic)과 대비된다. 소피스트들의 논쟁술이 부와 권력 획득을 목적으로 연설 기법을 사용하여 상대방을 제압하는 수사학적인 효과에 초점을 두는 반면, 플라톤의 변증법은 대화 기법을 사

---

125) 윤리학적 차원에서 적용되고 있는 반성적 균형의 방법은 다음과 같은 그의 언급 속에서 확인할 수 있다. "그런데 원리에 관해서 고찰할 때에는 우리 논의의 결론과 전제들로부터만 고찰할 것이 아니라, 원리에 대해 사람들이 이야기하는 것들로부터도 고찰해야 한다. 참된 논의라면 현존하는 모든 것들과 부합하겠지만, 거짓된 논의라면 진실한 것과 금방 어긋나기 때문이다"(1098b9-10). 즉 철학적 제1 원리와 상식 사이의 균형을 찾아가는 반성 방법을 채택하고 있는 것이다.

126) 『니코마코스 윤리학』 1권 2장은 『니코마코스 윤리학』과 『정치학』이 입법자의 관점에서 씌어져 있다는 것을 보여준다(『니코마코스 윤리학』, 1094a26-b7).

용해 상대방이 받아들이는 전제로부터 출발하여 상대방이 견지하는 믿음의 오류나 모순성을 지적함으로써 참된 지식을 향한 배움의 자세를 독려한다. 『국가』로 대표되는 중기에는 주로 문답식의 대화 기법으로 구성된 초기의 변증법을 훨씬 더 대담하고 건설적인 방법으로 발전시킨다. 이 시기 변증법은 철학의 최고 단계, 곧 지성을 통해 초월적인 형상에 대한 인식에 이를 수 있는 방법으로 격상된다(Kahn 2006, 593). 그것은 심지어 수학과 같은 연역적 학문들의 전제적 가정들까지도 근본적인 비판에 붙임으로써 무조건적인 절대 지식, 곧 형상에 대한 지식으로 나아가는 방법으로 재규정된다(『국가』, 511b). 그것은 문답식의 방법을 수용하고 있지만 탐구되고 있는 주제의 본질(ousia), 곧 형상에 대한 설명을 내포하게 된다.

중기의 말기 혹은 후기의 초기 저술에 해당하는 *Phaedros* 이후부터는 구분법에 대한 강조가 두드러지는데, 이 방법은 탐구 대상이나 주제에 대한 정의(定意)에 이르기 위해 유(類)에서 종(種)을 구분하고 또 종에서 그 하위 범주로 구분해가는 방법을 사용한다(Hall 2006, 53). 이에 비해 종합(synthesis)은 이를 역순으로 적용하는 방법이다. 이런 세부적인 차이에도 불구하고 후기 저술에서도 변증법은 영원히 불변하는 참된 존재(true being), 곧 생성되지도 소멸되지도 않는 실재로서의 형상에 대한 지식을 추구하는 철학의 최고 단계를 표현하는 중기적 성격을 그대로 지니고 있다. 그러므로 플라톤의 경우 변증법은 문답식의 대화 기법을 구성요소로 포함하고 있으며, 가시적이고 생성·소멸되는 것들에 대한 지식과 구분되는 불변적이고 절대적인 지식(epistēmē)의 존재를 가정하는 인식론적 구분을 전제하고 있다.

이에 비해 *Topics*(변증술)에서 체계적으로 다뤄지고 있는 아리스토텔레스의 변증법은 추론 형식이나 논리 구조보다는 그것이 출발점으로 삼고 있는 전제들의 인식론적 지위에 의해 특징화된다(Hall 2006, 53).[127] 어떤 주장이 연역적인가 아닌가 하는 문제는 단지 그 결론이 전제로부터 필연적으로 도출되는지의 여부에 관한 문제일 뿐이다. 변증법과 대비되는 증명(demonstration)의 전제는 '반드시' 참이어야 하지만(*Posterior Analytics*), 변증법의 전제는 반드시 수락되거나 인정되고 있는 것들(곧 의견이나 믿음)이어야 한다(endoxa).[128] 다시 말해, 변증법적 주장은 대화자들이 모두 설득력 있는 것으로 받아들이고 있는 전제(=의견이나 믿음)로부터 시작해야 한다. 이 인정되고 있는 의견들이 단순히 다수의 의견인지, 현명한 자들 다수의 의견인지, 혹은 현명한 자들의 의견인지, 아니면 『니코마코스 윤리학』의 주요 독자들로 여겨지는 상당히 학식이 있고 성찰적인 이들의 의견인지에 대한 논쟁이 있다(100b21-3, 104a8-10; Smith 1998, 7-10). 하지만 그 의견들은 단지 그럴듯하게 보여서는 안 되고, (예컨대) 상당히 학식이 있고 성찰적인 사람들이 모두 수락할 수 있는

127) 아리스토텔레스의 형식논리는 변증법에 대한 대안으로 제시되었음에도 불구하고 플라톤의 구분(종합)법에 대한 검토를 통해 구성되었다는 점에서 변증법적 기원을 갖는다고 볼 수도 있다(Hall 1967, 53). 그리고 변증법은 플라톤의 아카데미에서의 단체 간 토론 시합과 깊은 연관성이 있는데, 이 토론 시합은 예/아니오식 문답법을 통해 승패를 가리게 된다.

128) 『니코마코스 윤리학』이 변증법적 방법을 체계적으로 적용한 저술이냐, 아니면 일차적으로 윤리학적 개념들에 대한 정의(定意)를 제공하는 저술이냐에 대해서는 논란이 있다. 변증법적 저술이라는 견해에 대해서는 Irwin(1988), Broadie(2002)를 볼 것. 이에 대한 최근의 비판적 입장에 대해서는 Salmieri(2009)를 볼 것. 그리고 변증법적 방법이 (실천철학이 아닌) 과학의 제1 원칙들을 정당화할 수 있는지에 대한 논쟁이 있다. 이에 관해서는 Smith(1998)를 볼 것. 이 마지막 논쟁에서는 대체로 변증법은 과학의 제1 원칙들에 도달할 수 있는 방법을 제공해줄 수 있는 것으로 이해되지만, 이 경우 제1 원칙들은 주로 개념의 정의를 의미한다(Menn 2006, 269).

것들이어야 한다. 더구나 변증법적 추론은 정확하지 않을 경우 단순히 수사적인 것으로 평가절하 되기 때문에 성찰적인 사람들이 모두 수락할 수 있는 전제로부터 출발하여 오류가 없는 추론을 목표로 하는 변증법은 상당히 높은 평가를 받았다.[129)]

아리스토텔레스는 변증법적 추론을 과학적(혹은 인과적) 추론과 명확히 구분하고 *Posterior Analytic*에서 후자를 설명한다. 증명 혹은 과학적 논리는 탐구 대상에 대한 지식 혹은 과학(epistēmē)을 제공해준다. 이 과학적 지식은 존재하는 것들에 대한 참된(=오류가 없는) 지식을 제공해주며, 그 지식에는 탐구 대상들이 왜 그런 식으로 존재하고 있는가에 대한 이유도 포함된다(Menn 2006, 270). 아리스토텔레스는 이런 지식이 존재할 수 있는 조건으로 전제가 필연적으로 옳아야 하며 그 전제로부터 도출된 결론보다 더 잘 알려져 있어야 한다는 점을 강조한다. 물론 우리는 결과로부터 원인을 역추론함으로써 탐구 대상을 알 수도 있지만, 진정한 과학적 지식은 원인으로부터 결과로 추론해감으로써 획득할 수 있는 결정주의적인 것이어야 한다. 과학적 주장의 논리 구조는 세계의 인과적 구조를 반영해내야만 하기 때문이다(Menn 2006, 270).

플라톤의 변증법과 아리스토텔레스의 과학적(혹은 증명적인) 추론 방법 및 그 방법들이 추구하는 지식 형태와 대조해볼 경우, 아리스토텔레스 변증법이 목표로 하는 지식 형태와 방법론적 특징을 비교적 분명히

---

129) 아리스토텔레스에 의하면 변증법은 지적인 훈련에 유익하고, 타인들이 받아들이고 있는 전제 위에서 토론하는 데 유익하며, 과학의 (증명 불가능한) 제1 원리들을 검토하는 데 유용하다. 그는 특히 변증법의 비판적 절차는 모든 탐구들이 전제하는 원리들을 분명히 하는 데 도움이 된다고 보았다(*Topics* 101b3; Hall 2006, 54).

알 수 있다. 그것은 인간사(anthropeia)의 영역에 속하는 실천적 지식과 관련된다(phronesis. 『니코마코스 윤리학』, 1140a1). 그 지식은 인간 행위의 수행 및 그 결과와 연관이 있으며, 도덕적·법적·정치적 현실들이 그 대상이 된다. 이 현실들을 규제하는 원칙들은 인간의 판단 및 실천과 연관되어 있기 때문에 보편적일 수 없다. 그런 지식은 불가피하게 상황적(우연적)이고 가변적이며 특수한 성격을 지닐 수밖에 없고, 확률적으로 진위를 평가할 수밖에 없는 의견(doxa)의 형태를 취할 수밖에 없다(Vega 2010, 13).[130)]

인간의 판단과 실천이라는 비(非)결정론적 지식의 영역에 적합한 변증법은 이미 타당한 것으로 받아들여지고 있는 의견들(혹은 믿음들)로부터 출발하여, 그 의견들에 내재하는 퍼즐들이나 모순들을 테스트하거나 논박하는 (문답식의) 추론 방식을 통해 보다 덜 모순적이거나 더 타당한 견해 혹은 원칙을 찾아간다. 일차적인 초점은 주어진 명제에 포함된 모순의 논박에 있다. 하지만 함축적으로는 그보다 모순이 적거나 나은 명제의 가능성을 시사 또는 제시한다. 그리고 이와 같은 변증법의 독자적인 기능과 가치는, 과학적 추론이 가정하고 있는 (증명 불가능한) 전제들에 관한 정의(定意)들을 제공해주는 기능을 제외할 경우, 자연 세계—인간의 생물학적인 혹은 심리학적인 것을 포함하여—에 대한 보편적인 과학적(혹은 증명적인) 지식(epistēmē)과 구분되는 인간적 실천 세계에 적

130) 물론 아리스토텔레스는 실천적 지식이 합리적인 근거(rational grounding = logos)를 갖고 있다는 점을 인정함으로써 학문의 탐구 대상이 될 수 있다고 본다(『니코마코스 윤리학』, 1095a3). 만일 그런 합리적인 근거가 없다면 실천적 지식에 대한 학문적인 탐구는 불가능할 것이다. 변증법은 그와 같은 합리적 근거를 확립해가는 지식 탐구의 방법이다.

합한 지식이 있다는 인식론적 입장을 전제로 한다.[131]

> 합리적 선택은 이성과 사유를 동반[한다]. '합리적 선택'(prohairesis)이라는 이름까지도 다른 것들에 '앞서'(pro) '선택된 것'(haireton)을 의미하는 것 같다…… 우리는 우리에게 달린 것, 그리고 우리의 행위에 의해 성취 가능한 것에 관해 숙고한다. ……인간들 각자가 자신의 행위에 의해 성취될 수 있는 것들에 관해 숙고하는 것이다. …… 우리의 숙고는 오히려 우리를 통해 이루어지지만 언제나 같은 방식으로 일어나지 않는 것들, 바로 이런 것들에 관계한다. ……숙고함은 대부분의 경우에 그런 것들 안에서, 막상 그 결과가 어떻게 나올지 불분명한 것들, 즉 비결정적인 것들을 포함하는 것들에서 성립한다…… 사람들은 목적을 설정한 다음 그 목적이 어떻게, 그리고 어떤 것들을 통해서 이루어질지를 고찰한다(『니코마코스 윤리학』, 1112a16-b15).

아리스토텔레스는 이론적·과학적 지식과 실천적·변증법적 지식의 구분에 입각하여 변증법을 실천철학의 다양한 수준과 영역—개념 정의, 다양한 명제 혹은 입장들에 대한 비판, 향상된 대안적 입장이나 이론의 구성—에 걸쳐 광범위하게 활용한다. 더구나 그는 (변증법은 실천

131) 이런 관점에서 아리스토텔레스의 자연적 정의 개념을 자연법적 전통에서 해석하는 것이 문제가 있다는 지적에 설득력이 있다. 실천적 지식이 가변적이고, 불확정적이며, 문화적이고, 합의적·숙의적인 특성이 있다면, 자연법을 보편적이고 불변적인 선험적 도덕지식(epistēmē)으로 간주하는 강한 자연법적 전통과는 구분되는 것이 마땅하기 때문이다(Vega 2010, 3, 8, 15; cf. Tuttle 1978). 법의 실천적 특성(praxis)에 주목할 경우, 형이상학적인 자연법적 전통에서 아리스토텔레스의 자연적 정의를 해석하는 것은 오류임을 알 수 있다.

철학에 가장, 그리고 유일하게 적합한 방법이므로 불가피하게) 변증법적 방법을 적극적이고 일관되게 활용함으로써 자신의 실천철학적 대안—자신의 윤리학과 정치학 그리고 법이론적 입장—을 제시하고 있다는 점에서, 변증법을 단순히 비판적인 소극적 기능을 수행하는 것으로 보는 것이 아니라 자신의 이론 구성의 핵심적인 방법으로 이해하고 있다. 따라서 그의 변증법은 다양한 통념들에 내포되어 있는 모순들을 비판·제거하고, 대립적인 통념들에 들어 있는 타당한 요소들을 종합함으로써 가장 타당하고 설득력 있는 주장으로 통합해내는 구성적인 측면을 지닌다고 할 수 있다(Engle 2008, 3; cf. Smith 1998, 13). 그리하여 아리스토텔레스는 다양하고 심지어 대립적이기까지 한 의견들을 반복적으로 검토하고 종합함으로써 좋은 삶에 기여할 수 있는 성품 형성을 목표로 하는 법과 교육을 수립하여 덕스러운 인간의 성품과 습관을 형성시키는 데 기여할 수 있는 실천적 방향을 제시할 수 있게 되었다.

하지만 아리스토텔레스 실천철학의 구조와 구체적인 이론들—바람직한 정체 형태, 법, 교육, 관습, 성품 등에 관한 이론들—을 면밀히 검토해보면, 아리스토텔레스의 변증법은 그 이상의 함축적 의미를 지니고 있다. 이는 변증법의 상호 침투적이고 재귀적인 성격이다. 변증법의 이런 측면에 대해 아리스토텔레스는 명시적으로 밝히고 있지는 않다. 하지만 그는 서로 구분되는 입장이나 요소들에 내재된 모순들을 제거하고 그것들을 단순히 종합해내는 것이 아니라, 이 요소들 사이의 관계를 상호 침투적이고 재귀적인 관계로 파악함으로써 서로 구분되나 동일한 측면이 있는 재귀적 관계로 재구성한다. 이런 측면까지 아리스토텔레스가 규정하고 있는 변증법의 특성으로 포함시킬 수 있는지는 확신할 수 없다. 하지만 적어도 아리스토텔레스가 그의 실천철학에서 광범위하게 활용하고 있는 사유방식을 통해 볼 때, 그의 변증법이 자연스럽게 이런 성격으로 발현되고 있는 것은 분명해 보인다. 그러므로 그의 정치철학은 소극적 의미의 변증법을 기반으로 삼고 있는 동시에 그 이상의 적극적 기능, 곧 두 가지 이상의 요소들 사이의 상호 침투적이며 재귀적인 통합을 모색하는 기능까지도 포함하고 있는 것으로 볼 수 있다.

이는 그 내용에 있어 플라톤의 순차적이고 순환적인 정당화 방식과 공통적인 특징이 있다. 자연 대 관습, 본성과 관습, 법과 교육, 정체와 법, 법과 덕성은 단순히 결합하는 것이 아니라 변증법적으로 통합되어 있다. 이들의 관계는 상호 침투적이고 재귀적이다. 하지만 그렇다고 완전히 일치하거나 동일한 것은 아니다. 아리스토텔레스의 실천철학에서 법치와 인치의 상호 관계는 이와 같은 의미의 변증법적 통합성을 지니고 있다. 법치와 인치의 관계를 상호 견제하는 관계로 보는 프랭크의 해석은, 이런 측면에서 볼 때 아리스토텔레스의 변증법적 법치주의에 대한 불완전한 이해였다고 볼 수 있다.

아리스토텔레스의 법치주의는 법치와 인치의 변증법적 통합에 기반을 두고 있지만, 이런 변증법적 통합은 단순히 법치와 인치의 상보적 통합이라는 측면에서만 이해할 수 없다. 이 관계는 법과 교육, 교육과 인간의 미덕, 인간의 미덕과 법의 상호 침투적이고 재귀적인 관계들에 의해 지지된다. 그리하여 아리스토텔레스의 실천철학 체계는 법과 인간의 미덕, 미덕과 교육, 교육과 법의 상호 통합적이고 재귀적인 관계들의 순환적인 통합관계에 의해 하나의 정합적인 규범질서로 구현된다. 아리스토텔레스가 이상 정체의 정합성을 제고 · 유지하기 위해 제시한 제도적·비제도적 방안들은 전체 체계의 정합성을 지향하는 철학적 사유의 변증법적 특성을 반영한다. 때문에 그 방안들은 모두가 한결같이 전체 질서의 통합과 통일성을 지향하는 분명한 방향성을 가지고 수행됨으로써 정치질서를 하나의 정합적인 규범질서로 만들어간다.[132)]

정치질서는 그 구성요소(=원리)들 사이의 이질성이나 모순들을 차례로 극복하는 과정을 통해 하나의 정합적인 질서로 확립되는데, 이는 정치질서의 구성요소들이 서로 선(善)순환적인 지지관계를 형성할 수 있도록 끊임없이 조정되는 과정을 통해 수행된다. 그리고 이 조정 과정은 최초로 이상 정체를 모색하는 단계에만 적용되는 것이 아니라 이미 구성된 이상 정체가 실제로 운영되는 과정에서도 지속적으로 관철되어야 한다. 왜냐하면 이상 정체의 정합성을 깨트릴 수 있는 요소들이 곳곳에 도사리고 있기 때문에 그런 위협 요소들을 감시·통제·제거하는 기제들이 끊임없이 작동해야 하기 때문이다. 그러므로 아리스토텔레스는 정체의 모든 구성요소들을 조화롭게 배치·조정함으로써 이상 정체가 선순환적으로 유지·강화될 수 있도록 충력을 기울이게 된다.

법률을 포함하여 정치질서를 구성하는 모든 주요 구성요소들을 하나의 통일된 규범질서로 통합시키고 있는 아리스토텔레스의 정치철학은 일차적으로 『윤리학』과 『정치학』을 서로 분리시킬 수 없는 하나의 통합된 학문 영역으로 보는 관점을 통해 표현된다. 이 통합적 견해에 따르

132) 나중에 설명하겠지만, 아리스토텔레스의 정치사상에서도 철학은 간접적인 방식으로나마 정체 유지에 핵심적인 역할을 수행하기 때문에 이 점에서도 플라톤을 비판적으로 계승하고 있는 것으로 볼 수 있다.

면 "성품의 탁월성에 따른 영혼의 활동"을 다루는 윤리학은 "으뜸가는" 학문이자 "총기획적인 학문"인 정치학의 핵심적 일부를 구성한다(『니코마코스 윤리학』, 1181b15-19, 1094b5-9). 『니코마코스 윤리학』 1권 2장과 10권 9장은 윤리학과 정치학의 통합적 관계를 분명히 적시하고 있다. 1권 2장에서는 "정치학의 목적은 인간적인 좋음", 다시 말해 개인과 공동체를 위한 최상의 좋음(ariston)이라 밝히고 이것이 "일종의 정치학적인 것"인 윤리학적 탐구에 의해 추구되어야 함을 강조한다. 그리고 마지막 10권 9장에서는 보다 직접적으로 『니코마코스 윤리학』에서 수행한 윤리학적인 탐구들이 정치학적 탐구를 위한 예비적 연구였음을 밝히고 이제 본격적인 정치학적 탐구가 시작될 것을 예고한다.

> 입법에 관한 것은 선대의 연구자들에 의해 탐구된 적이 없으므로 이제 우리가 직접 검토하는 것이, 또 일반적으로 정치 체제에 대해 검토하는 것이 아마 더 나을 것이다. 그럼으로써 우리의 능력이 미치는 데까지 '인간적인 것에 관한 철학'이 완결될 수 있도록 하자. 그러므로 먼저 우리 이전의 사상가들에 의해 올바르게 이야기된 부분이 있다면 그것을 살펴보도록 하자. 그 다음으로는 우리가 수집한 정치 체제들로부터 어떤 종류의 것들이 폴리스를 보존하거나 파괴하는지, 또 어떤 종류의 것들이 개별적인 폴리스들을 보존하거나 파괴하는 것인지, 또 어떤 폴리스들은 정치를 잘해나가는 반면 어떤 폴리스들은 그 반대로 나아가는 것은 무슨 이유 때문인지 고찰해 보기로 하자. 아마도 이런 것들을 모두 고찰한 뒤에야 어떤 종류의 정치 체제가 최선의 것인지, 각각의 정치 체제들이 어떻게 질서를 부여하는지, 또 어떤 법과 관습을 사용하면서 그

러한지를 더 잘 알게 될 것이다. 자, 이제 논의를 시작해보자(『니코마코스 윤리학』, 1181b14-24).[133]

위의 인용문을 포함한 지금까지의 논의는 아리스토텔레스에게 있어 윤리학과 정치학은 공히 하나의 "인간적인 것에 관한 철학"을 구성·완결하는 상보적인 학문 영역들이라는 점과, 정치학은 윤리학에 의해 뒷받침될 때에야 비로소 완결적인 실천철학이 될 수 있다는 것을 명확히 보여준다. 이것은 정치학이 "총기획적인 학문"으로서 '으뜸가는' 지위를 누리고 있지만 가장 중요한 보조적 학문인 윤리학에 의해 뒷받침되지 않을 경우 학문으로서의 완전성을 담보할 수 없다는 것을 의미하는바, 그 형식적 지위의 차이에 상관없이 정치학과 윤리학은 서로 분리될 수도 없고 또 분리되어서도 안 되는 통합관계를 이루고 있음을 말해준다.[134]

정치학과 윤리학의 통합성은 이와 같은 형식논리를 통해서는 온전히 이해하기 어려우며, 오직 윤리와 정치의 상호 침투적이며 상호 지지적인 순환 구조가 조명할 때만이 더 구체적으로 이해할 수 있다. 또한 윤리와 정치는 법과 관습 및 개인의 습관을 매개로 하여 상호 침투하고

---

133) 아리스토텔레스의 인용은 영어 본을 참조하되 한글 번역판 『정치학』(천병희 역)과 『니코마코스 윤리학』(이창우 · 김재홍 · 강상진 역)을 사용했다.

134) 물론 앞에서 설명한 바와 같이, 아리스토텔레스의 경험적이고 귀납적인 정체 분류는 정치학이 윤리학으로부터 분리된 독자적인 학문 영역으로 독립될 수 있는 가능성을 시사해주고 있다는 점에서 정치학사적으로 적지 않은 의미가 있다. 하지만 아리스토텔레스의 귀납적 연구는 규범적이고 윤리학적인 목적을 통해서만 의미를 갖는 까닭에 그의 정치사상 체계 전체 속에서, 그리고 그의 정치철학적 사유방법과 연관시켜 이해하는 것이 중요하다.

작용하는 만큼, 아리스토텔레스의 윤리학과 정치학의 통합관계는 법과 시민적 미덕, 교육, 관습, 그리고 시민종교의 총체적 상호 작용 방식을 순환적으로 설명함으로써만이 적절히 조명될 수 있다. 하지만 윤리와 정치를 매개하는 핵심적 제도인 법체계의 정당성과 필수성은 정치적 공존을 도모할 수밖에 없는 인간의 역사적·본성적 조건이나 한계에 대한 아리스토텔레스의 인식을 반영하는 만큼, 먼저 그런 조건과 한계들에 대한 그의 인식을 검토할 필요가 있다.[135] 그의 법치주의는 인치와 법치에 내재하는 퍼즐이나 한계에 대한 변증법적 비판의 결과이기 때문이다.

135) 변증법은 다수의 사람들이나 현명한 사람들이 타당한 것으로 받아들이고 있는 신념이나 견해들에 내재되어 있는 퍼즐들에 대한 비판을 핵심 내용으로 삼고 있음을 기억하라.

3. 인치의 한계와 법치의 불충분성

법의 주권적 지배를 옹호했던 아리스토텔레스의 입장은 BC 4세기 아테네의 정치 현실에 대한 그의 평가를 반영한다(Schofield 2000, 315-8). 대부분의 성년기를 자신의 고향인 스타기라(Stagira)를 떠나 살면서 아리스토텔레스는 아테네의 일상 정치를 초연하게 관찰할 수 있는 충분한 기회를 가질 수 있었다. 그가 직접 목격했던 아테네의 정치는 최악의 민주주의 형태로서 그 정치 공간은 주로 선동가들에 의해 좌우되고 있었다. BC 4세기 아테네인들에게 법의 지배는 곧 전제적 지배로부터의 자유를 의미했기 때문에 높은 가치를 인정받고 있었다. 하지만 아리스토텔레스가 볼 때 당시 아테네의 법치는 명목적인 것에 불과했다. 빈번한 소송과 법정 판결 과정에서 법률은 데모스(demos)가 지각한 이익에 부합하게 해석되곤 했다. 사실상 법률이 데모스에 의해 통제되었지, 데모스를 통제하지는 못했던 것이다. 아리스토텔레스는 이런 정황을 극단적인 형태의 민주주의에서 전형적으로 나타나는 무법성(lawlessness)으로 파악함으로써 법치 원리를 정치 생활의 가장 근본적인 원리로서 강조했다(『정치학』, 1291b30-1292a3; Schofield 2000, 317).

BC 4세기 아테네 민주정치의 무법성에 대한 인식이 아리스토텔레스로 하여금 법치를 가장 중요한 정치 원리로 제시하도록 이끈 '역사적' 요인이었다면, 정치적 지배의 본질에 대한 인식은 그가 법치를 정치 생활의 가장 근본 원리로 수용하도록 만든 개념적 근거였다. 아리스토텔레스는 이상 정체를 제시한 다른 이론가들의 입장을 비판적으로 검토하는 과정에서 정치 공동체로서의 국가의 차별성을 다음과 같이 설명하고, 국가는 그에 부합하는 지배 형태, 곧 '정치적 지배'를 요구한다는 것을 주장한다.

> 국가는 본성적으로 하나의 복합체이다. 따라서 국가는 복합체에서 점점 더 통일체가 되어갈수록 국가 대신 가정이 되고, 가정 대신 개인이 될 것이다. 가정은 국가보다 더 통일체이고, 개인은 가정보다 더 통일체라고 할 수 있기 때문이다. 따라서 국가를 그런 통일체로 만들 수 있다 하더라도 그렇게 해서는 안 된다. 그럴 경우 국가는 파괴되고 말 것이기 때문이다. 국가는 다수의 사람들뿐만 아니라 여러 종류의 사람들로 구성되어 있다. 서로 같은 사람들로는 국가가 만들어질 수 없기 때문이다. ……그러나 모든 시민은 날 때부터 평등하기 때문에, 그리고 공직이라는 것이 좋은 것이건 나쁜 것이건 간에 모두 공직에 참여하는 것이 옳기 때문에 그렇게 하기가 불가능하다면, 동등한 권리를 가진 자들이 교대

로 공직에서 물러나고, 공직을 떠나서는 모두 같은 지위를 가짐으로써 그런 원칙이 모방될 수 있다(『정치학』, 1261a).

이 인용문은 국가가 가족이나 부족에 비해 더 복잡한 이중적 조직 원리에 입각해 있음을 밝혀준다. 국가는 일차적으로 상이한 기능들을 갖고 있는 수많은 사람들 사이의 호혜적 관계에 따라 조직화되어 있다. 하지만 국가는 그런 일차적 관계보다는 다른 이차적인 관계에 의해 그 차별성이 부각된다.[136] 국가는 날 때부터 평등한 다수의 시민들로 구성되어 있기 때문에 불평등의 원리에 입각해 있는 가족과는 다른 형태의 공동체이다. 그러므로 국가는 가족이나 부족에 적합한 것과는 전혀 다른 지배 형태, 곧 '정치적 지배'를 필요로 한다.[137] 이와 같은 논리에 입각하여 아리스토텔레스는 플라톤을 포함한 다른 이론가들이 비정치적(=자연적) 지배 형태와 정치적 지배 형태를 혼동하고 모든 지배 형태들을 동일한 것으로 간주하는 오류를 범했다고 비판한다(『정치학』, 1252a7-16; cf. 『정치학』, 1255b16-19).

136) 국가는 목적론적인 자연 과정에 따라 발생하지만, 일단 국가가 수립되면 입법자의 기획에 따라 인간(개인)에게 주어진 초보적인 도덕적 지각 능력을 의식적으로 계발시켜주는 도구적 기능을 한다는 점에서 확장된 의미의 자연성을 갖는다. 이에 따라 인간의 본성(자연)도 물리적 자연이나 고정·불변적으로 주어진 어떤 것이라는 의미보다는 개인에게 주어진 바탕(constitution)—교육과 법적 강제를 통해 계발·증진되어야 할—이란 의미로 이해되어야 한다. 아리스토텔레스의 자연(본성) 개념과 국가의 관계에 대한 분석으로는 Miller(2000)와 김용찬(2005)을 참조할 것.

137) 아리스토텔레스는 이런 관점에서 '정치적'이란 용어를 사용하기 때문에 정의상(by definition) 왕정(그리고 전제정)은 정치적 지배 형태에 속하지 않게 된다. 그리고 나아가서 시민들이 차례로 지배하고 지배받는 폴리티(polity, 온화한 혼합정적 민주정)를 제외한 어떤 지배 형태도 '정치적'이라 부르기 어렵게 한다.

정치가(politikos), 왕(basilikos), 가사관리인(oikonomikos), 몇몇 노예들의 주인(despotikos)의 역할이 같다고 생각하는 이들이 있는데 이는 잘못된 생각이다. 그들의 주장에 따르면 이들에게는 피치자의 수가 많고 적음의 차이가 있을 뿐 본질적인 차이가 없으며, 따라서 적은 사람들을 지배하면 몇몇 노예들의 주인이고, 더 많은 사람들을 지배하면 가사관리인이고, 그보다도 더 많은 사람들을 지배하면 정치가 또는 왕이라는 것이다. ……또 정치가와 왕의 차이는 누군가 혼자서 통치를 하면 왕이고, 정치학의 원칙에 따라 번갈아가며 통치하기도 하고 통치받기도 하면 정치가라는 것이다. 하지만 이것은 사실이 아니다(『정치학』, 1252a7-16).

이상으로 주인의 지배(despoteia)와 정치가의(politikē) 지배는 서로 다르며, 어떤 사람들이 말하듯 모든 종류의 지배(archē)가 서로 같은 것이 아님은 분명하다. 정치가는 타고난 자유민을, 주인은 타고난 노예들을 지배하기 때문이다. 그리고 가정에서의 지배는 독재(monarchia)적이다. 각각의 집을 한 사람이 지배하기 때문이다. 반면 정치가는 자유민과 동등한 자들을 지배한다(『정치학』, 1255b16-19).

'정치적' 지배의 또 다른 특징은 피치자의 이익을 위해 권력을 행사한다는 점이다(『정치학』, 3권 6, 7장). 권력을 공동의 이익을 위해 행사하는가, 아니면 통치자의 이익을 위해 행사하는가 하는 기준은 비단 정치적인 지배뿐만 아니라 모든 정체의 올바름을 평가하기 위한 기준이지만[138] 아리스토텔레스가 개념상 엄밀하게 규정·이해하고 있는 정치 공동체의 목적상 '정치적' 공동체는 공공의 이익을 추구할 수밖에 없다. 이것은 정치 공동체가 공동체 구성원들 모두의 이익을 위해 구성되었다는 점과 '정치적' 지배는 그 목적의 성취에 가장 부합하다는 주장에 의해 뒷받침된다(『정치학』, 1252a1-6). "정치의 선은 정의이며, 그것은 곧 공동의 이익이다"(『정치학』, 1282b15-16). 더구나 시민 정치가들은 자신의 지배 기간이 끝나면 다시 피치자로 돌아와야 한다. 때문에 자신이 지배자로 복무할 동안 공익 대신 사익을 추구한다면, 다른 시민들이 지배자가 될 경우 동일한 논리에 의해 불이익을 감수해야만 하기 때문에 '정치적' 지배는 공익 추구 경향을 강화시킨다(『정치학』, 1279a8-15).[139]

차례로 지배하고 지배받는 정치의 특성과 공익 지향성은 정치적 지배로 하여금 법치 원리를 그 근본적 구성요소로 삼게 만든다(Schofield 2000, 318-9). 왜냐하면 모든 시민들이 자연적으로 평등하다는 가정과 모든 시민들이 동시에 공직에 복무한다는 것은 불가능하다는 사실을 권력의 공익 추구성과 함께 고려해보면, 모든 시민들에게 평등하고 공정

---

138) 아리스토텔레스는 '정치적'이란 용어를 개념적으로 엄격하게 사용하는 경우가 있고(왕정을 비정치적이라 규정할 경우), 군주정(전제정), 귀족적(과두정), 민주정(무법적 민주정)을 모두 포함하는 일반적이고 관례적인 의미로 사용할 때가 있어 혼동을 불러일으키는 경우가 적지 않다. 정체의 올바름을 평가하기 위한 기준으로 공익이란 기준을 제시할 때에는 '정치적'이란 용어를 관례적으로 사용하고 있다.

139) 그런데 '정치적' 지배의 문제점은 지배하는 자들의 미덕을 더 탁월한 상태로 고양시키기 때문에 현재 지배하는 자들을 다른 일반 시민들보다 더 덕스럽게 만들고, 그에 따라 그들이 지배하기에 더 적합하게 만든다는 점이다. 다시 말해 정치 공동체 전체의 행복을 위해서는 정치적 지배를 통해 탁월한 덕을 함양한 현재(또는 과거)의 통치자가 계속 통치하는 것이 바람직하나, 정치적 정의의 요구는 그런 기회를 가져보지 못한 다른 일반 시민들의 통치를 받아들이도록 요구하는 모순이 존재하는 것이다. 아리스토텔레스는 이런 모순에 대한 한 가지 해법으로 『정치학』 7권에서 민주정 원리와 귀족정 원리의 혼합을 제시한다. 즉 젊은이들로 하여금 각각의 본성에 적합하다고 여겨지는 영역에서 일정 기간을 도제로서 복무하도록 한 후, 이상적인 귀족정의 모든 시민들을 영구적인 통치자로 만드는 방식을 논의하고 있다. 하지만 이 문제는 누가 시민의 자격을 가져야 하는가 하는 문제와 연계되어 경제적 계급 분석의 차원을 포함하게 됨으로써 더욱 복잡한 양상을 띠게 된다(『정치학』, 3권 8장).

한 지배의 기회를 보장해줄 수 있는 정의의 규범은 정치적 지배의 필수 조건임을 알 수 있기 때문이다(『정치학』, 1287a18–19).

이상의 역사적 · 개념적 요인들은 아리스토텔레스로 하여금 법치 원리를 정치 공동체의 근본적 정치 원리로 제시하게 한 중요한 근거들이다. 하지만 아리스토텔레스가 이와 같은 제한된 요인들에만 입각하여 법치를 가장 근본적인 정치 원리로 내세웠다면 법치에 대한 그의 옹호는 상황적이고 개념 논리적인—즉 개념에 이미 내포되어 있는 이유와 연관된—타당성만을 지니게 되었을 것이고, 따라서 그의 법치주의를 변증법적이라 명명할 수도 없을 것이다. 그러므로 법치의 당위성에 대한 아리스토텔레스의 옹호가 더 근본적이고 중요한 근거를 갖고 있는가를 변증법적인 관점에서 고찰해보는 것은, 그의 법치주의 옹호론의 타당성뿐만 아니라 법치 원리 자체의 타당성을 이해 · 평가하기 위해서도 필수적인 작업이다. 아리스토텔레스는 그의 법치주의를 법치와 인치에 내재하는 퍼즐들 혹은 모순들을 고찰 · 제거하고, 각 입장에 내재하는 합리적인 부분들을 변증법적인 상호 침투관계로 재구성함으로써 그의 법치주의를 진정한 것으로 만들고 있다. 이런 변증법적인 상호 침투관계와 재귀적 관계를 통해 아리스토텔레스의 인치는 화육신화된(incarnated) 법치가 됨으로써 법치를 완성시켜주게 된다. 그러면 먼저 인치와 법치에 내재하는 문제점들에 대한 아리스토텔레스의 비판—변증법의 소극적 측면—부터 살펴본다.

법치의 당위성에 대한 아리스토텔레스의 옹호는 "으뜸가는 선을 가장 훌륭하게 추구하는" 정치 공동체의 목적을 실현할 수 있는 최선의 지배 방식에 대한 이론적 · 실천적 탐구의 귀결이다. 따라서 아리스토텔레스가 왜 법의 주권을 옹호하게 되었는지를 이해하기 위해서는 우선적으로 정치 공동체의 목적을 실현함에 있어 인간의 주권(=인치)이 갖는 한계 내지 결함에 대한 그의 인식과 평가를 고찰해보아야만 한다.[140)]

아리스토텔레스가 왕정으로 분류하는 이상적인 정체 유형에 대한 검토는 이 문제를 다룰 수 있는 효과적인 수단을 제공한다. 왜냐하면 만일 최고의 지식과 덕성을 갖춘 훌륭한 한 사람의 지배, 곧 왕의 지배가 실현 불가능하거나 치명적인 결함이 있다면 지식과 덕에서 왕보다 못한 개인(들)의 주권적 지배는 결코 정당성을 얻기 어려울 것이고, 따라서 법의 주권적 지배에 대한 아리스토텔레스의 옹호는 그만큼 힘이 실리게 되기 때문이다. 비록 인간의 지배가 결함이 있다는 사실 자체가 법의 주권적 지배를 정당화시켜주는 것은 아니지만, 인간의 지배와 관련된 문제점이 극복되기 어려울 정도의 치명적인 것이라면 법의 주권적 지배가 그에 대한 가장 현실적이고 유력한 대안으로서 고려되는 것은 당연한 수순이다. 만일 법의 주권적 지배가 법의 지배에 내재하는 결함이나 한계에도 불구하고 인간의 주권적 지배보다 상대적으로 결함이 적거나 장점이 큰 것으로 드러난다면, 법치의 우월성은 비교우위에 의해 정당화된다고 볼 수 있기 때문이다.

『정치학』 3권 13장에서 아리스토텔레스는 지배의 주체—곧 공직 요구의 자격—에 관한 문제를 취급함으로써 14장부터 다루게 될 왕정

140) 이 주제는 현자(철학=지식)의 지배와 법의 지배의 관계에 대한 아리스토텔레스의 입장이 무엇인지를 묻는 방식으로 제기할 수 있다. 이 주제에 대한 검토는 아리스토텔레스가 법의 주권을 옹호하면서도 법률 만능주의적 접근을 거부하고, 교육이나 종교와 같은 다른 제도적 장치들을 통해 법의 지배를 뒷받침하고자 했던 이유를 이해하는 데에도 중요한 단서를 제공해준다.

에 관한 논의를 준비한다. 그는 먼저 공직을 요구할 수 있는 우월성의 기준들로 부, 좋은 가문, 다수와 같은 요소들을 검토한다. 환언하면 이는 어떤 요소가 정치 공동체의 유지에 더 중요한 기여를 하는가를 검토하는 것과 같다. 아리스토텔레스는 부, 좋은 가문, 그리고 다수와 같은 정치적 정의의 다양한 기준들이 모두 나름대로의 타당성을 지니고 있음을 제한적으로 인정한다. 이는 이런 기준들을 내세우는 각 집단들이 모두 도시를 방어하고 유지하는 데 필수적인 기능을 수행하기 때문이다. 도시는 외부의 적에 대해 도시를 방어할 집단이 필요하며, 또 부가 창조하는 여가가 없다면 문명적 공동체는 존속할 수 없다. 이런 의미에서 도시의 모든 주요 집단들은 정치적 정의에 대한 제 나름의 주장 근거를 갖고 있다. 하지만 아리스토텔레스는 이런 기준들 중 그 어떤 것도 결코 절대적인 우월성은 없다고 보고, 국가 전체의 이익과 개개인의 이익을 동시에 고려할 수 있는 해결책을 모색함으로써 "탁월함을 추구하는 삶을 위해 자진하여 지배하고 지배받을 수 있는" 사람들의 정체를 최선책으로 제시한다(『정치학』, 1283a23-b). 그리고 그 보완책으로 세도나 부, 영향력 등이 출중하여 정치적 평등을 파괴할 수 있는 자들의 독재를 방지하기 위해 도입되곤 했던 도편추방의 제한적 정당성을 인정한다. 하지만 곧이어 그는 도편추방 제도가 남용되는 경우—당파싸움의 도구로 사용하는 것—들을 언급하고, 부나 영향력이 아닌 '탁월함'에서 출중한 자의 도편추방에 대해 이의를 제기하면서 진정한 왕정의 경우 도편추방이 어리석은 대안임을 다음과 같이 강조한다.

그러나 최선의 정체에서는 그런 정책[도편추방]을 쓰기가 매우 어렵다. 누군가 세도나 부나 영향력 같은 것이 출중할 경우에는 어려울 것이 없지만, 탁월함에서 출중하다면 어떻게 할 것인가? 그런 사람이 추방되고 축출되어야 한다고 말할 사람은 아무도 없을 것이다. 그것은 마치 인간들이 제우스와 교대로 지배하겠다며 제우스를 지배하겠다는 것과도 같다. 유일한 대책은 자연의 순리에 따라 모두가 그런 지배자에게 기꺼이 복종하는 것이다. 그러면 그런 사람들은 그들의 나라에서 종신 왕이 될 것이다(『정치학』, 1284b24-34).

아리스토텔레스는 다음 장에서 이론적인 왕정이 아닌 실제적인 왕정을 논함으로써 논점을 다소 흐트러뜨린다. 그가 역사적으로 확인하고 있는 왕정 형태는 모두 다섯 가지(혹은 여섯 가지)로, 실질적인 의미에서 종신 장군직이라 할 수 있는 왕정(세습에 의한 것과 선출에 의한 왕정), 야만족 사이에서 발견되지만 세습에 의해 안정성을 유지하고 있는 독재정체(monarchia)로서의 왕정, 선출된 참주정체로서의 왕정, 영웅시대의 왕정(장군이자 재판관이며 동시에 제관), 그리고 가부장적 가사관리 기능을 수행하는 왕정(단 한 사람이 모든 공공업무 수행)이다. 그는 이 다섯 가지 형태의 왕정들 중 스펙트럼의 양 극단에 있는 세습 종신 장군직(라코니케 왕정)과 가부장적 가사관리형 왕정만을 검토할 것이라고 밝히지만[141] 실제적으로는 역사적 왕정들에 대한 설명을 중단하고 왕정과 관련된 이론적 문제로 되돌아가버린다. 그리하여 아리스토텔레스는 왕정과 관련하여 제

141) 왜냐하면 "다른 세 가지 유형은 권력이 절대왕정(pambasileia)보다는 적고 라코니케 왕정보다는 많아 이 두 가지 유형의 중간에 위치하기 때문이다"(『정치학』, 1285b33-35).

기되는 가장 우선적인 문제로서 "가장 훌륭한 한 사람의 지배를 받는 것이 더 유리하냐, 아니면 법의 지배를 받는 것이 더 유리하냐"는 문제를 제기함으로써 정체(왕정)와 법치 원리를 접목시켜 논의하기 시작한다(『정치학』, 1286a7-9). 왕정과 법치 중 어느 것이 더 유리한가를 검토하는 이 부분은 아리스토텔레스가 절대왕정을 비판하고 법치의 원칙을 정치공동체의 근본 원리로 내세우는 근거들을 보여주기 때문에 특별한 중요성이 있다.

먼저, 아리스토텔레스는 법의 지배에 비해 왕정이 유리하다고 믿는 자들의 논리를 검토함으로써 법치가 어느 정도 문제가 있음을 인정한다. 왕정의 우월성을 믿는 자들에 따르면 "법은 대략적인 원칙만 말해줄 뿐 그때그때 상황에 맞는 규정을 제공할 수 없으며, 따라서 정치 외의 모든 다른 기술에서도 법조문을 문자 그대로 적용한 것은 어리석은 짓이다"(『정치학』, 1286a9-13). 상황에 따라 규정된 치료법을 바꾸는 것이 허용되듯 법도 상황에 따라서 변경될 필요가 있기 때문에 법조문에 얽매인 정체는 최선의 정체가 아니다. 하지만 아리스토텔레스는 곧이어 두 가지 근거에서 법치의 부분적 필요성을 인정한다. 한 가지는 치자들도 분명 통치에 필요한 보편적인 원칙을 갖고 있어야 하기 때문이며, 다른 한 가지는 "감정에서 자유로운 것이 감정을 타고난 것보다 [나은바] 법은 감정이 없는 반면 인간의 마음은 언제나 감정에 휘둘리게 마련[이기 때문이다]"(『정치학』, 1286a16-18).

이와 같은 연출된 논쟁에서 아리스토텔레스는 '일단' 중도 혹은 절충적인 입장을 수용한다. 다시 말해 왕은 법을 제정하여 통치의 일반 원칙으로 삼아야 하지만, 인간은 개별적인 상황을 더 잘 숙고하고 판단할 수 있으므로 왕정하에서 법은 '제한적' 주권을 가져야 한다고 본다.

하지만 이 논쟁에 대한 아리스토텔레스의 절충적 입장은 그 자신의 진의를 밝히기 위한 예비적 단계에 불과하다. 왜냐하면 그는 이 지점에서 절대왕정에 대해 잠시 비판한 후(『정치학』, 16장)[142] 절대왕정에 대한 비판적 관심을 법치 원리 옹호에 대한 관심으로 전환시킴으로써 법치의 당위성과 우월성을 본격적으로 옹호하기 때문이다.[143]

아리스토텔레스는 법이 전혀 결정할 수 없거나 잘 결정할 수 없을 때, 최선의 한 사람이 지배해야 하는가 아니면 모두가 지배해야 하는가 하는 문제를 제기하며 절대왕정의 문제점을 검토한다. 그는 군중의 집합적 노력이 지혜가 출중한 한 사람의 그것보다 더 우월하다는 점과 다수자는 소수자보다 덜 부패하는 경향성을 들어 민주정과 귀족정이 절대왕정에 비해 상대적으로 우월하다고 주장한다(『정치학』, 1286a24-1286b7).[144] 옛날에 왕정이 일반화되었던 이유는 국가의 규모가 작아 훌륭한 사람을 찾기 어려웠기 때문이지만, 국가의 규모가 커진 다음에는 훌륭한 사람들을 적지 않게 찾을 수 있어 민주정이나 귀족정이 더 일반

---

142) 그리고 이 과정에서 왕정에 대한 민주정과 귀족정의 상대적 강점을 부각시킴으로써 장기적으로 혼합정의 당위성을 부각시키기 위한 토대를 마련한다.

143) 이후의 절대왕정에 대한 비판적 언급은 절대왕정의 부당성을 비판하는 데 있는 것이 아니라 법치 원리의 당위성과 우월성을 부각시키는 데 그 초점이 있다.

144) 왕정에 대한 아리스토텔레스의 입장을 정확히 포착하기가 어려운 이유는 그가 아무런 사전 언급도 없이 이론적으로 이상적인 왕정과 역사적인 왕정을 오가면서 논의하고 있기 때문이다. 아리스토텔레스에 의하면 법에 따른 왕정은 정체의 한 형태가 아니다. 왜냐하면 '정치적' 공동체는 평등한 자들의 공동체로서 이들 사이의 지배관계를 규정하는 법률을 필요로 하지만, 덕에서 탁월한 1인의 존재는 지배하고 지배받는 정치적 관계의 바깥에 존재해야 하는바 원칙적으로 법률의 지배 바깥에 있기 때문이다. 그리고 그런 의미에서 법에 따른 왕정은 실질적인 정체 유형에 속하지 않는다.

적인 형태가 되었다. 또한 왕정에서 왕의 자녀들이 반드시 훌륭한 성품을 가지고 태어난다는 보장이 없으므로 시간이 갈수록 왕정은 타락하거나 부패하여 입헌국가로, 그리고 그 다음에는 과두정과 참주정을 거쳐 민주정으로 교체되는 경향을 보인다(『정치학』, 1286b8-21).

아리스토텔레스는 이어서 모든 일을 자의적으로 처리하는 절대왕정에 대한 비판에 돌입한다(『정치학』, 16장). 절대왕정은 개념적으로 모순일 뿐만 아니라 자연적 이치에도 맞지 않는다. 개념적으로 그것은 정치공동체의 개념과 부합하지 않으며, 동등한 자들로 구성된 정치 공동체의 특성에 어울리지 않는 부자연스러운 지배 원리이다.[145] 정치적인 공동체에서는 모두가 공직을 번갈아 맡는 것이 자연적 이치에 부합하기 때문이다(『정치학』, 1287a17).

아리스토텔레스는 절대왕정에 대한 비판을 더 이상 밀고 나가지 않고 법치의 당위성이나 우월성을 부각시키기 위한 수단으로서만 절대왕정에 대한 비판을 활용한다.[146] 다시 말해 그는 절대왕정에 대한 관심을 법치 원리에 대한 관심으로 전환시킴으로써 법치의 당위성과 우월성에 대한 논의를 본격적으로 전개한다. 그가 계속해서 절대왕정에 대해 비판적인 언급을 한다고 해도 그 초점은 절대왕정의 부당성을 비판하는 데 있는 것이 아니라 법치 원리의 당위성과 우월성을 부각시키는 데 있다.

---

145) 이 부분은 법치에 대한 개념 논리적 정당화와 관련되어 있다.

146) 아마도 이것은 법치에 대한 이론적 정당화 자체가 절대왕정에 대한 가장 근본적인 비판을 함축한다고 보기 때문일 테지만, 절대왕정에 대한 직접적 비판 대신에 법치의 정당화를 통해 절대왕정을 비판한다는 점에서 간접적이고 우회적인 비판에 해당한다고 볼 수 있다.

아리스토텔레스는 동등한 자들 사이의 정치적 지배관계를 규정하는 법률의 당위성을 전제하고 법치의 우월성을 본격적으로 부각시킨다. 먼저, 그는 공직의 교대와 같은 제도가 바로 법이라고 보고 시민들 가운데 한 명이 지배하는 것보다는 법이 지배하는 것이 더 바람직하다고 주장한다. 그리고 같은 논리로, 여러 사람들이 통치하는 것이 더 바람직하다고 해도 그들 역시 법의 수호자 겸 하인이어야 한다고 강조한다(『정치학』, 1278a18-23). 물론 법은 모든 경우를 다 결정할 수는 없다. 그렇지만 이런 상황에 대처하도록 공직자들을 훈련시켜 법이 처리하지 못하고 남은 문제를 최대한 공정하게 결정하고 처리할 수 있도록 준비시켜준다(『정치학』, 1287a25-28). 아리스토텔레스는 이와 같은 법치의 우월성을 다음과 같이 칭송한다.

> 따라서 법의 지배를 요구하는 자는 다음 아닌 신(theos)과 이성(nous)이 지배하기를 요구하는 것이고, 인간의 지배를 요구하는 자는 거기에 야수적인 요소를 덧붙이는 것이다. 욕망은 야수와도 같은 것이고, 분노는 통치자들과 가장 훌륭한 인간마저도 오도하기 때문이다. 따라서 법은 욕구에서 해방된 이성이라 할 수 있을 것이다(『정치학』, 1287a28-32).

욕망이 야수와 같고, 분노는 가장 훌륭한 통치자마저도 오도할 수 있다면 누가 지배해야 하는가 하는 문제 제기는 근본적으로 잘못된 것이다.[147] 왜냐하면 현실적으로 존재하는 모든 인간은 정념을 가지고 있기 때문에 어떤 경우든 인간이 지배해서는 안 되기 때문이다. 법의 지배는 인간의 정욕적 요소를 희석시킴으로써 정념의 발로인 폭군정을 예방

해줄 수 있기에 올바른 모든 정체들에서 주권자가 되어야 한다.

하지만 아리스토텔레스는 곧이어 법적인 해결책이 충분한가에 대하여 스스로 의문을 제기, 법치의 문제는 정체의 문제와 불가분적으로 연계되어 있음을 강력히 시사한다(『정치학』, 1286a24-25, 1287b8-10). 법치와 정체의 구조적 연관성은 한창 법치에 관하여 논의하는 중 돌연히 정체에 관한 논의로 전환되는 다소 당혹스럽게 느껴지는 맥락에서 확인된다. 『정치학』 3권 15장과 16장이 바로 그와 같은 전환 맥락들을 포함하고 있다.

> 그러나 법이 전혀 결정할 수 없거나 잘 결정할 수 없을 때에는 최선의 한 사람이 지배해야 하는가, 아니면 모두가 지배해야 하는가? 지금도 사람들이 함께 모여 재판하고 심의하고 결정하는데, 이런 결정들은 모두 개별 업무와 관련되기에 하는 말이다. 이러한 모임의 개별 구성원은 아마 최선의 한 사람보다 열등할 것이다. 그러나 국가는 수많은 개인으로 구성되어 있다. 그리고 추렴 잔치가 단 한 사람이 준비한 잔치보다 낫듯이, 군중은 많은 업무를 그 어떤 개인보다 더 훌륭하게 결정한다. 게다가 다수자는 소수자보다 덜 부패한다. 그것은 마치 많은 물이 적은 물보다 덜 오염되는 것과도 같다. 한 사람은 분노나 그와 비슷한 다른 감정에 압도될 경우 판단이 왜곡되게 마련이다. 그러나 많은 사람들이 모두 동시

147) 누가 지배해야 하는가 하는 문제를 이론적으로 제기할 수는 있다. 만일 이론적으로 지적 · 도덕적으로 탁월한 존재를 가정한다면 그가 지배하는 것이 옳다는 결론을 내릴 수 있기 때문이다. 하지만 이상적인 왕정은 정치 공동체의 '정치적' 성격과 모순되기 때문에 실제의 정체 형태로 간주되지 않는다.

에 화가 나 일을 그르치기는 어렵다. 이들 대중이 자유민들이고, 결코 법을 어기는 일이 없으며, 법이 불충분할 수밖에 없는 사안에만 개입한다면 말이다. 사람들이 많을 때에는 이런 조건이 충족되기가 쉽지 않을 것이다. 그렇다 해도 훌륭한 사람과 훌륭한 시민이 다수일 때, 한 사람의 훌륭한 치자와 모두 훌륭한 다수자 가운데 어느 쪽이 부패에서 더 자유로울 수 있을까? 다수자가 아닐까? ……옛날에 왕정이 일반화된 이유는 당시에는 더더구나 국가의 규모가 작아 탁월함에서 걸출한 인물들을 충분히 구하기가 어려웠기 때문이다. ……왕정이 국가를 위해 최선의 정체라고 가정한다면 왕의 자녀들은 어떻게 할 것인가?(『정치학』, 1286a24-1286b23).

그래서 정의(dikaion)를 구하려면 중용(meson)을 구해야 함이 분명한데, 법이 바로 중용이다. 그 밖에 성문법보다는 관습법이 더 중요하고 또 더 중요한 일에 관계된다. 그래서 사람의 지배가 성문법의 지배보다는 더 안전하다 해도 관습법보다 더 안전하지는 못한다. 그 밖에도 한 사람이 많은 일을 살피기란 쉽지 않다. 그래서 그는 자기를 도와줄 공직자들을 임명할 필요를 느끼게 될 텐데, 그렇다면 처음부터 이런 공직자들을 두는 것이나, 나중에 필요할 때 임명하는 것이나 무슨 차이가 있겠는가? 또 앞서 말했듯이, 훌륭한 사람이 더 훌륭하기 때문에 지배할 권리가 있다 해도 훌륭한 사람 두 명이 한 명보다 더 나은 법이다. ……오늘날에도 재판관 같은 공직자들은 법이 결정할 수 없는 몇몇 업무를 결정할 수 있는 최고 권력을 갖고 있다. 그러나 법이 그렇게 할 수 있는 경우에는 법의 지배와 결정이 최선이라는 데 이의를 제기할 사람은 없다. 하지만 어떤 것은 법에 포함되고 어떤 것은 포함될 수 없기에, 바로 여기서 최선의 법과 최선의 인간 가운데 어느 쪽이 지배하는 것이 더 바람직하냐는 묵은 난제가 제기되는 것이다. 심의의 대상인 업무도 분명 법에 포함될 수 없는 업무이기에 하는 말이다. 법의 지배를 옹호하는 자들도 그런 업무는 인간이 결정해야 한다는 데 이의를 제기하지 않으며, 다만 한 사람보다는 여러 사람이 결정하기를 요구할 뿐이다(『정치학』, 1287b2-24).

위의 인용문들은 법치의 불충분성 때문에 그 불충분성을 보완해줄 수 있는 정체에 대한 탐구가 필요함을 강력히 시사해준다(법의 불충분성 명제). 이 인용문들은 그런 맥락에서 이해할 때에만 이 당혹스럽지 않게 받아들여질 수 있다. 만일 법치의 당위성과 법의 주권성에 대한 논의를 법치를 보완해줄 수 있는 보다 나은 정체 형태가 무엇인지에 대한 탐구와 분리시켜 진행할 경우, "누가 지배해야 하는가?" 하는 질문은 전적으로 잘못 제기된 문제이다. 왜냐하면 당연히 법이 지배해야 하기 때문이다. 하지만 법치의 불충분성을 보완해줄 수 있는 보완책으로서 훌륭한 사람(들)의 지배가 필수적이라고 한다면 "누가 지배해야 하는가?" 하는 문제, 곧 정체 형태에 관한 문제는 법치의 문제와 양립 가능할 뿐만 아니라 필연적으로 잇따르게 된다.[48]

법률은 진공 속에서 고립적으로 존재하지 않고 언제나 특정한 정체 속에서 존재한다. 법은 어떤 특별한 목적(들)에 이바지하며, 따라서 그 목적(들)을 법으로 전환시켜놓은 특정한 정체와 구조적인 연관성을 갖고 있다. 법은 입법자(들)에 의해 씌어진다. 입법자들이 소수의 부자를 대변할 수도 있고, 다수의 빈민들을 대변할 수도 있다. 어느 집단이 주체가 되느냐에 따라 과두정적 법이 있을 수도 있고, 민주정적 법이 있을 수도 있다. 그러므로 정체와 독립된 순수한 법의 지배는 존재하지 않는다. 이에 대해 아리스토텔레스는 다음과 같이 단언한다.

> 법은 필연적으로 그것이 속하는 정체에 따라 좋거나 나쁘거나, 정당하거나 정당하지 못할 것이다. 확실한 것은 법은 정체에 맞아야 한다는 것뿐이다(『정치학』, 1282b10).

이런 통찰력을 갖게 되면 최선의 법은 어떤 것이며, 각각의 정체에 맞는 법은 어떤 것인지 알 수 있게 될 것이다. 왜냐하면 실제로 그러하듯, 정체에 법을 맞춰야지 법에 정체를 맞춰서는 안 되기 때문이다. 정체는 공직들이 어떻게 배분되고, 국가의 최고 권력은 누가 가지며, 각각의 공동체가 추구하는 목표(telos)는 무엇인지를 결정하는 국가의 제도(taxis)인 반면, 법은 정체의 이런 규정과는 달리 치자들이 거기에 따라 통치하고 위반자를 감시하며 제지하는 규칙들이기 때문이다. 따라서 각 정체에 맞는 법을 제정할 수 있기 위해서라도 정치들의 변형과 그것들의 수를 반드시 알고 있어야 한다. 민주정체나 과두정체는 한 가지가 아니라 여러 가지인 만큼, 같은 법이 모든 과두정체나 민주정체에 유익할 수는 없기 때문이다(『정치학』, 1289a11-25).[149]

---

148) 이 점이 바로 아리스토텔레스가 "플라톤의 『법률』은 대부분 입법과 관련이 있고, 정체에 관한 언급은 거의 없다."라고 비판한 근거이다(『정치학』, 1265a1).

그러므로 법의 불충분성에 대한 아리스토텔레스의 지적은 일반적인 규칙만을 제공하는 법의 존재만으로는 정치 공동체의 질서정연한 유지가 보장되지 않고, (법의 정신에 따른) 개별적인 판단과 결정을 통해 법의 불충분성을 보완해줄 수 있는 통치자(들)—곧 정체 형태—의 통치 행위에 의해 뒷받침되어야만 정치질서가 관리 · 유지될 수 있는 만큼, 법치에 관한 논의에는 반드시 그에 부합하는 정체 형태에 대한 논의가 수반되어야 한다는 것을 강조하기 위한 것이다.

지금까지의 논의를 통해 비교적 분명히 드러나는 것은 "누가 지배해야 하는가?"라는 질문에 대한 아리스토텔레스의 답변이다. 그것은 법과 인간이 동시에 지배해야 한다는 것이다. 하지만 법과 인간의 동시 지배는 그가 곳곳에서 옹호하고 있는 법의 주권 원칙과 충돌한다. 인간의 지배는 법치의 부정으로 이해될 수 있기 때문이다. 그러므로 법치와 인치의 관계를 어떻게 이해할 것인가 하는 문제에 대한 타당한 설명은 그의 정치사상의 일관성을 담보하기 위해서도 반드시 필요할 뿐만 아니라, 아리스토텔레스가 표면적으로 볼 때 명확한 모순으로 보일 수 있는 두 원칙—법치와 인치의 상보성 및 법의 주권 원리—을 전혀 모순적으로 인식하지 않았던 깊은 이유를 이해하는 데에도 반드시 필요하다.

---

149) 이 인용문은 『정치학』이 입법자의 관점을 주요 관점으로 채택하고 있음을 다시 한 번 확인시켜 주는 한편, 기본적으로 동일한 정체 유형에 속하는 정체들이라 해도 그 성격과 세부적 차이로 인해 상이한 법을 필요로 한다는 점을 보여주고 있다.

4. 법치와 인치의 변증법적 통합성과 공교육

그렇다면 법치와 인치의 상보적 관계를 어떻게 해석하는 것이 법의 주권 원칙에 부합할까? 이 문제는 법의 목적과 존재 방식 및 다른 규범 체계와의 관계 속에서 법이 작용하는 메커니즘에 대한 아리스토텔레스의 이해 방식을 고찰할 때만이 적절히 해명될 수 있다. 그리고 법의 목적은 법이 그 안에서 특정한 기능을 수행하도록 기대되는 정치 공동체의 궁극적 목적에 의해 규정되는 만큼, 법의 주권 원칙에 부합하는 법치와 인치의 상보성에 대한 해석은 결국 국가의 궁극적 목적에 대한 논의를 시발점으로 삼지 않을 수 없다.

『정치학』 1권 1장과 3권 9장은 정치 공동체의 목적에 관한 아리스토텔레스의 견해가 가장 분명하게 진술되어 있다.

모든 국가(polis)는 분명 일종의 공동체이며, 모든 공동체는 어떤 선을 실현하기 위해 구성된다. 무릇 인간 행위의 궁극적인 목적은 선(agathon)이라고 생각되는 바를 실현하는 데 있기 때문이다. 이렇듯 모든 공동체가 어떤 선을 추구하는 것이라면, 모든 공동체 중에서도 으뜸가며 다른 공동체를 모두 포괄하는 공동체야말로 분명 으뜸가는 선을 가장 훌륭하게 추구할 것인데, 이것이 이른바 국가 또는 국가 공동체(politike koinōnia)이다(『정치학』, 1252a1-6).

국가의 목적은 단순한 생존이 아닌 훌륭한 삶을 제공하는 것이다. 단순한 생존이 국가의 목적이라면 노예들의 국가나 동물들의 국가도 있을 텐데 그런 국가는 있을 수 없다. ……좋은 질서를 가진 국가를 추구하는 사람들은 시민의 좋은 탁월함과 나쁜 탁월함에 관심이 있다. 따라서 이름만 국가가 아니라 명실상부한 국가라면 시민들의 탁월함에 관심을 기울여야 한다고 추론할 수 있다(『정치학』, 1280b6-8).

국가란 그 구성원의 가족들과 씨족들이 훌륭하게 살 수 있게 해주기 위한 공동체이며, 그 목적은 완전하고 자족적인 삶이다. ……국가의 목적은 훌륭한 삶이며, 앞서 말한 것들은 이 목적을 위한 수단이다. 국가는 완전하고 자족적인 삶을 위한 씨족들과 마을들의 공동체이다. 그리고 완전하고 자족적인 삶이란 행복하고 훌륭하게 사는 것을 뜻한다(『정치학』, 1280b28-1281a1).

위 인용문들은 국가의 목적은 단순한 삶이 아니라 시민들의 탁월함을 계발 · 실현시켜주는 삶임을 분명히 천명하고 있는데, 『니코마코스 윤리학』은 정치 공동체의 궁극적인 목적인 시민들의 탁월함이 무엇인지를 탐구함으로써 정치(학)의 목적을 더욱 구체화한다.[150) 『니코마코스 윤리학』에서 아리스토텔레스는 정치 공동체가 추구해야 할 최고선으로서의 시민적 탁월함을 인간의 행복 혹은 완성으로 규정하고, 그것을 다시 "완전한 탁월성에 따르는 영혼의 어떤 활동"으로 재규정함으로써 정치의 목적이 궁극적으로 시민들의 지적 · 성격적 탁월성의 함양에 있음을 명확히 밝힌다.[151)]

150) 『니코마코스 윤리학』은 정치(공동체)가 추구해야 할 궁극적인 목적의 내용이 무엇인지를 구체적으로 제시해줌으로써 정치학을 보조한다. 이것이 바로 윤리학은 정치학과 더불어 '하나의' '인간적인 것에 관한 철학'을 완결시킨다는 주장 및 윤리학은 '가장 총기획적인 학문'인 정치학이 무엇인지를 탐구해야 할 이유이기도 하다(『니코마코스 윤리학』, 1181b16, 1094b11). 아리스토텔레스는 이에 대해 다음과 같이 설명한다. "또 참된 정치학자는 무엇보다도 탁월성[미덕]에 관해 많은 연구를 했던 것으로 보인다. 그는 시민들을 좋은 시민, 법을 잘 따르는 시민으로 만들고자 하기 때문이다. 우리는 이러한 정치학자의 모범을 크레타와 스파르타의 입법자들에게서, 또 그들과 같은 다른 입법자들이 있다면 그들에게서 찾을 수 있다. 만일 지금 우리가 하고 있는 연구가 정치학에 속하는 것이라면, 탁월성에 대한 검토는 우리의 애초 계획과 부합할 것임에 틀림없다(1102a8-13). ……정치학자는 어떤 방식으로든 의당 영혼에 관한 것들을 알아야 할 것이다"(1102a19).

151) 아리스토텔레스는 이에 대해 다음과 같이 말한다. "행복은 완전한 탁월성에 따르는 영혼의 어떤 활동이기 때문에 탁월성에 대해 검토해야 할 것이다. 아마도 이런 방식으로 행복에 관해 더 잘 이해할 수 있을 테니까. ……만일 지금 우리가 하고 있는 연구가 정치학에 속하는 것이라면, 탁월성에 대한 검토는 우리의 애초 계획과 부합할 것임에 틀림없다. 그런데 검토되어야 할 탁월성이 인간적인 탁월성이라는 것 또한 분명한 일이다. 우리가 추구해왔던 좋음도 인간적인 좋음이었으며, 행복도 인간적인 행복이었으니까. 우리가 인간적인 탁월성을 말할 때에는 육체의 탁월성을 말하는 것이 아니라 영혼의 탁월성을 말하는 것이다. 우리는 행복 또한 영혼의 활동이라고 말한다. 만약 사정이 이렇다면, 정치학자는 어떤 방식으로든 의당 영혼에 관한 것들을 알아야 할 것이다"(『니코마코스 윤리학』, 1102a5-18). 그리고 아리스토텔레스는 시민의 탁월성을 지적 탁월성과 성격적 탁월성으로 구분하고 이 둘의 적절한 영역을 다음과 같이 분할한다. "지혜(sophia)나 이해력, 실천적 지혜는 지적 탁월성으로, '자유인다움'이나 절제는 성격적 탁월성으로 부르는 것이다. 어떤 사람의 품성에 대해서 말할 때 우리는 그가 지혜롭다거나 이해력이 있다고 하지 않고, 온화하다거나 절제 있다고 말한다. 그렇지만 지혜로운 사람을 칭찬하는 것도 역시 영혼의 상태에 근거한 것이다. 영혼의 상태들 중에서 칭찬받을 만한 것을 우리는 탁월성이라고 부른다"(『니코마코스 윤리학』, 1103a5-8).

이와 같은 서론 형식의 논의에 이어 아리스토텔레스는 2권 모두에서 『니코마코스 윤리학』의 목적이 '총기획적인 학문'으로서의 정치학을 보조하기 위한 것임을 다시 한 번 확인한 후[152] 국가라는 포괄적인 규범질서(혹은 정체) 속에서 법이 수행하는 목적과 기능을 시민들의 성격적 탁월성과 연관시킴으로써 법치와 인치의 변증법적 통합에 기초한 법치주의 원칙을 정당화하는 작업에 착수한다.[153]

그에 의하면 즐거움 및 고통의 감정과 불가분적으로 연관되어 있는 성격적 탁월성은 "본성적으로 생겨나는 것도 아니요, 본성에 반하여 생겨나는 것도 아니[며]" 본성에 기반을 두되 습관을 통해 완성되는데, 궁극적으로 정치 체제의 상태를 결정하는 중요한 토대가 된다(『니코마코스 윤리학』, 1103a24-6, 1103b6-7). 때문에 입법자는 시민들의 탁월성을 최대한 함양하기 위해 법과 교육을 수단으로 하여 시민들의 습관을 훌륭하게 형성할 수 있도록 총력을 기울여야 하는바, 아리스토텔레스가 법률과 교육 그리고 관습과 같은 규범적 요소들의 선순환적인 상호 지지 메커니즘을 구축하게 되는 것은 바로 이와 같은 문제의식에서이다.[154]

그러면 법률과 교육 그리고 시민들의 습관 사이의 선순환적인 상호

---

152) 지적 탁월성을 논하는 6권을 제외하면 2권부터 10권 6장까지 주로 성품의 탁월성을 다룬다.

153) 법치와 인치의 변증법적인 상보성에 입각하여 법의 주권성 원칙을 정당화하는 아리스토텔레스의 정당화 방식은 오늘날의 그것과는 큰 차이가 있고, 따라서 아리스토텔레스에게 있어 법이 과연 주권을 지니고 있는가에 대해 강한 의구심을 자아낼 수 있다. 하지만 이와 같은 아리스토텔레스의 사유 방식은 오히려 현대사회에서 옹호되고 있는 법의 주권성과 지배 원리에 숨겨져 있는 중요한 차원—법치의 온전한 실현을 위해 법치의 주체와 객체들이 필수적으로 갖춰야 하는 덕성의 차원, 곧 아리스토텔레스적 의미의 덕의 지배 혹은 인치의 원리—을 부각시켜줌으로써 법의 지배에 관한 현대적 논의를 더욱 풍부히 하는 데 도움이 된다.

지지 관계를 구축함으로써 아리스토텔레스가 성취하고자 하는 정치 공동체의 통일성은 어떤 것인가? 이에 대한 검토가 필요한 이유는 무엇보다 법률 및 교육의 목적과 한계가 일차적으로 정치 공동체가 추구하는 통일성에 의해 규정되기 때문이기도 하지만, 국가의 목적 및 정치철학의 성격(혹은 한계)에 대한 아리스토텔레스의 견해가 플라톤의 견해와 어떻게 다른지를 시사해준다는 점에서 이론사적으로도 매우 흥미 있기 때문이다.

아리스토텔레스는 『정치학』 2권 5장에서 소크라테스가 추구한 국가의 통일성을 비판하면서 국가가 추구해야 할 통일성의 성격에 대해 다음과 같이 밝히고 있다.

> 소크라테스가 오류를 저지른 이유는 그의 논의의 출발점인 통일성에 대한 가정이 잘못된 것이기 때문이다. 아닌 게 아니라 가정에도, 국가에도 통일성이 있어야 한다. 그러나 그것이 총체적 통일성이어서는 안 된다. 통일성에도 어떤 선이 있어 그것을 넘어서면 국가가 국가이기를

154) 이에 대해 아리스토텔레스는 다음과 같이 진술한다. "입법자들은 시민들에게 습관을 들임으로써 좋은 시민으로 만들며, 이것이 모든 입법자들의 바람이기 때문이다. 물론 이것을 잘해내지 못하는 입법자들은 애초의 목표에 도달하지 못하는 것이며, 바로 이 점에서 좋은 정치 체제와 나쁜 정치 체제가 구별된다"(『니코마코스 윤리학』, 1103b3-4). "성격적 탁월성은 즐거움과 고통에 관련된다. 우리가 나쁜 일들을 행하는 것은 즐거움 때문이며, 고귀한 일들을 멀리하는 것은 고통 때문이니까. 그러한 까닭에 플라톤이 말하는 바와 같이 어렸을 때부터 죽 마땅히 기뻐해야 할 것에 기뻐하고, 마땅히 괴로워해야 할 것에 고통을 느끼도록 어떤 방식으로 길러졌어야만 한다. 이것이야말로 올바른 교육이다. 또 만일 탁월성이 행위와 감정에 관계되는 것이고 모든 행위에는 즐거움과 고통이 따른다면, 이것 때문에도 탁월성은 즐거움과 고통에 관련될 것이다. 이 점은 또한 벌이 즐거움과 고통을 사용한다는 사실을 보더라도 알 수 있다. 벌이란 일종의 치료인데, 치료는 본성상 반대되는 것을 통해 이루어지게끔 되어 있기 때문이다"(『니코마코스 윤리학』, 1104b9-18).

멈추거나, 아니면 국가이기를 멈추지 않더라도 열등한 국가가 된다. 그것은 마치 합주를 단선율로, 리듬을 단 하나의 박자로 바꾸는 것과 같다. 앞서 말했듯이, 하나의 복합체인 국가는 교육(paideia)에 의해 공동체가 되고 통일체가 되어야 한다. 따라서 국가를 건강하게 해주리라 믿고 교육제도를 도입하려던 사람이 라케다이몬이나 크레테에서처럼 철학이나 관습이나 법률이 아니라 그가 제안하는 그런 제도들[=공동식사]로 국가를 바룰 수 있다고 믿는 것은 놀라운 일이 아닐 수 없다(『정치학』, 1263b29-41).

아리스토텔레스에 의하면, 국가가 추구하는 통일성은 몇 가지 측면에서 가족이나 부족이 추구하는 통일성과는 근본적으로 다르다. 먼저, 국가의 통일성은 다양성에 토대를 두고 있다. 아리스토텔레스는 국가를 완전한 통일체로서보다는 어느 정도의 통일성, 곧 제한된 통일성을 갖는 복합체로 본다(『정치학』, 1261a17-8). 국가는 완전한 통일체에 가까운 가족이나 개인에 비해 통일성이 떨어진다. 하지만 그것은 다양한 요소들의 상호 조화를 통해 보다 고차적인 선을 성취하고자 하는 국가의 특수한 성격에 기인하는 것이지 국가의 결함을 나타내는 것은 아니다. 아리스토텔레스는 국가가 한 개인이나 가족처럼 완전한 통일체가 되어갈수록 국가로서의 성격을 상실할 것이라고 본다. 궁극적으로 "국가는 다수의 사람들뿐만 아니라 여러 종류의 사람들로 구성되어 [있기 때문이다]"(『정치학』, 1261a22).

둘째, 국가의 통일성은 시민들 사이에 존재하는 평등에 입각해 있다(『정치학』, 1261a39). 교대로 지배하고 지배받는 평등한 시민권 원리는 직업의 다양성 원리와 함께 국가의 '제한적' 통일성을 강화시킨다. 개인은 영혼의 이성적 부분에 의해 다른 부분들이 일사불란하게 지배되는 하나의 통일체를 구성하고 있다. 가족도 개인과 정도의 차이가 있을 뿐 주인과 노예, 부모와 자식의 일방적 지배관계를 핵심적인 요소로 내포하고 있는 만큼 완전한 통일체에 가깝다. 하지만 다양한 직업들의 호혜적인 관계를 통해 이미 높은 자족성을 획득한 국가는 시민들의 평등한 정치적 관계를 통해 국가로서의 특수한 성격을 강화시킨다. 개인이나 가족에게서 발견되는 일방적인 지배와 통제는 궁극적으로 국가와 대조되는 완전한 통일체의 특징이다.

셋째, 국가의 통일성은 인간의 자애심에 바탕을 두고 있다(『정치학』, 1263a42-3). 아리스토텔레스는 인간은 무엇인가를 자기 것으로 간주함으로써 쾌감을 얻는 존재라고 말한다. "각자가 자기 자신을 사랑하는 것은 공연한 짓이 아니라 자연스러운 [것이다]." 이기심은 비난받아 마땅하지만 그것이 비난받는 이유는 단순한 자애가 아니라 지나친 자애이기 때문이다. 아리스토텔레스는 국가가 개인이나 가족처럼 완전한 통일성을 추구할 경우 개인적인 소유감에서 오는 쾌감을 맛볼 수 없게 한다고 비판한다. 그것은 인간적 탁월함의 실현을 봉쇄한다고 보기 때문이다.

> 자기 자신, 재산, 돈 같은 것에 대한 애착은 보편적인 현상이라고 할 수 있다. 그리고 친구나 손님이나 가까운 사람들에게 도움과 호의를 베푸는 것은 가장 큰 쾌감을 주는데, 그것은 사유재산이 있어야 가능하다. 그러나 지나치게 국가의 통일성을 추구할 경우 이런 쾌감들은 맛볼 수 없다. 그런 국가에서는 그 밖에도 두 가지 탁월함이 실현되는 것을 전혀

볼 수 없을 것이다. 그중 한 가지는 성관계를 절제하는 것이다(절제를 위해 남의 아내를 가까이하지 않는 것은 가상한 일이기에 하는 말이다). 두 번째는 재산과 관련하여 선심을 쓰는 것이다. 모든 것을 공유하면 어느 누구도 선심을 쓴다고 과시할 수도 없고, 실제로 선심을 쓸 수도 없다. 선심은 사유재산을 써야 가능하기 때문이다(『정치학』, 1263b7-13).

아리스토텔레스는 국가에 존재하는 악들—이를테면 계약 파기로 인한 상호 고소, 위증으로 인한 재판, 부자들에 대한 아첨 등—의 원천을 사유재산에서 찾는 플라톤과 달리, 그런 악들이 인간의 타고난 사악함에서 비롯된다고 본다(『정치학』, 1263b19).[155] 때문에 재산이나 처자의 공유와 같은 방법을 통해 국가를 하나의 통일체처럼 만드는 것은 인간의 본성에도 부합하지 않을 뿐만 아니라 국가가 추구해서는 안 되는 통일성을 추구한 결과로 국가의 소멸만을 초래한다고 주장하며[156] '본성과 습관과 이성'이 조화된 훌륭한 시민의 배양을 도모하는 법과 교육에서 그 해결책을 찾는다(『정치학』, 1332a38-b11).

여기서 잠시 법과 교육이 인간의 본성과 맺고 있는 각각의 연관성에 대해 미리 짚어볼 필요가 있다. 왜냐하면 법과 교육의 상보적이며 상호

---

155) 이렇게 보면 인간의 본성에 대한 아리스토텔레스의 관점은 이중적임을 알 수 있다. 인간은 한편으로는 지적 · 성격적 탁월성을 마름함으로써 진정으로 덕스러운 존재가 될 수 있는 존재이기도 하지만, 타락할 경우 야수보다도 못한 존재가 될 수 있다. 이에 대해 아리스토텔레스는 다음과 같이 묘사한다. "인간은 완성되었을 때에는 가장 훌륭한 동물이지만, 법(nomos)과 정의(dikē)에서 이탈했을 때에는 가장 사악한 동물이다. ……그래서 탁월함(aretē)이 없으면 인간은 가장 불경하고 야만적이며 색욕과 식욕을 가장 밝히는 것이다. 하지만 정의는 국가 공동체의 특징 중 하나이다. 정의는 국가 공동체의 질서를 유지해주고, 정의감은 무엇이 옳은지 판별해주기 때문이다"(『정치학』, 1253a29-38).

침투적인 성격을 강조하는 아리스토텔레스의 입장은 정치사상의 오랜 전통 속에서 그다지 지배적인 입장이 아니기 때문이다. 전통적으로 교육의 기능을 강조하는 정치사상 전통은 주로 낙관적인 인간관을 전제하는 경향이 있는 데 반해, 법치를 강조하는 정치사상 전통은 비관적인 인간관을 전제하는 경향이 강하다. 때문에 코비(P. Coby)가 지적하듯이 아리스토텔레스가 정치의 중요한 기능으로 교육을 강조하는 한편, 정치의 또 다른 내용으로 법치를 강조하는 것은 모순적으로 보일 수 있다(Coby 1986). 교육은 인간의 교유한 기능(능력)들을 계발시켜줌으로써 인간을 지적이며 도덕적인 존재로 고양시켜주기 때문에 목적론적인 관점에서 볼 때 교육 기능을 수행하는 정치 공동체는 가장 자연적인 결사로 이해될 수 있다. 그리고 이런 이해 방식은 인간은 이성과 언어의 집단적 행사를 통해 다양한 지적·도덕적 능력을 계발할 수 있다는 낙관적인 인간론을 전제한다.[157]

---

156) 여기서 미리 강조할 필요가 있는 것은 아리스토텔레스가 모색하는 국가의 제한적 통일성은 다양한 직업들의 호혜적 기여라는 플라톤적인 원리를 포함하고 있으면서도, 『니코마코스 윤리학』에서 심층적으로 발전시키고 있는 인간의 지적·성격적 탁월성의 계발에 대한 관심을 추가적으로 반영하고 있다는 점이다. 아리스토텔레스는 좋은 정치질서는 인간의 지적·성격적 탁월성을 기반으로 해서만 실현될 수 있다는 사실과, 역으로 인간 행복의 핵심인 지적·성격적 탁월성은 좋은 정치질서 속에서의 호혜적인 공동의 삶을 통해서만 온전히 계발될 수 있다는 사실을 잘 인식하고 있었다. 때문에 국가 공동체의 통일성을 위해 개인의 지적·성격적 탁월성을 전혀 고려하지 않는 국가는 이미 국가의 가장 중요한 존재 근거를 상실한 것이라고 보았던바, 개인들이 지적·성격적 탁월성을 계발함으로써 스스로 행복을 추구할 수 있는 가능성을 허용해주지 않는(자신의 생각에 플라톤적인) 강압적이고 획일적인 정치질서를 거부했던 것이다. 요컨대, 아리스토텔레스가 궁극적으로 지향했던 국가의 제한적 통일성은, 음악에 비유하여 말하자면, 다양한 악기들이 하나의 음을 연주하는 단선율이 아니라 다양한 음들을 연주하되 하나의 조화로운 음악으로 통일되는 오케스트라의 화음과 같은 것이다(『정치학』, 1263b33). 그것은 개인의 선과 행복의 성취가 정치 공동체의 선과 행복에 기여하되 국가의 선과 행복을 위해 개인의 선과 행복이 포기되지 않는, 말하자면 개인의 행복과 공동체의 행복이 조화될 수 있는 통일성인 것이다.

반면에 법치로서의 정치관은 정치의 교육적 효과가 불완전하거나 매우 제한적일 수 있다는 다소 비관적인 견해를 전제한다. 아리스토텔레스가 때때로 정치 과정을 개인과 집단들의 대립적인 이익들의 충돌에 불과한 듯이 말하거나, 공직자들이 빈번히 권력에 의해 타락하고 부패하는 경향이 있다는 경향을 지적하며 정치직의 자유재량을 제어할 필요가 있다는 것을 강조하는 경우들은, 정치인들이 자신의 이기적인 본능에 굴복하지 않도록 법에 의해 보호될 필요가 있음을 강조한 것이다(『정치학』, 1318b39-1319a1). 올바르게 제정된 법률의 지배가 인간의 통치보다 나으며 "법의 지배를 요구하는 자는 다름 아닌 신과 이성이 지배하기를 요구하는 것이고, 인간의 지배를 요구하는 자는 거기에 야수적인 요소를 덧붙이는 것이다."고 아리스토텔레스가 강조한 것은 바로 이와 같은 맥락에서이다(『정치학』, 1287a28-30).

법치의 강조가 전제하고 있는 듯 보이는 비관적인 인간관이 교육으로서의 정치관에 전제된 낙관적인 인간관과 정면으로 배치되는 듯 여겨지는 부분은, 아리스토텔레스가 극단적인 민주정체를 논하면서 법의 지배를 시민들의 정치 참여에 대한 대체물로 추천할 때이다(『정치학』, 1291b30-1292a38). 극단적인 민주정체에서는 민중 선동가들이 나타나고 민중이 다수로 구성된 독재자가 되기 때문에 민주정체는 사실상 독재정

157) 인간의 지적 · 도덕적 탁월성은 무엇보다 정치적 지배 과정을 통해 배양된다. 개인들이 정의와 절제, 용기 및 신중함의 미덕을 습득하는 것은 무엇보다 정치권력을 행사하는 과정을 통해서이다. 정치권력의 행사는 인간을 기품 있게 만들며, 타인들의 행복에 책임을 짐으로써 신중한 판단과 도덕적 능력을 계발하게 한다. 그리하여 공직의 교대를 통해 모든 적격한 시민들의 순환적 지배가 이뤄지게 되면, 모든 시민들의 지적 · 도덕적 덕성이 전반적으로 크게 향상될 수 있다.

체 중에서도 참주정체와 닮아 있다. 이처럼 결함이 있는 정체들에는 법의 지배가 (결함이 있는) 시민들의 정치 참여를 최소화하거나 견제함으로써 질서를 유지하는 데 더 도움이 된다(Coby 1986, 486).

하지만 아리스토텔레스에게 있어 법의 지배와 교육의 관계는 전혀 배타적이지 않다. 이 둘 사이의 관계가 상호 배타적인 기능을 수행하는 듯이 여겨질 수 있지만, 표면적인 배타성 이면에는 강한 구조적 통합성이 존재한다. 이 구조적 통합성이 깨진 듯 보이는 경우는 대중이 최고 권력을 갖고 있는 민주정체나 한 사람의 참주가 최고 권력을 휘두르는 참주정체처럼 극단적인 경우들이거나, 신과 같은 지성을 가진 진정한 왕이 통치하는 경우—이론상의 왕정—일 뿐이다. 하지만 극단적인 민주정과 참주정체는 법이 주권을 갖고 있지 않으며 이익 추구의 보편성도 결여되어 있기 때문에 진정한 정체가 아니라고 할 수 있으며(『정치학』, 1292a31-20), 진정한 왕이 통치하는 정체 또한 한 명의 왕이 다른 시민들을 계속 지배하기 때문에 정치적 결사가 아니라고 볼 수 있다.[158] 그러므로 이런 경우들을 예로 들어 법의 지배와 교육의 구조적 연관성을 부정하는 것은 적절치 않다. 마땅히 정체로 불리는 대부분의 정체에서 법의 지배와 교육은 밀접한 연관성을 가지고 하나의 전체적인 규범질서를 형성·유지해나가기 때문이다.

아리스토텔레스가 당연시하고 있는 법의 지배와 교육의 구조적 통합성을 보다 정확히 이해하기 위해서는 법의 양가적 의미를 이해할 필요가 있다. 아리스토텔레스에게 있어 법은 "욕망이 없는 지성"과도 같

158) 이론적으로, 법에 따르는 왕정은 진정한 왕정이 아니다.

지만, 동시에 분명한 한계를 지니고 있다. 법의 양가성은 법의 내적 모순에 기인하기보다는 법의 지배를 필요로 하는 통치자(들)의 지적·도덕적 상태의 다양성에 기인한다. 법의 지배는 불완전하고 한계가 있지만, 타락하고 이기적인 통치자들의 권력을 제한함으로써 피치자들을 보호할 수 있다는 점에서 인간의 지배보다는 낫다. 다시 말해, 법이 필요한 이유는 사람들이 '온전히' 이성적이지도 덕스럽지도 않기 때문이다.[159] 이 경우 중립적인 심판자로서의 법은 객관적이고 공정한 판결을 통해 정의를 실현해준다. 아리스토텔레스가 극단적인 민주정과 참주정을 법의 지배와 대조시킴으로써 법의 지배를 옹호한 것은 바로 이와 같은 관점에서이다. 덕성을 갖추지 못한 통치자들의 지적·도덕적 상태를 놓고 보면 법은 상대적으로 '신과 이성'에 비유될 수 있을 정도의 장점을 갖고 있는 것이다.

반면에 법은 완전한 지성에 비하면 결함이 있다. 법은 그 법을 만든 사람 이상이 될 수 없기 때문에 한 계급에 의해 제정된 법은 그 계급의 이익과 편견을 반영할 가능성이 크다(『정치학』, 1282b6-13). 그와 같은 관점에서 보면, 민주주의자들의 이익을 반영한 민주정적인 법이 있거나 과두주의자들의 이익을 반영한 과두정적인 법이 있을 뿐이지 순수한 법은 없다.[160] 따라서 완전한 지성을 갖춘 한 명의 왕이나 소수 십난이 존재한다면 법률 대신 그(들)가 통치하는 것이 낫다.

---

159) 하지만 이 주장은 절반만 옳다. 왜냐하면 법의 지배는 사람들이 법을 이해하고 지킬 수 있는 지적·도덕적 덕성을 갖출 때에만 실현될 수 있기 때문이다. 그러므로 여기서 사람들이 온전히 이성적이지도 덕스럽지도 않다는 진술은 법률이 필요 없을 정도의 충분한 지적·도덕적 덕성이 없다는 의미이지, 법의 지배를 불가능하게 할 정도로 덕성이 없다는 뜻은 아니다.

아리스토텔레스는 법의 양가성에도 불구하고 법의 지배를 옹호한다. 그 이유는 현실적으로 완전한 지성과 덕성을 갖춘 통치자(들)가 존재하지 않거나 존재한다고 해도 쉽게 욕망의 노예가 될 수 있다고 보기 때문이기도 하며, 완전한 지성과 덕성을 갖춘 1인 또는 소수의 지배는 사실상 교대로 지배하고 지배받는 정치적 결사에 적합한 지배 형태가 아니라고 보기 때문이다. 그러므로 아리스토텔레스는 법의 양가성에도 불구하고 법의 주권적 지배의 정당성을 옹호하고 또 옹호할 수밖에 없는데, 그것은 극단적으로 나쁜 정체들과 최선의 정체를 제외한 일반적인 정체들의 경우 통치자들과 시민들이 법의 지배를 필요로 할 정도의 지적·도덕적 상태에 있기 때문이다. 다시 말해 어느 정도는 지적·도덕적 덕성을 갖추고 있지만, 또 어느 정도는 이기적이고 타락할 가능성이 있기 때문이다.

최악의 정체들—극단적 민주정과 참주정—과 최선의 정체—진정한 왕정—사이에 존재하는 정체들의 경우 법의 지배는 자동적으로 유지되지 않는다. 현실적으로 법의 지배는 최선의 왕정으로 상승할 가능성은 없지만 최악의 정체들로 타락할 가능성은 있다. 그러므로 이상적인 법의 지배를 유지할 수 있는 보조적 기제들의 조력을 통해 법에 의해 지배되는 정체의 정체성과 온전성(제한된 통일성)을 유지할 수 있어야 한

---

160) 이와 같은 관점에서 보면, 법은 실질적인 의미에서는 지배적인 경제계급의 이해관계를 대변하는 측면이 강하기 때문에 실질적인 정의가 구현되기 위해서는 다수의 중산계급이 지배계급이 되어 법을 제정·집행하는 혼합정이 가장 바람직하다. 중산계급은 어느 한쪽의 계급이 부당한 법을 만들어 부당하게 통치하는 것을 막아줄 수 있기 때문이다. 그러므로 법의 지배는 중산계급이 주축이 된 혼합정에서 절차적·실질적 정의를 실현할 수 있는 가능성이 가장 높다.

다. 아리스토텔레스가 법과 교육을 상호 침투적이고 상보적인 두 제도로 활용함으로써 정체 유지에 필수적인 시민들의 탁월성을 조형하고자 하는 것은 바로 이와 같은 문제의식하에서이다.

정체와 법 그리고 교육과 시민들의 습관을 하나의 정합적인 규범질서로 통합시키기 위해 아리스토텔레스가 실마리로 삼는 것은 법에 의해 지탱되는 교육이다. 교육은 시민들의 탁월성을 함양할 수 있는 최선의 방법이다. 그래서 아리스토텔레스는 『정치학』의 7권 13장에서 정체의 궁극적인 목표가 행복에 있고, 또 행복은 시민들의 탁월함을 활성화하는 데 있음을 다시 한 번 강조하며 14장에서부터 8권에 이르기까지 법에 의해 지탱되는 시민교육의 문제를 다룬다. 그는 7권 13장의 마지막 부분과 8권 1장에서 정체와 시민의 덕성 그리고 교육과 입법의 긴밀한 연관성에 대해 다음과 같이 진술한다.

> 국가가 훌륭해지는 것은 행운의 소관이 아니라 지혜와 윤리적 결단의 산물이다. 훌륭한 국가가 되려면 국정에 참여하는 시민들이 훌륭해야 한다. ……사람은 세 가지를 통해 선하고 훌륭해지는데, 그 세 가지란 본성과 습관과 이성이다. ……입법자가 쉽게 다룰 수 있으려면 사람들의 본성이 어떠해야 하는지에 관해서는 앞에서 규정한 바 있다. 남은 과제는 교육의 소관이다. 사람은 어떤 것은 습관에 의해 배우고, 어떤 것은 들어서 배우기 때문이다(『정치학』, 1332a31-b110).

입법자는 무엇보다도 아이들의 교육에 관심을 가져야 한다는 데 이의를 제기할 사람은 아무도 없을 것이다. 입법자가 교육에 무관심하다는 것은 국가에 해롭기 때문이다. 교육은 그때그때의 정체에 부합해야 한다. 각 정체에 고유한 성격은 그 정체를 유지해줄 뿐만 아니라 창출하기도 하니 말이다. 이를테면 민주정체적 성격은 민주정체를, 과두정체적 성격은 과두정체를 창출하고 유지한다. 그리고 어느 경우건 더 나은 성격은 더 나은 정체의 원인이 된다. 또한 어떤 기능이나 기술을 응용하려면 언제나 사전 훈련과 습관화가 필요한데, 그 점은 분명 탁월함을 실천하는 경우도 마찬가지이다(『정치학』, 1337a11-20).

시민교육에 관한 아리스토텔레스의 논의에는 그의 통합적인 접근방식—곧 정치철학의 변증법적 성격—이 잘 반영되어 있다. 그가 공교육을 정체 수립과 유지의 근간인 입법의 가장 중요한 주제로 삼고 있다는 사실은 이 점을 잘 드러내준다. 그에 의하면 "각자가 제 아이들을 따로 보살피며 자기가 좋다고 생각하는 교과목을 사적으로 가르치는 오늘날처럼 사사로운 일이어서는 안 [되고]", "국가 전체가 하나의 목표를 추구하는 만큼 교육도 분명 모두에게 한 가지여야 한다"(『정치학』, 1137a21-25).

아리스토텔레스가 당시에 유행했던 사교육을 거부하고 공교육의 필요성을 강조한 것은 국가와 시민의 관계를 유기적으로 통합된 관계로 보았기 때문이다. 그에 의하면 "어떤 시민이 그 자신에게 속한다고 생각해서는 안 되며, 오히려 모든 시민이 국가에 속한다고 생각해야 한다. 각 시민은 국가의 한 부분이고, 부분의 활동은 당연히 전체의 활동에 맞춰져야 하기 때문이다"(『정치학』, 1137a21-32). 입법자의 과업은 훌륭한 정체에 부합하는 훌륭한 시민의 형성을 위해 공교육의 목적을 설정하고 그에 따라 공교육의 전체적인 윤곽과 내용을 정하는 것이다. 한마디로 "정체의 정신에 맞는 교육"을 구상하는 것이다(『정치학』, 1310a13). 아리스토텔레스가 『정치학』 8권 2장에서 자유민에게 어울리는 교육 목표를 몸과 혼과 마음의 탁월성을 함양하는 데 있음을 강조하고, 이런 관점에서 음악 교육과 체력 단련의 목표와 방법을 다루는 것은 바로 이와 같은 근거에서이다.

공교육의 궁극적 목적이 정체에 필수적인 시민의 탁월성을 함양하는 데 있다면, 가장 중요한 선결 사항은 입법자가 선호하는 정체의 종류를 결정하고 그 정체에 부합하는 좋은 법을 제정하며 시민들의 준법정신을 함양하는 것이다(『정치학』, 1333b25, 1293b45-6; 『니코마코스 윤리학』, 1179b32-1180a10). 이 중에서 정체 형태 결정과 입법은 입법자의 직접적인 소관 사항이며, 준법정신의 함양은 입법에 의해 지탱되는 공교육의 가장 일차적인 목표이다.[161] 아리스토텔레스는 『정치학』 7권 14장에서 입법자—곧 아리스토텔레스 자신—가 선호하는 정체가 어떤 형태인지를 시사하는 동시에, 14장과 15장에 걸쳐 좋은 입법의 목적을 (시민들의 탁월함이 실현 또는 표현되는) 삶의 양식들과 관련하여 설명한다.[162]

먼저 입법자가 제시한 정체 형태는 법의 지배에 의해 유지되는 온화한 민주정(polity), 곧 모든 시민들이 교대로 지배하고 지배받는 정제 형태—계급적 기반에 있어서는 중산계급이 주도하는 혼합정의 형태—이

161) 공교육의 전체적인 취지가 실현되려면 무엇보다 입법자가 제시한 공교육의 방향과 내용 그리고 방법이 엄격하게 준수·이행되는 것이 선결요건이다. 그런 점에서 시민들의 준법정신 함양은 모든 공교육의 실효성의 조건이자, 공교육이 성취해야 하는 가장 일차적이며 우선적인 목표이다. 시민들의 준법정신은 모든 공교육을 받으면서 은연중에 함양되는 동시에 직접적인 교육을 통해 함양된다.

다(『정치학』, 1332b26-7).[163] 현실적으로 어떤 국가 공동체에서든 모든 사람이 동시에 지배할 수는 없기 때문에 시민들 사이의 평등을 유지하기 위한 유일한 방법은 모든 시민들이 교대로 지배하고 지배받는 것이다. 하지만 이 평등의 원리는 치자가 피치자보다 우월해야 한다는 또 다른 정치 원리와 충돌한다(『정치학』, 1332b32). 따라서 입법자는 같은 부류의 사람들을 연령에 따라 청년층과 노장층으로 나누어 전자는 지배받기에 후자는 지배하기에 적합하게 만든 자연의 이치를 감안하여 먼저 청년기의 시민들이 지배를 받고 그들이 노장층이 될 때 지배하도록 하는 교대 방법을 고안한다(『정치학』, 1332b35-40).

선호하는 정체 형태를 결정한 입법자는 이제 그 정체에 부합하는 입법의 목적을 설정해야 한다. 일반적으로 입법은 시민의 탁월성을 함양하는 목적을 갖고 있다. 하지만 한 걸음 더 나아가서 아리스토텔레스는 시민들이 탁월함을 어떤 절차와 방법을 통해 얻게 되고 또 어떤 궁극적 목적을 위해 추구할 것인가를 고찰함으로써 입법의 보다 구체적인 윤곽을 제시한다. 그에 의하면 입법자는 유용성보다는 고상함(탁월함), 전쟁보다는 평화와 여가에 기여할 수 있도록 입법해야 하며, 몸보다는 영혼을, 그리고 영혼 중에서도 이성에 복종하는 부분보다는 이성의 탁월함을 함양하는 데 초점을 맞춰야 한다.[164]

---

162) 입법의 목적이 정체에 부합하는 시민들의 탁월함을 목표로 하는 것은 주지의 사실이다. 하지만 정체란 삶의 방식이라는 보다 광의의 의미를 갖는 만큼, 입법의 문제는 정치생활뿐만 아니라 부분적으로 정치생활을 초월하여 영위할 수 있는 보다 고차적인 삶—철학적인 삶이나 그보다는 더 상식적인 수준의 교양 있는 삶—과 연관시켜 고찰되어야 한다.

163) 입법의 구체적인 윤곽은 특정한 정체 형태를 전제하지 않으면 불가능하다. 따라서 아리스토텔레스는 입법의 전제 조건으로 선호하는 정체를 결정해야 한다.

> 삶 전체도 노동과 여가, 전쟁과 평화로 양분된다. 행위 역시 필요하고 유용한 것과 고상한 것으로 나뉜다. 여기서도 우리는 혼의 부분과 그 부분의 행위에 적용하는 것과 똑같은 선택의 원칙을 적용해야 한다. 말하자면 평화를 위해 전쟁을, 여가를 위해 노동을, 고상한 것을 위해 필요한 것이나 유용한 것을 선택해야 한다. 따라서 정치가는 입법할 때 이런 모든 점이 혼의 부분 및 그 부분의 행위와 조화를 이루도록 고려하되 열등한 것보다는 우월한 것을, 수단보다는 목적을 더 중시해야 한다. 또한 그는 생활 방식과 그에 상응하는 행위를 선택할 때에도 같은 원칙을 적용해야 한다. 왜냐하면 사람들은 노동하고 전쟁할 줄도 알아야겠지만 더더욱 평화도 유지하고 여가도 즐길 수 있어야 하며, 필요하거나 유용한 것도 할 수 있어야겠지만 더더욱 고상한 것도 할 수 있어야 하기 때문이다. 따라서 어린아이들이나 교육이 필요한 다른 연령층을 교육할 때에는 이런 목표들을 추구해야 한다(『정치학』, 1333a36-1333b4).

이 인용문은 7권 2장, 3장 및 15장과 더불어 '정치적인 삶'과 '비정치적인 삶'—철학적 삶과 혹은 예술과 문학을 즐기는 교양적 삶—의 관계나 우월성에 관한 복잡한 논쟁을 담고 있는 부분으로, 아리스토텔레스가 정치적 삶과 비정치적인 삶의 관계를 일반적으로 알려진 것보다 훨씬 더 진지하게 고민했다는 것을 보여준다.[165] 하지만 이 맥락에서 이

164) 교육의 절차와 내용은 이 중요성과는 반대의 순서로 진행하는 것을 권한다. 즉 체력 단련이 가장 먼저고, 이성에 복종하는 부분의 교육이 그 다음이며, 이성의 교육이 가장 마지막으로 실시되어야 한다(『정치학』, 7권 15장).

인용문이 지닌 중요성은 입법과 교육 그리고 생활방식(혹은 정체)의 통일성을 강조하고 있는 점에 있다. 교육은 입법의 목적에 부합하게 실시되어야 하고, 입법은 정체의 모든 요소들이 가장 중요한 부분들을 중심으로 조화롭게 통일될 수 있도록 도모해야 하는바, 교육과 입법 그리고 도시생활의 모든 요소들은 하나의 정합적인 규범질서를 이룰 수 있어야 한다는 것이 아리스토텔레스의 생각이다.[166]

시민적 탁월성의 함양을 목표로 하는 공교육의 마지막 선결요건은 시민들과 통치자들의 준법정신이다. 준법정신 함양은 공교육 성공의 선결요건이자 모든 공교육의 공통적 목표이다. 공교육이 성공하려면 공교육이 요구하는 바를 충실히 이행하는 것이 중요한데, 이는 어느 정도의 준법정신의 존재를 전제한다. 동시에 준법정신은 상당 정도는 공교육의 산물이다. 처음에는 공공정신과 준법정신을 결여했던 시민들이 공교육

---

165) 행복이라는 삶의 궁극적 목적과 관련하여 정치적 삶과 철학적 삶 중 어떤 것이 더 우월한 삶인가에 관한 논쟁은 매우 오래된 논쟁이다. 아리스토텔레스가 철학적 삶의 우월성을 강조한 것은 사실이지만, 그는 또한 정치적 삶이 그 자체로서 본유적으로 가치 있는 삶이라는 것도 주장했다. 그런데 정치 세계란 치자와 피치자의 관계로 이루어져 있고, 통치의 경험이 인간의 탁월성 함양에 큰 기여를 한다는 점에 비추어볼 때, 자신이 통치할 순서가 된 시민들은 정치적 삶이 인간적 탁월함의 함양에 매우 유익한 것을 알기 때문에 계속적으로 통치자의 지위에 머무르고 싶은 욕심을 가질 수 있다. 그러므로 아리스토텔레스는 철학적 삶과 같은 고차원적인 삶은 아니지만 통치자의 지위에서 내려와야 할 시민들이 계속적으로 통치하고 싶은 자신의 욕구를 절제하고 비정치적인 삶에 만족할 수 있는 가능성을 열어둘 필요가 있었다고 볼 수 있다. 이것이 바로 그가 정치적인 삶보다 더 가치가 있을 수 있으면서도 인간적 탁월성을 실현하기에 충분한 '교양인으로서의 삶'을 정치적인 삶에 대한 대안으로 제시한 이유라는 유력한 해석이 있다(Strauss 1992, 248; Coby 1986, 498).

166) 물론 플라톤과 달리 아리스토텔레스는 국가의 제한된 통일성을 지향한다. 따라서 시민들이 비정치적인 교양적 삶을 통해서도 인간의 탁월성을 실현할 수 있는 여지를 허용해주어야 한다. 하지만 이 교양적 삶은 궁극적으로 정치적 삶의 통일성을 저해하지 않는 범위 속에서 추구될 필요가 있다. 아마도 교양적 삶의 원리가 정치적 삶의 원리를 직접적으로 위협하지 않고 최소한 양립 가능할 수 있는 선까지는 자유로운 교양적 삶이 허용될 수 있을 것이다.

을 통해 준법정신을 갖춰가기 때문이다. 이처럼 준법정신은 공교육과 선순환적인 상호 지지 관계를 형성함으로써 정체 유지와 강화에 핵심적인 역할을 하게 된다.

공교육의 목적과 시민적 탁월함의 관계, 시민적 탁월함과 정체의 관계, 입법자가 선호하는 정체와 좋은 입법과의 관계, 그리고 공교육과 준법정신의 관계에 관한 지금까지의 순환적 설명은 이미 앞 장에서 논의한 바 있는 법의 불충분성 명제 및 앞으로 논의될 법치에서의 프로네시스의 역할과 함께, 법치와 인치의 변증법적 상보성 원리에 입각해 있는 법의 주권 원리를 이해할 수 있는 충분한 근거를 제공한다. 그러므로 이 장의 남은 부분에서는 지금까지의 논의와 법의 불충분성 명제를 통합시켜 법치와 인치의 변증법적 상보성을 고찰해봄으로써 법의 주권 원칙에 대한 아리스토텔레스의 입장을 좀 더 분명히 조명해보고자 한다.

주지하듯이 법의 불충분성 명제는 법치의 불충분성을 보완해줄 수 있는 정체에 대한 탐구를 필요로 한다. 법치가 그 자체로서 불충분하다면 법치를 보완해줄 수 있는 훌륭한 사람(들)의 지배—곧 정체 형태—에 대한 논의가 필히 요구될 수밖에 없기 때문에 법치와 인치의 관계는 우연적이기보다는 법치에 필수적으로 수반되는 문제이다. 그러므로 문제는 법치에는 인치의 요소가 수반될 수밖에 없는데, 인치가 가미된 법치를 어떤 의미에서 진정한 법치로 인정할 수 있는가 하는 것이다. 법치에 인치의 요소가 가미될 경우, 법치는 '법에 의한 (인간의) 지배'로 전락할 수 있고 사실상 인치와 다름없게 될 수 있기 때문이다.

하지만 아리스토텔레스는 이 문제를 그렇게 모순적이거나 극복될 수 없는 난제로 여기지 않았다. 시민적 탁월함과 정체의 관계, 법과 교육의 관계, 공교육과 준법정신의 관계 등에 관한 순환적 설명은 그가 인치의 요소를 사실상 법치의 특수한 한 가지 형식으로 이해할 수 있는 근거를 제공해줌으로써 법치와 인치의 상보적 결합이 법의 주권 원리와 배치되지 않는다는 것을 확신케 해주었다.

선호되는 정치적 결사(정체)의 기본 특징—교대로 지배하고 지배받는 원칙—과 법의 지배가 맺고 있는 관계는 법치와 인치의 상보적 관계를 설명하기 위한 좋은 출발점이다. 교대지배의 원칙은 이중의 측면에서 법의 지배와 밀접한 연관성이 있다. 그 한 가지 측면은 교대지배의 원칙 자체가 이미 일종의 법이라는 점에서 이미 법치의 실현을 의미한다(『정치학』, 1287a18-19). 하지만 보다 중요한 것은 둘째 측면이다. 교대지배는 어떤 방식으로 교대지배 원리가 적용되어야 하는지에 대한 구체적인 방법을 제시해주지는 않는다. 그 원칙을 최선으로 적용할 수 있는 방법은 인간사에 대한 경험적 판단을 활용하여 모색해야 한다.[167] 그리하여 아리스토텔레스가 교대지배 원칙의 구체적 방법으로 제시한 것은 연령적 특성을 감안한 방법이다. 아리스토텔레스는 시민들을 청년층과 노장층으로 구분한 다음 이들의 특성에 따라 지배의 순서를 정하고 역할을 분담시킨다. 그의 판단에 의하면 청년층은 지배받기에 적합하고, 노장층은 지배하기에 적합하기 때문에 청년기에 먼저 지배를 받는 것이 자연의 이치에 맞는다(『정치학』, 1332b35-6). 또한 시민들이 공무를 담당할 수 있는 연령에 이르렀다고 해도 곧바로 통치의 핵심인 심의와 사법

167) 이런 측면을 포함하여 법의 지배는 프로네시스와 불가분리의 관계를 이루고 있다. 그리고 경험적 판단은 종종 "~한 것은 자연의 이치에 맞는다." 등으로 표현되곤 한다.

의 책임을 맡아서는 안 되고, 먼저 국방을 담당한 다음에 경험이 축적되면 사법과 심의를 맡는 것이 바람직하다. 이에 대해 아리스토텔레스는 다음과 같이 설명한다.

> 국가에는 또 전사들과 유익한 일에 관해 심의하고 정의에 관한 판결을 내리는 자들이 있는데, 이들이야말로 그 무엇보다도 국가의 부분들이다. 그런데 이런 기능들도 떼어놓아야 할 것인가? 이 역시 대답은 명백하다. 이 기능들은 어떤 의미에서는 같은 사람에게, 다른 의미에서는 서로 다른 사람에게 맡겨져야 하기 때문이다. 이 기능들은 인생의 다른 시기에 적합하여 한 가지는 지혜를, 다른 한 가지는 힘을 요구하는 까닭에 서로 다른 사람에게 맡겨져야 하는 것이다. 그런데 스스로 힘을 사용할 수 있거나 힘을 제지할 수 있는 자들이 언제까지나 복종한다는 것은 불가능하다. 그래서 이 두 가지 기능은 같은 사람에게 맡겨져야 한다. 무엇보다도 무력을 가진 자들은 정체의 존속 여부를 결정할 힘도 있기 때문이다. 따라서 정체는 이 두 가지 기능을 같은 사람에게 맡길 수밖에 없다. 그러나 동시에 맡길 것이 아니라 자연의 질서에 맡겨야 한다. 자연은 젊은이들에게는 힘을 주고, 늙은이들에게는 지혜를 주기 때문이다. 그렇게 두 연령층에게 기능을 배분하는 것이 유익하고 정의롭다. 그것은 가치(axis)에 따른 배분이기 때문이다(『정치학』, 1329a2-16).

연령에 따른 교대지배 원칙이 법의 지배와 관련하여 중요한 이유는 시민들이 통치에 참여하기 전에 피치자로서 먼저 법에 복종하는 태도를 형성하도록 해주기 때문이다. "지배하려는 자는 먼저 지배받아야 [한다]”(『정치학』, 1332b44).[168] 『정치학』 3권 4장과 6장은 연령 원칙에 따른 교대지배 원칙의 적용이 법의 지배에 가져오는 효과에 대해 알려주고 있다. 교대지배의 원칙은 “동등한 자들과 자유민들에 대한 지배”인 정치가의 지배(politikē archē)에 적용되는데, 시민들이 치자가 되기에 앞서 먼저 지배받고 복종하는 기회를 가짐으로써 훌륭한 시민이 되는 법을 배우게 해준다. 그 자체가 일종의 법인 교대지배 원칙은 시민들 모두가 폴리스의 심의, 행정, 사법 과정에 참여함으로써 공무에 익숙해지는 기회를 제공한다(Pangle 2011, 87). “그것은 다른 기병 대장 밑에서 봉사함으로써 기병 대장이 되고, 다른 보병 장군 밑에서 연대장이나 중대장으로 봉사함으로써 보장 장군이 되는 것과 같은 이치이다. 따라서 ‘지배를 받아보지 않은 사람은 좋은 지배자가 될 수 없다.’는 말은 옳은 말이다. 치자와 피치자의 탁월함은 서로 다른 것이지만 훌륭한 시민은 이 두 가지에 다 능해야 한다. 말하자면 훌륭한 시민은 자유민답게 지배할 줄도 알고 복종할 줄도 알아야 하는데, 이런 것들이 바로 시민의 탁월함이다” (『정치학』, 1277b9-18).

연령에 따른 교대지배 원칙은 젊은 피치자들에게 준법정신을 함양시켜 이들이 장차 통치자의 지위에 올랐을 때에도 법을 준수하고 법의 정신에 따라 통치할 수 있도록 작용한다. 그러므로 교대지배 원칙은 단순히 청년층에게 준법정신을 함양시키기 위한 목적만을 갖고 있는 것이

---

168) 이어서 아리스토텔레스는 다음과 같이 언급한다. “시민과 치자의 탁월함은 가장 훌륭한 사람의 탁월함과 같아야 하고, 같은 사람이 처음에는 지배받다가 나중에는 지배해야 한다는 것이 우리의 주장이므로 입법자는 시민들이 어떻게, 어떤 행위에 의해 훌륭해질 것이며, 최선의 삶의 목적은 무엇인지 알고 있어야 한다”(『정치학』, 1333a10-15).

아니다. 그것은 오히려 이들이 통치자가 되었을 때 자의적으로 권력을 남용하지 않고 법의 정신에 따라 권력을 행사할 수 있도록 미리 훈련시키려는 목적이 더 크다고 할 수 있다.[169] 개별 청년들의 불복종 행위는 정체에 대한 해악이 그다지 크지 않고 또 법에 의해 쉽게 제어될 수 있지만, 통치자의 자의적인 불법 행위는 정체에 대한 해악이 크고 쉽게 통제하기도 어렵다. 때문에 통치자들에게 강한 준법정신이 함양되어 있지 않으면 법의 지배는 쉽게 자의적인 인치로 전락할 가능성이 있다.

교대지배 원칙은 법의 지배가 지향하는 실질적인 정의—치자의 이익이 아닌 공공의 이익—의 실현에도 효과적이기 때문에 올바른 법의 지배의 실현에 유리하다(『정치학』, 1279a13-15). 아리스토텔레스가 활동했던 당시에는 "국고와 공직에서 얻는 이익 때문에" 사람들이 계속해서 공직을 맡기를 원하는 경향이 강해지고 있었다. 따라서 교대지배 원칙의 확고한 고수는 사익을 위해 권력을 남용할 수 있는 기회를 차단함으로써 실질적인 공익의 실현에 이바지할 가능성이 컸다. 그래서 아리스토텔레스는 교대지배 원칙의 타당성을 강조하면서 다음과 같이 주장했던 것이다.

> 이제 결론은 분명하다. 공공의 이익을 추구하는 정체는 절대 정의의 기준으로 판단하건대 올바른 정체이며, 치자들의 개인적인 이익만 추구하는 정체는 모두 잘못된 것이고 올바른 정체가 왜곡된 것이다. 왜냐하

169) 물론 법에 의한 교육은 청년기까지만 수행되지 않고 장년기에도 계속 수행된다(『니코마코스 윤리학』, 1180a2-3).

면 국가는 자유민들의 공동체인데, 그런 정체는 전제적이기 때문이다(『정치학』, 1279a16-21).

교대지배 원칙은 법의 지배를 반영하면서도 법의 지배를 지탱할 수 있는 시민적 탁월성을 함양시켜주는 이점이 크다. 그렇지만 모든 시민들이 교대지배 원칙(일종의 법)에 충실히 따른다는 것은, 부분적으로는 법의 강제력에 의해서기도 하지만, 이미 그와 같은 법규를 준수할 수 있는 최소한도의 준법정신과 지배에 필요한 탁월성을 이미 갖추고 있음을 의미한다. 그러므로 시민들이 공무에 참여할 수 있는 연령에 이르렀을 때 교대지배에 관한 법규에 충실히 따르면서도 통치자로서의 역할을 훌륭히 수행할 수 있도록 어느 정도의 준법정신과 탁월성들을 미리 함양할 필요가 있다. 정체에 부합하는 공교육의 전면 시행은 바로 이와 같은 관점에서 이해할 수 있다. 장차 통치자의 지위에 오르게 될 아이들은 정체의 유지에 필수적인 시민적 탁월함(자질)을 함양하기 위해서 법에 의해 뒷받침된 엄격한 공교육 과정을 거쳐야 한다. "정체의 정신에 맞는 교육"은 정체의 보존에 기여하는 모든 요소들 중에서 가장 중요하기 때문이다(『정치학』, 1310a13). "전 시민이 만장일치로 가결한 아무리 유익한 법이라도 시민들이 거기에 익숙해지지 않고 정체의 정신에 맞게 교육받지 않는다면…… 아무짝에도 쓸모가 [없게 된다]"(『정치학』, 1310a13-16). 따라서 "교육은 법에 의해 규제되고 국가에 의해 주도되어야 [한다]"(『정치학』, 1337a33). 아이들은 연령에 따라 적절한 순서에 의해 몸과 욕구와 지성을 단련하는 엄격한 교육과정을 거침으로써 훌륭한 시민이 될 수 있는 자질(탁월함)들을 갖추어야 하기 때문에 공교육은 입법자가 철

학자의 조력을 받아 구상해야 할 가장 긴요한 입법 과제가 된다(『정치학』 8권 1장, 8장).[170]

"시민들을 좋은 시민으로, 법을 잘 따르는 시민으로 만들고자 [하는]" 입법자(=정치학자)의 목표는 공교육의 효과에 의존한다(『니코마코스 윤리학』, 1102a8-9). 법에 의해 뒷받침된 공교육은 본성과 습관과 정체—이 경우 공직의 배열이라기보다는 삶의 양식으로서의 측면—의 상호 침투적인 관계를 통해 작용함으로써 시민들이 '정체에 알맞는' 준법정신과 자질(탁월함)들을 갖추게 해줌으로써 정체의 보존에 기여한다(『니코마코스 윤리학』, 10권 9장; 『정치학』, 1310a4-5).[171] 말하자면 법은 사회의 도덕과 정치를 매개하는 장치인 것이다(Vega 2010, 2). 아리스토텔레스는 다음과 같이 말한다.

> 어린 시절부터 탁월성을 향한 올바른 지도를 받는다는 것은, 그러한 [올바른] 법률에 의해 길러지지 않고서는 어려운 일이다. 절제 있고 강인하게 사는 것은 다중들에게, 특히 젊은이들에게 즐거운 일이 아니니까. 그런 까닭에 그들의 교육과 그들이 해야 할 일은 법에 의해 규정되어야

170) 아리스토텔레스의 정체에서 철학의 주된 역할은 역시 교육 분야에서 찾을 수 있다. 철학은 아이들이 어떤 음악과 시를 배워야 할 것인가를 판단 · 제시해줌으로써 정체에 부합하는 교육의 내용과 방식을 정하는 데 결정적인 역할을 한다. 이런 측면에서 보면, 철학에 의해 보조되지 않는 입법은 소기의 목적을 이룰 수 없다. 철학의 역할에 대한 아리스토텔레스의 발상은 철학이 간접적인 방식으로 올바른 정체의 유지에 핵심적인 역할을 할 수 있도록 허용해준다는 점에서 플라톤을 비판적으로 계승한 것으로 이해할 수 있다. 철학(자)은 어떤 음악과 시가 좋은 성품을 형성하는 데 도움이 되는가를 제시해줌으로써 훌륭한 정체의 유지에 필수적인 시민적 탁월성의 함양에 기여한다. 아리스토텔레스는 궁극적으로 법의 지배를 옹호하지만, 그의 실현 가능한 최상 정체에 있어서는 음악과 시 교육과 관련된 입법 과정에 참여함으로써 소수의 신과 같은 인간(철학자)들이 큰 영향을 미칠 수 있는 가능성을 열어놓았다. 이에 관해서는 다음을 참조할 것. Lindsay(1991).

만 한다. 일단 익숙해지고 나면 고통스럽지 않을 테니까(『니코마코스 윤리학』, 1179b32-5).

아리스토텔레스에 의하면 훌륭한 시민을 배양하기 위해서는 말(logos)만으로는 충분하지 않다. 말은 일부 고귀한 품성을 지닌 젊은이들을 탁월하게 만들 수 있지만 다중을 그렇게 할 수는 없다. 다중은 수치심이 아니라 두려움에 설복당하며, 벌의 고통을 회피하기 위해 올바른 행위를 하기 때문이다. 그러므로 다중은 어릴 때부터 교육과 법규를 통해 고귀한 것을 사랑하고 부끄러운 것을 싫어하는 탁월한 품성 상태를 미리 함양해야 한다(『니코마코스 윤리학』, 1179b30-1; Pangle 2011, 86). 아리스토텔레스가 법에 의해 뒷받침된 교육을 통해서 본성을 올바른 것을 욕구하는 습관으로 변형시키고자 하는 것은 바로 이와 같은 근거에서이다.

주지하듯이 성격적 탁월성은 습관의 결과로 생겨난다(『니코마코스 윤리학』 1103a14-5). "습관은 본성적으로 생겨나는 것도 아니요, 본성에 반하여 생겨나는 것도 [아니기 때문에]"(『니코마코스 윤리학』, 1103a24) 입법

---

171) 좋은 정체의 유지는 준법정신을 필요로 하지만, 경우에 따라 법에 불복종하는 태도도 필요로 한다. 아리스토텔레스는 펠로폰네소스 전쟁 시기에 아테네의 정체 발전에 중요한 역할을 한 테라메네스를 예로 들어 좋은 법에 대한 복종은 언제나 필요하지만 악법에 대한 불복종도 법의 지배에 필요하다고 주장했다. 이는 아리스토텔레스가 실증주의적 법 관념을 거부하고 있다는 사실 및 실질적인 정의의 관념—'좋은 입법'으로 표현하고 있음—이 올바른 법의 지배의 일차적인 전제조건이라고 믿고 있는 증거라 할 수 있다. 그렇다고 그가 자연법 관념을 옹호하고 있지도 않다. 그의 법 관념은 초월적이고 보편적으로 타당한 자연법 관념을 지지하기보다는 각각의 정체—삶의 양식으로서의 정체—와 불가분적인 관계에 있으며 시민들의 좋은 습관과 판단을 통해 (바람직한 정체에 부합하는 방식으로) 표현되고 실현되는, 따라서 프로네시스의 일상적이고 반복적인 실천에 의해 뒷받침되고 있다. 따라서 그것은 어느 면에서 인민주권과 법의 지배의 통합을 반영한다고 할 수 있다. 이에 관해서는 Frank(2005)를 참조할 것.

자는 강제 규범인 법을 통해 본성을 활용함으로써 좋은 습관을 길들여야 한다. 인간은 즐거운 것을 행하고 고통스러운 것을 회피하는 본성을 갖고 있다(『니코마코스 윤리학』, 1권 3장). 인간이 즐거움 때문에 나쁜 일을 행하고, 고통 때문에 고귀한 것을 회피하는 것은 이와 같은 본성 때문이다. 그러므로 입법자는 이성과 강제의 결합인 법을 통해서만이 시민들이 나쁜 일을 행하지 못하게 만들며 고귀한 것들을 행하도록 습관화시킬 수 있다.[172] 요컨대 시민들은 "플라톤이 말하는 바와 같이 어렸을 때부터 죽 마땅히 기뻐해야 할 것에 기뻐하고 마땅히 괴로워해야 할 것에 고통을 느끼도록" 길러져야 하는데, 이것이 바로 본성을 습관으로 변화시키는 올바른 교육의 목표이자 "모든 입법자들의 바람이다"(『니코마코스 윤리학』, 1104b11-4, 1103b4-5).

교육과 입법의 목적을 통해 볼 때, 성격적 탁월성은 "즐거움 및 고통과 관련해서 최선의 것들을 행하는 품성 상태인 반면 악덕은 그 반대의 상태"라 할 수 있다(『니코마코스 윤리학』, 1104b27-8). 또한 최선의 것들은 언제나 특정한 상황에서의 감정과 행위에 관련되어 있는 만큼, 성격적 탁월성은 "마땅히 그래야 할 때, 또 마땅히 그래야 할 일에 대해, 마땅히 그래야 할 사람들에 대해, 마땅히 그래야 할 목적을 위해서, 또 마땅히 그래야 할 방식으로 감정을 갖는 것"이자 행위와 관련해서도 지나침과 모자람이 없는 중간적인 혹은 최적인 것, 곧 일종의 중용이다(『니코

172) 이것이 아리스토텔레스가 "정의로운 일들을 행함으로써 우리가 정의로운 사람이 되고, 절제 있는 일들을 행함으로써 절제 있는 사람이 되며, 용감한 일들을 행함으로써 용감한 사람이 되는 것이다."라고 진술하는 근거이다.

마코스 윤리학』, 1106b22-28). 한마디로 성격적 탁월성은 특정한 상황 속에서 가장 바람직하고 올바른 것을 욕구하는 습관화된 성격이다.[173)]

그러면 본성을 활용함으로써 바람직하고 옳은 것을 욕구하도록 습관을 들이는 '올바른' 법의 원천은 어디에 있는가? 그것은 자연법과 같은 초월적이고 보편적이며 불변적인 도덕원리에 있는가(자연법 관념), 아니면 단순히 권력을 장악하고 있는 자들에 의해 유효하게 제정되었다는 사실에 있는가(실증주의 법 관념)? 법의 정당한 원천에 관한 아리스토텔레스의 입장은 자연법적 전통과 법실증주의 전통 중 어느 쪽에도 속하지 않는다. 왜냐하면 아리스토텔레스는 법의 정당한 원천이 자연법이나 권력자들의 의지에 있지 않고 궁극적으로 법이 속해 있는 정체, 곧 국가의 정치적 조직 방식(=공직의 편제)에, 그리고 나아가서는 폴리스의 고유한 생활양식, 즉 넓은 의미의 정체 및 입법자의 훌륭한 판단(즉 입법에 관한 정치적 프로네시스)에 있다고 보기 때문이다(『정치학』, 1289a11-3; 『니코마코스 윤리학』, 6권 8장).

공교육과 더불어 시민들의 습관을 조형하는 법의 원천이 정체에 있고 정체는 곧 정치 공동체인 국가의 삶의 방식이라고 한다면, 좋은 법과 교육의 내용을 고찰하는 입법적 과제는 결국 정체 및 그 궁극적 기반인 올바른 국가의 성격과 특징에 대한 논의—곧 정치학적인 논의—에 기반을 두지 않을 수 없다. 왜냐하면 그것을 먼저 고찰할 때만이 최선의

---

173) 이하 『니코마코스 윤리학』은 5권까지 다양한 성격적 탁월성들을 논한다. 여기서 지적할 필요가 있는 것은 준법정신은 모든 다른 성격적 탁월성들과 공존하고 또 토대가 되는 탁월성이라 할 수 있다는 것이다. 준법정신은 모든 공교육 과정에서 간접적으로 길러지는 동시에 준법교육을 통해 길러질 수도 있다.

법을 분간할 수 있는 능력과 입법의 능력, 곧 정치적 프로네시스(=정치술. politikē)를 얻을 수 있기 때문이다(『니코마코스 윤리학』, 1181b1-3, 1141b26, 1141b33-4).[174] 그래서 아리스토텔레스는 『니코마코스 윤리학』의 마지막 부분에서 "입법에 관한 것은 선대의 연구자들에 의해 탐구된 적이 없으므로 이제 우리가 직접 검토하는 것이, 또 일반적으로 정치 체제에 대해 검토하는 것이 더 나을 것이다."라고 선언하고 『정치학』에서 폴리스들에 대한 광범위한 조사 연구와 비교·분석 및 평가 작업에 돌입하는 것이다(1181b12-4).[175]

『정치학』 4권 1장('정치학의 과제와 대상')은 포괄적인 생활 공동체인 국가와 구분되면서도 그와 유기적으로 연관되어 있는 정체—국가의 정치적 조직 방식—에 관한 연구가 어떻게 입법이라는 정치적 프로네시스와 연관되어 있는지를 명료하게 보여준다.[176] 아리스토텔레스에 의하면 정체에 관한 포괄적인 연구는 좋은 입법에 관한 경험적 판단 능력을 제고시켜줌으로써 주로 『형이상학』과 『니코마코스 윤리학』에서 다뤄지

---

174) 입법은 정치 공동체의 보편적 원칙을 다루는 실천적 판단의 영역이고, 심의와 사법은 정치 공동체의 개별적인 것들을 다루는 실천적 판단의 영역에 속한다(『니코마코스 윤리학』, 1141b30-5). 여기서 한 가지 지적할 것은 정치적 프로네시스는 폴리스에 관한 경험적 지식 그 이상을 요구한다는 것이다. 그것은 인간의 발전과 완성에 관한, 다시 말해 인간성에 관한 목적론적 형이상학(이론적 지식)에 기반하고 있다는 점이다. 그런 점에서 입법은 이론적 지식과 경험적 판단의 복합적 산물이다.

175) 그런 점에서 『정치학』은 입법자에게 다양한 정체에 대한 경험적 정보들을 제공함으로써 입법자가 좋은 입법과 공교육을 구상할 수 있게 해주는 필수적인 (경험적) 판단 근거를 제공한다. 즉 입법자는 『정치학』에서 제공되는 광범위한 자료를 근거로 입법과 교육의 구상에서 자신의 프로네시스를 발휘하게 된다. 그런 점에서 입법은 프로네시스의 산물이지, 어떤 초월적이고 보편적인 지식의 실현 수단(techne)이나 권력자의 의지를 표현한 명령체계가 아니다. 그리고 도시의 생활양식은 그 구성원들의 사고와 좋은 판단 그리고 행위의 습관들에 의해 유지되고 또 그것들을 반영하므로(또 그에 의해 점진적으로 변화되므로), 도시의 정치문화와 생활양식을 반영하고 또 그것들을 영속화시키고자 하는 법은 그 도시 구성원들의 프로네시스를 반영하는 동시에 함양시킨다고 할 수 있다.

는 인간의 도덕적 발전과 완성에 관한 목적론적 형이상학(이론적 지식)과 더불어 올바른 입법을 위한 통찰을 제공해준다(『정치학』, 1289a11).

아리스토텔레스에 의하면 정치학은 다음과 같은 포괄적인 과제와 대상을 연구함으로써 입법의 토대를 제공한다(『정치학』, 1288b21-1289a25). 첫째, 어떤 정체가 최선의 것인지, 외적인 장애 요인이 없을 경우 이상적인 정체에 가장 일치하는 정체는 어떤 종류인지를 연구한다. 둘째, 개별 국가들에 어떤 정체가 적합한지 고찰한다. 이것은 대부분 국가들의 경우 최선의 정체를 도입하는 것이 거의 불가능하기 때문에 진정한 입법자와 정치가는 절대적인 최선 정체뿐만 아니라 상대적인 최선 정체에 대해서 알고 있어야 하기 때문이다.

셋째, 실제적인 정체의 형성 과정과 그 정체가 오랫동안 유지되어온(또는 유지될 수 있는) 메커니즘을 이해해야 한다. 마지막으로, 정치학은 어떤 정체가 대부분의 국가에 가장 잘 맞는지를 연구해야 한다. 이것은 진정한 입법자와 정치가는 최선 정체뿐만 아니라 실현 가능한 정체 및 가장 쉽게 실현될 수 있고 또 모든 국가에 가장 잘 맞는 정체도 알고 있어야만 하기 때문이다. 아리스토텔레스는 정치학이 제공하는 이와 같은 경험적 지식들은 실현 가능한 최상 정체에 부합하는 법뿐만 아니라 각각의 정체에 적합한 법을 입안하는 데에도 귀중한 통찰을 제공할 것이라 단언하고 그 이유를 다음과 같이 설명한다.

---

176) 정체는 포괄적인 생활 공동체의 목적에 부합하는 정치적 조직 방식이라고 할 수 있다. 국가의 목적과 정체 형태의 부합은 국가의 통일성과 동질성을 유지하는 데 필수적이다. 아리스토텔레스는 국가의 동질성을 영토나 주민과 같은 요소들보다는 정체의 일관성(동질성)에 있어서의 변화, 곧 정체의 변화에서 찾고 있다(『정치학』, 1276a38-40).

이런 통찰들을 갖게 되면 최선의 법은 어떤 것이며, 각각의 정체에 맞는 법은 어떤 것인지 알 수 있게 될 것이다. 왜냐하면 실제로 그러하듯, 정체에 법을 맞춰야지 법에 정체를 맞춰서는 안 되기 때문이다. 정체는 공직들이 어떻게 배분되고 국가의 최고 권력은 누가 가지며 각각의 공동체가 추구하는 목표(telos)인 반면, 법은 정체의 이런 규정과는 달리 치자들이 거기에 따라 통치하고 위반자를 감지하며 제지하는 규칙들이기 때문이다. 따라서 각 정체에 맞는 법을 제정할 수 있기 위해서라도 정체들의 변형과 그것들의 수를 반드시 알고 있어야 한다. 민주정체나 과두정체가 한 가지가 아니라 여러 가지인 만큼, 같은 법이 모든 과두정체나 민주정체에 유익할 수는 없기 때문이다(『정치학』, 1289a11-25).

그러므로 법은 정치학이 제공하는 광범위한 경험적 지식들을 근거로 입법자가 발휘한 좋은 판단, 곧 정치적 프로네시스의 산물이다. 그것은 궁극적으로 폴리스의 정치적인 조직 방식으로서의 정체 및 그 정체를 통해 실현하고자 하는 국가 공동체의 고차적인 목적—행복하고 좋은 삶, 즉 탁월성을 계발하고 실현하는 삶—과 연계되며, 또 그런 점에서 국가라는 생활 공동체 속에서 계발되고 학습된 시민들의 습관화된 생활방식 및 실천적 행위와 판단의 산물이라고도 할 수 있다(Strauss 1992, 217; Frank 2005, 511-2).[177] 그러므로 입법 행위로 발현되는 정치적 프로네시스는 인간에게 가장 좋은(선한) 것에 관한 이성적 탐구—인간의 본성에 관한 형이상학적 · 이론적 탐구—및 정치 공동체와 개인들 모두에게 가장 선한 것을 얻거나 실현하고자 하는 올바른 (일차적으로 입법자의) 욕구의 결합이다(『니코마코스 윤리학』, 1140b5-6).[178]

또한 정치 공동체와 개인들 모두의 행복이 결국은 시민들의 탁월함(미덕)에 달려 있다면, 시민들의 지적 · 성격적 탁월함의 내용과 그 탁월함을 마름할 수 있는 최선의 올바른 수단과 방법을 찾아내는 것 역시 입법과 불가분적인 연관성이 있다. 그런 점에서 법에 의해 뒷받침된 공교육을 통해 시민들의 지적 · 성격적 탁월함을 함양코자 하는 윤리학적이고 교육학적인 관심 또한 입법이라는 정치적 프로네시스의 핵심적 관심사가 된다(Pangle 2011, 86).

국가와 정체 그리고 입법과 교육의 상호 반영적인 관계에 대한 지금까지의 설명은 법치와 인치의 변증법적인 상보성 원리에 입각해 있는 아리스토텔레스의 법의 주권 원리를 이해할 수 있게 해준다. 교육과 법은 합리적인 가르침과 강제성을 통해 시민들의 지적 능력과 탁월한 성격을 함양하는 가운데, 법의 정신과 목적을 시민들의 지성과 습관에 각인시켜서 시민들이 철저한 준법정신을 가지고 법의 정신에 따라 판단하고 행위할 수 있도록 준비시킨다. 그리하여 시민들은 시민—피치자로서의 자격과 통치자로서의 자격을 갖고 있는—으로서의 지적 · 성격적 탁월성을 발휘함으로써 정체와 국가 공동체의 생활양식을 유지하는 데 기여함은

177) 아리스토텔레스가 플라톤의 『법률』을 비판하는 한 가지 이유를 여기서 발견할 수 있다. 그는 플라톤이 법률의 궁극적 원천이자 토대라 할 수 있는 국가 공동체와 정체의 실제적 특성에 대해 거의 탐구하지 않는다고 비판한다. 『법률』에서 도시와 정체의 다양성에 대한 분석이 거의 나타나지 않고 있다는 사실은 그 한 가지 증거가 된다고 보며, 따라서 플라톤적 정치학은 진정한 정치가(입법자)를 훈련시키는 데 필요한 충분한 지식을 제공해주지 못한다고 보는 것이다.

178) 입법자의 정치적 프로네시스는 그 자체가 입법자의 지적 · 성격적 탁월함을 의미한다. 입법자가 입법과 관련된 실천적 지혜를 얼마나 발휘하느냐 하는 것은 특수한 상황 속에서 올바른 목적을 선택하고 그 목적을 실현할 수 있는 최선의 방법을 찾아내는 성격적 탁월함(미덕)에 달려 있기 때문이다.

물론 개인적으로도 탁월한, 따라서 행복한 삶을 살 수 있게 된다.

성격적 탁월함(미덕)을 구성하는 습관과 개별적 행위들 사이의 역동적인 재귀적 관계는 법률의 점진적이고도 부분적인 개정 가능성을 허용하면서도 법률이 개별 행위들을 구속 또는 규제함으로써 법의 지배를 완성시키는 구체적인 메커니즘을 보여준다(Frank 2005, 511). 오랫동안 형성된 습관은 개별적인 행위들을 지배하지만 모든 개별적인 행위들을 완전히 지배하지는 못한다. 만일 그렇다면 습관은 영원히 변하지 않을 것이며, 따라서 그 습관과 불일치하는 개별 행위들의 누적적 효과에 의해 습관이 변하는 일은 없을 것이다. 법률 또한 습관과 유사한 성격을 갖고 있다. 법률은 개별적인 행위들을 규제하고 지배하지만 완전히 지배하지는 못한다. 법률의 지배가 완전하다면 법률의 개정은 불가능할 것이며, 그에 따라 정체와 정치 공동체의 문화나 생활양식 또한 전혀 변할 수 없게 될 것이다. 하지만 장기적으로 볼 때, 법률은 법률에 일치하지 않은 개별적인 행위들의 점진적이고 누적적인 효과에 의해 부분적인 개정의 압력을 받게 될 것이고 마침내 그렇게 될 것이다. 그러므로 "법이 성문화한 경우에도 불변으로 남아 있는 것은 바람직하지 않다"(『정치학』, 1269a8).[179]

법률과 개별적 행위의 역동적인 재귀적 관계는 법의 정신과 지혜가 법의 강제와 교육을 수단으로 하여 개별적인 시민들과 통치자들의 습관화된 행위와 판단에 육화된다는 것을 의미한다. 그것은 곧 법과 교육을 통해 개인들이 탁월성(미덕)을 갖춘 시민들로 전환된다는 것을 의미하는 동시에, 역으로 개별 시민들의 행위와 판단을 통해 법의 정신과 지혜가 구체적으로 실현된다는 것을 의미한다. 그런 의미에서 법과 시민들의 습관적 행위와 판단 사이에는 역동적이며 상호 지지적인 재귀적 관계가 성립한다.

이런 관점에서 보면 아리스토텔레스가 법의 지배를 인치와 상보적인 관계로 이해했던 이유를 알 수 있다. 그가 볼 때 좋은 법과 공교육에 의해 잘 배양된 시민들의 탁월성은 그 자체가 법의 정신과 지혜의 산물이자 법의 정신과 지혜를 담고 있다. 그런 까닭에 법이 때로 개별적인 경우들에 관련된 조항들을 결여하고 있다고 해도 법의 목적과 지혜를 체화한 통치자들은 개별적인 사안들을 법의 목적과 정신에 따라 올바로 다룰 수 있다.

법은 모든 경우를 다 결정할 수는 없다. 그렇지만 이런 상황에 대처하도록 공직자들을 훈련시켜 법이 처리하지 못하고 남은 문제를 최대한 공정하게 결정하고 처리할 수 있도록 준비시킨다(『정치학』, 1287a25-28). 이것이 바로 법률은 진공 속에서 고립적으로 존재하지 않고 언제나 특

179) 이처럼 아리스토텔레스는 법의 부분적인 개정을 인정한다. 그것은 법이 개별적인 행위를 지속적으로 완벽히 지배할 수 없는 불가피한 사정 때문이다. 하지만 대체로 그는 법의 개정에 대해 매우 보수적인 태도를 취하고 있다. 법의 급격한 개정은 오랜 시간에 걸쳐 형성되는 습관을 교란시키고 공동체의 동질성과 통일성을 파괴하기 때문이다. 조심스럽고 부분적인 법 개정을 인정하면서도 전반적으로 법 개정에 보수적인 태도를 취해야 할 이유에 대해 아리스토텔레스는 다음과 같이 진술하고 있다. "다른 전문 지식과 마찬가지로 정치학에서도 모든 법규를 정확히 성문화한다는 것은 불가능하다. 법규는 보편적이어야 하는데, 행위는 개별적인 것에 관련되기 때문이다. 따라서 개별 법규들은 경우에 따라 바뀌어야 하는 것이다. 그러나 다른 시각에서 보면 변화에는 큰 주의가 요망된다. 법을 쉽게 바꾸는 습관은 나쁜 것이며, 법을 바꿔서 별로 실익이 없다면 입법자와 통치자의 약간의 과오쯤은 내버려두는 게 분명 더 바람직하다. 법을 바꿔서 얻은 이익이 통치자에게 불복종하는 습관으로 생기는 손해만큼 크지는 않을 것이기 때문이다. 그리고 법을 전문 지식과 비교하는 것은 옳지 않다. 법은 습관 외에는 사람을 복종시킬 다른 힘이 없는데, 습관은 오랜 시간이 지나야 형성되기 때문이다. 그래서 기존의 법을 새 법으로 바꾸면 법의 힘이 약해지기 때문이다"(『정치학』, 1269a9-23). 무엇보다 법의 빈번한 개정은 국가 공동체와 정체의 유지에 근간이 되는 준법정신의 훼손을 가져옴으로써 법의 권위를 약화시켜 궁극적으로 법의 지배를 어렵게 한다는 것이 아리스토텔레스의 생각인 듯하다.

정한 정체 속에서 존재함으로써 정체에 부합하게 제정되어야 한다는 주장이 갖는 의미이다. 아리스토텔레스는 정상적인 정체들의 경우, 법의 지배와 통치자(들)는 상호 지지적이며 보완적인 관계를 형성하고 있다고 보았다. 때문에 해당 법률이 존재하지 않는 경우, 통치자들의 자유재량에 따른 통치—올바른 법과 좋은 교육을 통해 교육되고 이미 통치자들의 지배를 경험한 통치자들의 지배일 경우—는 결국 법치와 다름이 없는 결과를 산출할 것이라고 확신, 법의 지배는 결국 통치자의 탁월성으로 육화된 법의 지배와 다름이 없다고 생각했다.

5. 교정적 정의의 정치적 성격과 형평 원리

교정적 정의 이론과 형평 원리에는 지금까지 설명한 아리스토텔레스 법치주의의 변증법적 특성이 현저히 드러나 있다. 그러므로 이 장에서는 이 두 가지 주제를 중심으로 아리스토텔레스 법치주의의 변증법적인 성격을 확인해보고자 한다. 여기서 중요한 점은 법을 제정하는 입법자의 성품과 실천적 지혜보다는 법을 해석 · 집행하는 재판관의 성품과 실천적 지혜의 역할이다. 법은 재판관의 성품과 실천적 지혜를 매개로 하여 법이 궁극적으로 구현하려고 하는 정의—법에 따른다는 의미의 형식적인 정의 이상의 절대적 정의—의 실현에 이바지함으로써 법치를 보완 · 완성시켜주는 것으로 해석된다.

웨인립(E. J. Weinrib)은 아리스토텔레스가 정치적 정의의 영역과 교정적 정의의 영역을 서로 구분되는 독자적인 영역으로 간주하고 있다고 파악한다(Weinrib 1992). 아리스토텔레스의 정의론에 대한 웨인립의 해석은 이항대립적 사고에 침윤된 오늘날의 현대적 시각을 반영하는 것으로, 변증법적 법치주의의 관점에서 보면 그 문제점을 쉽게 인식할 수 있다.

웨인립에 의하면 사법(私法)에 관한 가장 최초의 체계적인 설명은 아리스토텔레스의 교정적 정의 개념을 통해 제시되었다(Weinrib 1992, 403).[180] 그에 의하면 아리스토텔레스는 윤리적 미덕으로서의 정의와 소유상의 정의를 엄밀히 구분한다. 윤리적인 미덕이 이미 타인과의(=외적인) 관계에서의 정의를 '내포'하고 있는 것과는 달리, 소유상의 정의는 본질적으로 타인과의 평등한 관계를 통해 실현된다. 따라서 소유상의 정의를 이해하기 위해서는 상호 작용하는 당사자들 사이의 관계의 본질(=구조)을 이해해야 하는바, 이 관계는 정의와 평등 그리고 중용이라는 세 가지 이상을 포함하고 있다(Weinrib 1992, 406-7).[181]

소유상의 정의는 서로 대조적인 두 가지 형태로 구분되는데 이것이 바로 분배적 정의와 교정적 정의이다. 아리스토텔레스는 이 두 가지 정의들을 특수적 정의의 범주에 속하는 것으로 분류함으로써 준법성을 의미하는 일반적 정의와 구분하고 있다. 이 중 교정적 정의는 거래 당사자들 사이에 양적인 평등이 성취될 때 실현되는 반면, 분배적 정의는 사회협력의 혜택과 부담을 분배하는 데 적용되는 정의로서 특정한 기준들—

180) 웨인립은 대학의 법학자들이 이 문제를 거의 다루지 않았다고 지적하며 자신의 논의가 거의 최초임을 암시한다.

181) 평등으로서의 정의는 동일한 양이나 가치를 의미하는 것이 아니라 당사자들 사이의 순전히 형식적인 관계로서, 말하자면 수학 연산에서의 등호와 같다.

능력, 소유, 공로 등—의 소유 또는 실현 정도에 비례하여 실현된다.

웨인립에 따르면 양적인 평등으로서의 교정적 정의는 사법의 기본 특징을 잘 나타내준다(Weinrib 1992, 409-10). 교정적 정의는 한쪽의 부당한 이익이 다른 쪽의 부당한 손실과 맞물려 있는 피고와 원고 사이의 특수한 소송관계에 적용되는바, 이 둘 사이의 교정을 요구한다. 물론 저질러진 부정의에 대한 교정은 판사에 의해 이루어진다. 판사는 평등의 기준선—부정 이전의 상태—을 확인하고 이 선을 평등한 두 부분으로 나눔으로써 양적인 평등을 실현한다. 말하자면 판사는 '영혼에 각인된 정의'(justice ensouled)로서 소송 당사자들 사이의 양적인 평등, 곧 교정적 정의를 대변한다(Weinrib 1992, 411).

아리스토텔레스의 교정적 정의 개념은 특수한 내용을 결여하고 있어서 실질적인 해결책을 제시해주기 어렵다는 켈젠(H. Kelsen) 유의 비판에 대해, 웨인립은 아리스토텔레스가 문제 상황의 구조를 올바르게 확인함으로써 적어도 해결책이 갖춰야 할 구조적 특징을 제시해주었다고 옹호한다. 그에 의하면 아리스토텔레스는 정의로운 보상에 관련된 두 가지 상이한 문제 영역들—분배적 정의에 관련된 문제와 교정적 정의에 관련된 문제들—이 존재한다는 것을 분명히 지적해주었다(Weinrib 1992, 413). 즉 당사자들 사이의 상호 작용이 교정적 정의 영역에서는 직접적인 데 반해, 분배적 정의 영역에서는 분배적 제도들을 통해 매개된다(Weinrib 1992, 415). 다시 말해 교정적 정의의 문제들은 저질러진 해를 통해 두 당사자들을 '직접적으로' 연계시키는 데 반해, 분배적 정의의 문제들은 모든 관련 당사자들이 공유하는 혜택과 부담의 분배를 통해 그들 모두를 '간접적으로' 연계시킨다. 웨인립의 해석에 따르면 이 두 가지 정의 개념들은 사람들의 외적인 관계를 질서 지우는 상이한 방식들로서 각각의 독자적이며 자율적인 체계를 갖는 것으로 이해되는바, 이 둘을 통합시켜줄 수 있는 포괄적인 정의는 없다(Weinrib 1992, 416).

웨인립의 이런 입장은 형식주의적 관점에서 아리스토텔레스의 정의론을 해석한 것으로, 아리스토텔레스의 사법(私法)을 정치적 관심사로부터 절연되어 있는 자율적인 체계로 이해하는 관점이 반영된 것이다. 그는 교정적 정의를 정치적 정의—자연적 정의와 법적 정의—와 무관한 영역으로 해석하다. 웨인립은 『니코마코스 윤리학』 5권에서 전개되고 있는 아리스토텔레스의 정의론을 형식주의에 따라 해석함으로써 준법성을 의미하는 일반적 정의를 정치 영역에 적용되는 정의로(정치적 정의), 특수적 정의의 일부인 분배적 정의를 제한된 정치적 역할을 하는 정의로(공적인 분배적 제도를 통해 매개된 정의), 그리고 특수적 정의의 나머지인 교정적 정의를 사적인 개인들 사이에서만 적용되는 비정치적인 정의로 이해한다(Weinrib 1992, 404-16).

이와 같은 형식주의적 해석에 입각하여 웨인립은 교정적 정의에서 형평이 수행하는 역할을 설명한다(Weinrib 1992, 419-21). 아리스토텔레스는 교정적 정의의 위반을 두 당사자들 사이의 (양적인) 평등의 교란으로 개념화하기 때문에 교정적 정의의 규범적 성격은 평등의 의미에 좌우되게 된다. 그런데 교정적 정의의 영역에서는 사람들의 도덕적 질이나 신분상의 차이가 전혀 고려되지 않는다. 이 점은 『니코마코스 윤리학』 5권 4장에 분명히 나타나 있다.

상호 교섭에서 정의로운 것은 어떤 종류의 동등함이고 부정의한 것은 '등등하지 않음'이며, 이때의 동등함은 저 [기학학적 또는 비례적] 비례에 따르는 것이 아니라 산술적 비례에 따르는 것이다. 훌륭한 사람이 나쁜 사람에게서 탈취했든 나쁜 사람이 훌륭한 사람에게서 탈취했든 아무 차이가 없으며, 훌륭한 사람이 간통했든 나쁜 사람이 간통했든 그 역시 아무 차이가 없기 때문이다. 오히려 법은, 한 사람은 부정의를 행하고 다른 사람은 부정의를 당한 경우, 또 어떤 사람은 손해를 입히고 다른 사람은 손해를 입은 경우, 그 손해의 차이에만 주목하며 당사자들을 모두 동등한 사람으로 간주한다(1132a2–5).

교정적 정의의 문제에서 사람들 사이의 도덕적 · 사회적 가치가 고려되지 않는 것은 분배적 정의와 교정적 정의의 구조적 차이를 보여준다. 분배적 정의가 사람들의 도덕적 · 사회적 차이를 분배의 기준으로 삼는 데 반해, 교정적 정의는 그와 같은 모든 기준들을 배제한다. 교정적 정의가 적용되는 영역에서는 평등이 단지 저질러진 해악의 정도에만 연관되어 있다. 다시 말해 저질러진 해악의 정도만을 보는 것이지 당사자들 사이의 도덕적 · 사회적 차이를 보지 않는다. 그런 점에서 교정적 정의는 분배적 정의와는 상관없는 독자적인 (평등한) 자격(entitlement) 개념에 입각하여 작용한다.[182)]

웨인립은 교정적 정의에 대한 아리스토텔레스의 논의는 그의 윤리학적 논의에서 다소 예외적인 지위를 갖는 것으로 해석한다. 왜냐하면 그의 윤리학은 성품의 탁월성을 명료하게 설명하는 것이 주목적이므로 성품의 탁월성(미덕)이나 가치를 전혀 고려하지 않는 교정적 정의에 관한 논의는 윤리학적 논의에서 예외일 수밖에 없다고 보기 때문이다.[183)] 그리하여 웨인립은 아리스토텔레스가 다루고 있는 교정적 정의의 문제들을 사법(私法)의 고유 영역에 속하는 것으로 규정하고 정치적인 문제로부터 절연된 독자적인 정합적 규범질서로 단정한다(Weinrib 1992, 424-5).

사법(私法)을 정치로부터 독립된 자율적인 영역으로 간주하는 형식주의적 관점에서 아리스토텔레스의 교정적 정의를 해석하고 있는 웨인립의 입장은 아리스토텔레스에게는 정의에 관련된 모든 문제들이 정치적인 차원을 갖고 있으며, 인간적 행위자의 도덕적 성품을 통해 매개되는 특징을 공유하고 있다는 점을 간과하고 있다. 아리스토텔레스는 정의에 관련된 모든 문제들이 다 정치적이라고 보는바, 웨인립이 교정적 정의의 고유 영역에 속한다고 보는 사법적 영역 역시 이로부터 예외일 수 없다.

아리스토텔레스는 정의라는 주제를 심층적으로 다룬 『니코마코스

---

182) 교정적 정의는 분배적 정의 개념에 입각하여 수립되는 자격의 존재—제도적으로 규정되는 자격—를 전제하기 때문에 거래에서의 평등은 분배적 정의의 비례적 평등을 반영한다는 비판이 있을 수 있다. 웨인립은 이 비판이 몇 가지 근거에서 불충분하다고 본다. 첫째, 이 해석은 분배적 정의와 교정적 정의를 구분하는 아리스토텔레스의 구분 자체를 지워버린다. 둘째, 아리스토텔레스가 분배적 정의를 교란시키는 예들로서 거래상의 부정의를 부각시킬 이유가 없다. 거래상의 부정의는 분배적 정의의 교란이라는 관점에서 볼 때 그다지 심각한 예들이 아니기 때문이다. 셋째, 분배적 정의의 한 특수한 예로서 교정적 정의를 이해하면 거래상의 부정의는 피해자에게 직접적으로 행해진 해로서보다는 소송 당사자들에게 분배된 공정한 몫에 비추어 평가되어야 할 것이다. 아리스토텔레스는 교정적 정의가 전제하고 있는 평등(한 자격) 개념을 구체적으로 제시해주고 있지 않지만 전후 맥락을 볼 때 다음과 같은 세 가지 측면에서 이해할 수 있다. ① 교정적 정의는 거래 당사자들을 평등한 사람들로 본다(법은 그들을 평등하게 취급한다). ② 당사자들의 사회적 서열과 도덕적 특징을 고려하지 않는다. ③ 가해자와 피해자의 직접적인 관계만을 본다(Weinrib 1992, 421).

183) 웨인립은 칸트와 헤겔의 자연권 개념은 아리스토텔레스의 교정적 정의의 구조적 특징에 대한 보완을 통해 제시되었다고 본다(Weinrib 1992, 422). 칸트와 헤겔은 법을 상황적 특수성으로부터 초월할 수 있는 자결적인(혹은 자율적인) 행위자들의 평등을 표현하고 있는데, 이는 교정적 정의의 한 가지 구조적 특징인 당사자들의 평등성—도덕적·사회적 차이를 무시한—을 발전시킨 것이라고 본다.

윤리학』(5권)에 이어 쓴 『정치학』의 1권 2장에서 정의가 정치 공동체의 주된 특징임을 강조한다. 그에 의하면 "정의는 국가 공동체의 특징의 하나"로서 "국가 공동체의 질서를 유지해주고, 정의감은 무엇이 옳은지 판별해[준다]."고 주장한다(1253a37-9). 폴리스로부터 유리된 인간에게는 정의가 존재하지도 적용되지도 않는다. 그런 의미에서 폴리스를 떠난 개인은 "들짐승이거나 신"임에 분명하다(1253a36).

정의는 여러 가지 측면에서 본질적으로 정치적이다(Heyman 1992, 853). 정의는 정치 공동체의 좋음과 유대를 표현하고 폴리스의 법과 제도를 통해 구현되며, 개인들을 공동선과 타인들의 선을 존중하는 시민들로 변형시켜준다. 헤이만이 적절히 지적하듯, 아리스토텔레스 정의관의 근본적인 정치적 특성은 『니코마코스 윤리학』 5권의 정의에 대한 설명 전반에 깔려 있다(Heyman 1992, 853). 아리스토텔레스의 다음과 같은 언급은 모든 정의들이 근본적으로 정치적인 성격을 갖고 있음을 시사해준다.

> 법을 어기는 사람은 부정의한 사람이고 법을 지키는 사람은 정의로운 사람이므로, 법에 따르는 것(nomina)은 분명 어떤 의미에서 모두 정의로운 것이다. 법 제정술에 의해 규정된 것은 [지켜야 할 것으로서] '법에 따르는 것'이며, 우리는 이것들 하나하나를 정의로운 것이라고 이야기한다. ……따라서 우리는 하나의 단일한 방식에 따라 정치적 공동체를 위해 행복과 행복의 부분들을 만들어내고, 그것들을 보전하는 것이 정의로운 것이라고 말한다(『니코마코스 윤리학』, 1129b13-9).

정의는 그것이 일반적인 의미의 준법성을 의미하든, 아니면 보다 특수한 형태의 분배적 정의나 교정적 정의를 의미하든 정치 공동체의 '행복과 행복의 부분들'을 만드는 데 필수적이라는 점에서 정치적인 성격을 갖고 있다. 웨인립은 분배적 정의가 어느 정도 정치적 성격을 갖고 있다는 것을 인정하고 있지만, 소송 당사자들 사이의 산술적 평등에 관계된 교정적 정의는 공동체의 집단적 목적이 개입될 여지가 없으므로 근본적으로 비정치적이라고 주장한다. 하지만 이는 불법 행위나 거래상의 불법 자체가 법을 어기고 타인에게 자발적으로 해를 가함으로써 일차적으로 일반적인 정의로서의 준법성을 약화시키고 있기 때문에 정치 공동체의 공동선을 침식하는 정치적 영향이 있음을 간과하는 것이다. 그러므로 두 당사자들 사이에만 관련되는 정의의 문제가 존재할 수 있다는 웨인립의 견해는 교정적 정의를 반영한 법 자체가 이미 정치적 성격을 갖고 있다는 아리스토텔레스의 기본 관점을 제대로 이해하지 못한 것이다(Heyman 1992, 856-7).

'성품'의 탁월성과 '행위'의 미덕을 구분하고 또 그런 구분에 입각하여 교정적 정의의 문제에 접근하는 것은 타당한 측면이 있다. 하지만 그렇다고 아리스토텔레스가 행위와 성품의 탁월성을 완전히 분리할 수 있는 것처럼 생각하여 교정적 정의의 문제를 (정치적 영역과) 완전히 독립적인 정의의 영역으로 간주했다고 보는 웨인립의 해석은 미덕과 행위의 상호 침투적이며 재귀적인 관계를 간과한 소치이다. 주지하듯이, 아리스토텔레스에 의하면 모든 미덕은 그 미덕에 조응하는 행위를 수행함으로써 획득된다. 사람들은 '정의로운 행위를 함으로써 정의로운 사람이 되며, 절제 있는 일들을 행함으로써 절제 있는 사람이 되고, 용감한 일들을 행함으로써 용감한 사람이 되는 것이다'(『니코마코스 윤리학』, 1103b2-6). 교정적 정의는 사람들로 하여금 사적인 관계 속에서 이와 같은 품성을 기르는 특수한 기능을 수행하는 것이다.

하지만 교정적 정의의 정치적 성격은 보다 중요한 다른 측면에서 확인할 수 있다. 교정적 정의의 집행을 통해 형성되는 개인의 미덕들은 주로 사적인 거래관계나 불법 행위에 관련되어 있기 때문에 언뜻 보면 사적인 개인들에게만 연관된 미덕들로 이해되기 쉽다. 하지만 헤이만이 적절히 지적하고 있듯이, 아리스토텔레스는 교정적 정의와 관련된 미덕을 정직이라는 개인적 관점에서 규정하지 않고 "거래에 있어서 [잘못된 것을] 시정하는 역할을 하는" 미덕으로 규정하고 있다(『니코마코스 윤리학』, 1131a1; Heyman 1992, 858). 그러므로 교정적 정의에 관련된 미덕은 일차적으로 거래 당사자들의 미덕이 아니라 거래상의 부정의를 시정하는 공직자, 곧 재판관의 미덕이다(Heyman 1992, 858). 거래에서 해를 가한 사람은 특별한 부정의를 행한 사람이고, 피해를 당한 사람은 해를 입은 사람일 뿐이다. 이들은 교정적 정의에 관련된 미덕을 발휘하지 않는다. 그런 미덕을 발휘하는 사람은 부정의를 시정하는 재판관인 것이다. 가해자의 부당한 이익을 취하여 피해자의 부당한 손실을 매워주기 위해 재판관의 미덕이 필요한 것이다. 이것이 바로 논쟁이 생기면 사람들이 '재판관에게 의지하는' 이유이며, 재판관이 일종의 '정의의 화신'으로 불리는 이유인 것이다(『니코마코스 윤리학』 1132a19-28). 요컨대 교정적 정의는 사적인 권리의 관점에서가 아니라 정치적 미덕의 관점에서 이해되어야 하는, 일반적인 미덕(=일반적 정의=준법성)의 핵심적 일부인 것이다(Heyman 1992, 859).[184]

이상의 설명은 정치적 정의와 교정적 정의가 '정의의 화신'으로서의 재판관의 탁월한 성품을 통해 통합되어 있음을 보여준다(『니코마코스 윤리학』, 1132a20-1). 개별적인 행위는 영역별로 구분될 수 있다. 하지만 각 영역에서 적용되는 정의는 사람들(여기서는 재판관)의 성품과 결합된 실천적 판단을 통해 (영역에 적합한 방식으로) 구현됨으로써 통일성을 얻게 되는바, 이 통일성은 미덕과 법, 법과 교육, 교육과 미덕의 상호 침투적이며 재귀적인 순환적 통합을 통해 형성되는 것이다.

형평은 법치와 인치의 변증법적 통합에 기초해 있는 아리스토텔레스의 법치주의에서 매우 중요한 역할을 수행한다.[185] 아리스토텔레스는 『니코마코스 윤리학』 5권 10장과 『수사학』에서 형평과 정의 그리고 법의 삼자 관계를 설명하고 있기 때문에 이 부분을 중심으로 형평의 원리를 살펴보고, 이 원리가 아리스토텔레스의 변증법적 법치주의에 대해 갖는 중요성을 조명해보고자 한다.

---

184) 이런 관점에서 헤이만은 교정적 정의에 조응하는 아리스토텔레스의 자유관은 웨인립의 해석과 달리 평등한 지위의 평등으로서, 이것이 사법적 평등의 기초가 된다고 본다. 웨인립이 자율적이며 자결적인 존재로서의 개인의 자유라는 (무정치적 혹은 전정치적) 자유에 입각하여 아리스토텔레스의 자유관을 재규정하려는 반면, 헤이만은 아리스토텔레스의 자유관은 정치 공동체에 근거를 두고 있는 정치적 자유임을 강조한다. 그에 의하면 아리스토텔레스의 정치적 자유관은 공적인 측면과 사적인 측면을 갖고 있다. 공적인 측면은 통치에의 참여를 통해, 그리고 사적인 측면은 통치의 대상이 되는 측면을 통해 표현된다고 본다(ruling and being ruled). 하지만 여기서 사적인 측면은 자신이 원하는 것을 할 수 있는 자유라기보다는 공동체의 선을 증진시키는 법률에 따라 사는 것을 의미한다(Heyman 1992, 859-3).

185) 형평의 요소를 거부하지 않는 법치주의는 암묵적으로 인치의 요소를 수용한다고 볼 수 있기 때문에 형평은 법치주의와 관련하여 복잡한 이론적 문제를 제기한다. 하지만 아리스토텔레스의 경우에는 형평을 법치를 보완 · 완성시키는 요소로 보고 있다고 볼 수 있는데, 그 이유를 설명하는 것이 이하에서의 논의이다. 아리스토텔레스의 형평 원칙에 대한 다양한 해석과 현대적 변용에 대한 요약으로는 Shanske(2008)를, 형평과 법치주의의 다양한 이론적 관계에 대해서는 Solum(2008)을 참조하라.

형평은 성문법을 능가하는(go beyond) 정의이다. 입법자들에 관해서는 의도적으로 혹은 의도하지 않게 누락이 발생한다. 만일 입법자들이 그 누락을 간과했다면 그것은 비의도적이지만, [그 문제를] 일반적으로 구분하지 못하고 [문제의 것들이] 보편적이지는 않지만 사실상 대부분의 경우에는 참될지라도 마치 보편적인 것인 양 말하지 않을 수 없었다면 의도적이다. 그리고 그것은 무수히 많은 케이스들 때문에 어떤 문제를 일반적으로 결정하기가 쉽지 않을 때 그러하다. ……그러므로 어떤 문제를 더 정확히 규정할 수는 없지만, 그것에 대해 입법의 필요성이 있다면, 포괄적으로(broadly) 말하는 것이 필요하다. 그리고 반지를 끼고 있는 사람이 손을 들거나 실제로 다른 사람을 쳤을 경우(의도치 않게), 그는 '금속 도구를 사용하여 상처를 입힘'에 관한 성문법에 따라 책임을 져야 하고 따라서 부정의를 저질렀지만, 진실된 것(what is true, aletheia)에 따라서는 부정의를 범하지 않았다. 이것이 바로 형평이다(1374a26-b1)

형평은 아리스토텔레스가 활동했던 당시의 아테네에서 중요한 윤리적 풍조로 작용했지만, 특히 일반 법규들이 적용되지 않는 특수한 케이스들에 대한 결정과 관련하여 중요한 기능을 담당했다(Shanske 2008, 361-2; Vega 2010, 26). 일반적인 법규들이 다룰 수 없는 예외적인 경우들을 다룬다는 점에서 형평이 법과 어떤 관계를 맺고 있는가 하는 문제는 논쟁적인 측면을 갖고 있다. 형평을 법치의 보완이나 완성으로 해석할 수도 있지만 반대로 해석할 수도 있기 때문이다. 다시 말해 실정법은 절대적인 정의를 담아내기에는 너무나 일반적이기 때문에 재판관은 정의를 실현하기 위해 형평 원리에 따라 법으로부터 이탈할 필요가 있으며,

따라서 형평을 법에 대한 정의의 모반으로 해석할 수도 있기 때문이다 (예를 들어 Gardner 2000을 볼 것).

법적 정의가 무엇인지에 대한 설명은 형평과 법치의 관계를 이해할 수 있는 실마리를 제공해준다. 만일 법적 정의를 법정에서 집행되는 정의라고 가정해보자. 그 경우 법정에서는 실제로 형평에 따른 판단을 허용하기 때문에 법적 정의는 일반적인 법규의 적용을 통해 실현되는 제한된 정의—예컨대, 법에 따른다는 의미의 정의—가 아니다. 법정 정의는 실정법을 통해 구현하기를 원하지만 그 자체로서는 결코 완벽하게 구현할 수는 없는 정의—절대적 정의라고 해두자—를 지향한다고 할 수 있다.[186] 그러므로 법정에서 실현되는 법적 정의는 그것이 응당 실현시켜야 할 정의를 불완전하게 실현할 수밖에 없기 때문에 단순히 법에 따른다는 의미의 정의로 이해되어서는 안 되고, 법이 응당 구현해야 할 정의라고 보아야 한다.

아리스토텔레스에 의하면 재판과 중재에서 형평 원칙이 중요한 이유는 법이 사태의 본성을 일반적 규칙들로 완벽하게 담아낼 수 없기 때문이다(『니코마코스 윤리학』, 1137b11-27). 아무리 세심한 입법자라 해도 사태의 본성으로 인해 모든 상황에 완벽하게 적용할 수 있는 보편적인 규칙을 세정할 수는 없다. 입법자가 마땅히 제정해야 할 법을 제정하지 못함으로써 법에 누락이 발생할 수 있으며, 법규를 무조건적으로 규정

186) 법적 정의는 정치적 정의에 속한다는 것에 유념해야 한다. 정치적 정의는 정치 공동체의 이상적인 상태이자 공동선으로, 구성원들의 성품적 탁월성(미덕)의 함양과 필연적인 연관성이 있다. 이처럼 아리스토텔레스에게 법은 정치 및 도덕과 불가분리의 관계에 있는바 형식주의와는 거리가 멀다.

함으로써 어떤 경우에는 법을 그대로 적용할 경우 오히려 부정의가 초래될 가능성도 있다. 나아가서 입법자는 어떤 것에 대해서는 보편적으로 규정하는 것이 어렵다는 것을 알면서도 법규를 제정하지 않을 수 없는 상황에 처할 수도 있다. 이와 같은 다양한 이유들로 인해 법은 마땅히 실현해야 할 절대적 정의를 완벽하게 실현할 수 없는 내재적 한계를 갖고 있는바, 아리스토텔레스는 형평 원리를 통해 법이 불완전하게 구현할 수밖에 없는 절대적 정의를 실현시키고자 한다. 그는 형평을 다음과 같이 설명한다.

> 그런데 여기서 문제는 형평에 부합하는 것이 정의로운 것이긴 하지만, 법에 따른다는 의미에서 정의로운 것이 아니라 법적 정의를 바로잡는 것이라는 의미에서 정의로운 것이라는 점이다. 이것은 모든 법이 보편적이긴 하지만, 어떤 것들과 관련해서는 보편적 규정을 올바르게 말할 수 없다는 데 그 까닭이 있다. 따라서 보편적으로 규정을 세워놓기는 해야 하는데, 올바로 할 수 없는 경우 법은 잘못할 수 있다는 것을 모르지 않은 채 대부분의 경우에 맞는 것을 취한다. 그렇다고 법이 덜 올바른 것은 아니다. 잘못은 법 안에 있는 것도, 입법자 안에 있는 것도 아니라 사태(pragma)의 본성 속에 있기 때문이다. 행위에 의해 성취할 수 있는 것들의 재료(hylē)가 바로 이러하니까. 따라서 법이 보편적으로 말하지만, 어떤 경우 보편적인 규정에 어긋나는 일이 생길 때마다 입법자가 [해결하지 않고] 지나쳐버린 점, 단적으로 이야기함으로써 잘못을 범한 점, 그 부족한 점을 바로잡는 것은 옳은 일이다. 그 부족한 점은 만약 입법자가 거기 있다면 자신이 직접 규정할 점이며, 만약 그가 알고 있다면 그렇

게 입법할 것이다. 이런 까닭에 형평은 정의로운 것이면서 어떤 종류의 정의로움보다 더 나은 것이다. 즉 형평은 단적으로(=무조건적으로 혹은 절대적으로) 정의로운 것보다 더 나은 것은 아니지만, 단적으로 규정된 것으로 말미암은 잘못보다는 나은 것이다(『니코마코스 윤리학』, 1137b11-26).[187)]

이상의 인용문은 형평이 법규범보다는 입법자의 의도를 해석하는 재판관이나 중재자가 구현해야 할 원칙임을 말해주고 있다. 입법자는 앞으로 일어날 모든 사건이나 상황을 다 고려하여 일반 규칙을 제정할 수는 없다. 그러므로 법규범에는 누락이 있을 수 있고, 법을 문언대로 적용할 경우 오히려 부당한 결과를 초래할 수도 있다. 그러므로 적용할 수 있는 법규범이 없는 경우나 기존의 법규를 적용할 수 없는 예외적인 상황에서 재판관들이나 중재자들은 입법자의 의도를 해석함으로써 만일 입법자가 그런 상황에 직면했다면 어떻게 판단했을까를 유추하여 판단을 내려야 한다. 그러므로 형평은 법의 문언보다는 법의 정신에 관심을 갖게 된다(Engle 2008, 43; Beever 2004, 43). 형평은 엄격한 법형식주의로부터 발생할 수 있는 문제점들을 교정하는 목적을 갖고 있다. 그리하여 실정법을 좀 더 융통성 있게 적용함으로써 법이 응당 구현하고자 하는 절대적 정의를 구현하는 데 중요한 역할을 한다. 그리고 이런 관점에서 형평을 이해하게 되면 형평은 법에 대한 모반이 아니라 법을 완성시켜주는 원칙인 것이다. 아리스토텔레스에 따르면 형평의 본질은 "보편

187) 『수사학』에서도 같은 취지의 설명이 제시되고 있다(1374a26-b23).

적인 규정으로 말미암아 모자라는 한에서의 법을 바로잡는 것[인바]" "성문법을 능가하는(go beyond) 정의"인 것이다(『니코마코스 윤리학』, 1137b26; 『수사학』, 1374a26).

> 형평에 부합하는 것이 정의로운 것과 별개인 양 칭찬받을 수 있다는 것은 이상해 보인다. 만약 서로 다른 것이라면 정의로운 것이 신실한 것이 아니거나, 형평에 부합하는 것이 정의로운 것이 아니어야 하기 때문이다. ……형평에 부합하는 것은 어떤 정의로움보다는 더 나은 것이긴 해도 역시 정의로운 것이며, 그것도 다른 어떤 유(genos)라서 어떤 정의로움보다 더 나은 것은 아니니까. 따라서 정의로운 것과 형평에 부합하는 것은 동일하며, 양자 모두 신실한 것이되 형평에 부합하는 것이 더 뛰어날 뿐이다(『니코마코스 윤리학』, 1137b4-10).

그렇다면 입법자보다 우월하다고 보기 어려운 재판관들이나 중재자들이 어떻게 형평 원칙을 적절히 실현함으로써 법치의 불완전성을 보완 또는 완성시킬 수 있을까? 여기에 법치와 인치를 변증법적인 상보적 관계로 이해하는 아리스토텔레스의 사유방식이 효과적으로 개입한다. 만일 형평 원칙이 법체계 외부로부터 작용하는 재판관들의 자의적 판단에 불과하다면, 형평은 법이 구현하고자 하는 절대적 정의의 구현 원리가 아니라 그 파괴자가 될 것이며 따라서 법의 모반자가 될 것이다.[188)]

188) 형평의 적용이 법의 지배와 충돌하는 다양한 이론적 입장들에 대해서는 Solum(2008, 147-55)을 볼 것.

하지만 형평 원칙은 이미 정치 공동체의 법에 의해 뒷받침된 교육으로 '정의의 화신'이 된 재판관들을 통해 구현된다(『니코마코스 윤리학』, 1132a20). 재판관이 형평 원리에 따라 재판을 할 때 그의 판결이 법의 정신을 구현하는 것이라고 확신할 수 있는 근거는, 그의 성품과 판단이 (법에 의해 뒷받침된) 오랜 교육을 통해 이미 법의 정신과 지혜를 육화시켰기 때문이다(『정치학』, 1287a25-6). 좋은 재판관은 정치 공동체의 정의를 반영한 법의 이론적 정합성을 잘 이해하고 있을 뿐만 아니라, 관련 상황에서 법을 어떻게 적용하는 것—가장 적합한 법규를 선택하거나 경우에 따라 법의 문언을 이탈하여 법의 정신(이론적 정합성)에 따르는 것—이 최상인지를 판단할 수 있는 사법적인 실천적 지혜, 곧 성격적 탁월성을 갖추고 있다(『니코마코스 윤리학』, 1106b22-28; Solum 2008, 155-60). 솔럼(L. B. Solum)은 법의 지배와 형평이 덕스러운 재판관들의 실천적 지혜를 통해 상보적으로 통합될 수 있음을 다음과 같이 주장한다.

> 특수한 상황에서 정의를 구현하기 위해 법규로부터 이탈하는 것은 재판관이 사법적 미덕들—탁월한 판결을 내리는 데 필요한 정신과 의지의 특징들—을 갖추고 있을 경우, 법의 지배와 항상 (혹은 통상적으로) 모순되는 것은 아니다. 훌륭한 판사의 미덕들 중 하나는 사법적 지혜인데, 이것은 프로네시스 혹은 실천적 지혜라는 지적인 덕목이 특별히 사법적으로 표현된 형태이다. 탁월한 판사는 지혜로운 사람(phronimos)이기 때문에 법의 문언으로부터의 이탈이 법의 정신과 부합하고 따라서 법의 지배와 부합하는 상황을 식별할 수 있다(Solum 2008, 142-3).

이처럼 형평은 재판관들이 실천적 판단을 통해 (필요하다고 판단될 경우) 법규범의 융통성 있는 해석과 적용으로 (법규범이 실현하고자 하는) 절대적 정의를 실현시켜주는 원칙인바, 아리스토텔레스의 법치주의를 완성시켜주는 인치적 요소이다. 그것이 인치인 것은 재판관이라는 개인(들)의 실천적 판단을 통해 때로 법규범을 초월하는 선택을 해야 하기 때문이며, 또 그럴 때에야 법의 정신을 올바로 구현할 수 있기 때문이다.[189)]

바커(E. Barker)의 '영혼의 힘으로서의 법'이라는 표현이 시사하듯, 법과 제도는 사회 구성원들의 마음속에 뿌리를 두고 있지 않을 경우 나무나 돌덩이에 불과할 수도 있다(Barker 1959, 321-56). 인간의 영혼 속에 뿌리를 내리지 못한 법과 제도는 그 기능을 제대로 수행할 수도, 그 목적을 이룰 수도 없다. 따라서 법치는 육화된 법이라는 의미에서의 인치(통치자의 지배=정체 형태)를 매개로 하지 않을 경우, 시민들의 습관과 의식 외부에 존재하는 생경한 힘이 되어 순전히 억압적인 기제를 통해 작용함으로써 궁극적으로 법으로서의 권위 혹은 주권을 누릴 수 없다.[190)] 그러므로 아리스토텔레스에게 있어 인치는 법치와 대립되는 원리가 아니라 법치의 한 가지 특수한 형식으로서, 법의 주권적 지배를 보완하고 완성시키는 보완적 원리로 이해되었던 것이다. 아리스토텔레스의 교정

---

189) 하지만 법을 초월한다는 말의 의미는 법의 정신, 곧 법에 관한 정합적 이해까지 벗어난다는 의미가 아님은 물론이다. 법의 문언에 대한 집착을 초월할 필요가 있을 때는 그렇게 해야만 법의 정신을 구현할 수 있을 때뿐이다.

190) 보다 넓은 의미의 인치는 시민들의 준법정신과 미덕들—특히 좋은 판단—에 의해 뒷받침된다는 의미에서 시민들에 의한 법치, 곧 인민주권 원리와 연계시켜 해석할 수 있다.

적 정의를 법형식주의에 입각하여 해석한 웨인립의 입장에 대한 비판과 형평 원리의 인치적 측면은, 법치와 인치가 아리스토텔레스 법치주의를 완성시켜주는 변증법적인 통합관계에 있음을 보여준다.

6. 보론: 법의 신성화와 프로네시스

마지막으로, 법치 원리를 정치 공동체의 확고한 정치 원리로 확립하기 위한 정치적 방법으로서 법의 신성화 전략에 대한 아리스토텔레스의 입장을 살펴볼 필요가 있다. 왜냐하면 법의 지배는 불충분할 뿐만 아니라 오직 바보만이 법의 완전성을 기대할 수 있을 정도로 적지 않은 한계를 지니고 있어 법의 결함이 시정되거나 보완되지 않을 경우 법의 권위는 위태로워질 수밖에 없고, 그에 따라 법의 주권적 지배의 원칙은 심각히 훼손될 수밖에 없기 때문이다. 그러므로 법은 신성하지도 완전하지도 않지만, 현실적인 여러 가지 요인들을 감안할 때 법의 주권적 지배가 불가피하다면 정치적 안정을 위해 법의 지배를 공고히 할 수 있는 실천적 전략이 필요하게 된다. 아리스토텔레스가 『정치학』 7권 8장에서 제시하고 있는 국가의 여섯 가지 기능들 중 한 가지 기능은 바로 이와 같은 전략을 시사해준다(1328b2-14). 이 부분은 서구 정치사상사에서 이른바 시민종교라 부를 수 있는 공식적 제도의 정치적 기능을 명시적으로 제시한 것으로, 무엇보다 '법의 신격화'를 통한 법치의 안정화 전략과 연계되어 있다는 점에 그 중요성이 있다.[191]

이미 앞에서 살펴본 바와 같이, '법치 대 인치' 논쟁은 법률이 신성하다는 단순한 주장의 신빙성을 의심케 한다. 첫째, 법은 초월적으로 존재하는 보편적이며 신성한 것이 아니라 정체로부터 파생하는 부수 현상적인 지위를 갖기 때문에 신성하다고 보기 어렵다. 둘째, 법이 정체로부터 파생한다면 법은 정체에 내재하는 장점과 아울러 약점과 한계도 지닐 수밖에 없다. 셋째, 『형이상학』 12권에서 신의 이성(Nous) 혹은 지성(Intelligence)에 관한 논의는 완전한 신의 이성이 인간적 이성과는 심원한 차이가 있다는 것을 보여주는바(chap. 7-9), 이는 법을 이성의 산물로 볼 경우에도 그것이 인간적 이성의 산물인 한 매우 불완전할 수밖에 없다는 것을 시사한다(Lindsay 1991, 491-2). 넷째, 진정한 왕정에 관한 논의에서 신적인 지혜를 가진 왕의 지배는 현실과 거리가 먼 이론적인 것으로 단정되는바, 그런 신적인 왕에 의한 완전한 법의 제정이 불가능함을 보여준다. 그리고 이와 연관된 사항으로, 신적인 왕의 지배는 법률의 지배를 초월한다는 주장은 신적인 이성을 지닌 왕의 지혜에 비해 법은

191) 이 점은 특히 최초 입법자의 정치적 프로네시스의 산물이라고 할 수 있다. 최초 입법자는 법의 지배를 공고히 하기 위한 실천적 전략으로 '시민종교'를 수립, 법을 신격화시킴으로써 법의 지배의 안정성을 확립코자 한다. 하지만 이 전략은 일반 다중들에게는 철저히 비밀로 부쳐져야 한다. 그렇지 않을 경우 이 전략은 소기의 목적을 성취하지도 못할 뿐만 아니라, 오히려 법의 한계만을 더 부각시키게 될 것이다. 이 점에 관해서는 흥미 있고 탁월한 다음 논문을 참조할 것. Lindsay(1991).

한계와 결함이 있다는 것을 시사한다.[192] 그리고 마지막으로 신적인 이성을 지닌 존재의 부정은 불완전한 이성과 무력(혹은 그에 상응하는 심리적인 수단)의 결합으로서의 법개념을 발생시키는데, 이 또한 법의 내재적 한계를 보여준다.[193]

그렇다면 이렇게 불완전한 법의 주권적 지배와 그 안정성은 어떻게 확립할 수 있는가?[194] 정치 공동체 구성원들 다수가 이성에 의해서가 아니라 두려움에 의해서 움직이는 속성을 지닌다고 볼 때, 법의 권위는 이성적 설득 이외의 수단, 곧 강제성 및 두려움과 경외의 감정을 불러일으키는 신성성을 갖출 필요가 있다. 그러므로 아리스토텔레스는 좋은 도시는 인간의 삶이 어떤 종류의 지성과 힘을 가진 올바른 제도에 따라 규제된다면 확립될 수 있을 것이라고 주장했던 것이다(『니코마코스 윤리학』, 1180a14-9).

진정한 왕정의 불가능성과 법치의 불가피성 그리고 법의 불완전성과 한계에 대한 종합적 인식은 실천적 차원에서 법의 신격화 전략에 대한 아리스토텔레스의 '묵인'을 허용한다(Lindsay 1991, 496-7). 그는 『형

192) 하지만 극단적인 민주정이나 최악의 참주정도 법의 지배를 거부한다는 점에서 법의 지배는 진정한 왕정과 최악의 무법적 정체들 사이에 존재하는 정체들의 주된 정치 원리로 볼 수 있다.

193) 법에 내재하는 한계에 대한 지적이 법을 통한 인간 탁월성의 계발 가능성을 부정하는 것은 아니다. 신적인 것과 야수적인 것 사이의 영역에서 법은 교육과 강제를 통해 인간성의 발전을 도모할 수 있다. 그리고 법에 내재하는 한계가 곧 법치를 인치로 대체해야 할 이유도 되지 못한다. 상대적으로 법의 지배가 쉽게 타락할 수 있는 인간의 지배보다는 낫기 때문이다. 법과 교육 및 습관의 상호침투적인 관계가 법치와 인치의 변증법적 상보성을 뒷받침하는 근거임은 이미 고찰하였다.

194) 물론 이 책이 지금까지 주장해온 바와 같이 법치의 불완전성은 일차적으로 인치에 의해 변증법적으로 보완된다. 그럼에도 불구하고 아리스토텔레스는 법치의 안정성을 위해 전략적인 측면에서 법의 신격화 정책을 제안한다. 이것은 그가 자신의 변증법적인 법치주의마저도 정치적인 한계가 있음을 인식하고 있다는 것을 시사해준다.

이상학』 12권에서 이 전략이 자신의 고안물이 아닌 선조들에 의해 오래 전부터 전해져 내려온 전략임을 밝힌다.

> 아주 오래된 시대 우리 선조들은 후예들에게 신화 형태로 하나의 전통을 전승했는데, 이 전통에 의하면 이 천체들(bodies)은 신들이며 신적인 것은 자연 전체를 둘러싸고 있다고 한다. 전통의 남은 부분은 나중에 신화 형태로 덧붙여졌는데, 그것은 다중을 설득할 목적 때문에, 그리하여 법적인 유용성과 실용적인 편의성 때문에 덧붙여졌다(*Metaphysics*, 1074b1-6).

『정치학』 7권 8장에 열거된 국가의 여섯 가지 기능들 중 다섯째 (하지만 그 중요성에 있어 으뜸가는) 기능은 바로 이와 같은 전략에 관련되어 있다.[195] "의식이라 부르는 신들에 대한 예배"를 관장하는 이 기능은 종교가 다중들에게 미치는 정치적 효과(유용성) 때문에 장려된다. 린제이(T. K. Lindsay)에 의하면, 아리스토텔레스가 종교(신들에 대한 예배)를 정치적으로 감독할 필요성을 묵인한 것은 일차적으로 충분히 이성적이지 못한 다중의 결점 때문이지만, 정치 공동체의 안정적 유지를 위해서 다중들이 법률을 자연스럽게 신성한 것으로 받아들일 필요가 있다는 인식을 반영하고 있다(Lindsay 1991, 498).

하지만 아리스토텔레스 자신은 국가의 가장 중요한 기능으로 믿었던 "신적인 것에 대한 예배"에 관해 어떤 추가적인 정당화를 시도하지

195) 그래서 아리스토텔레스는 이 기능을 "다섯째이지만 첫째"(fifth but first)라고 묘사했다.

않았는데, 이는 그 기능에 대한 이성적인 정당화 자체가 그 기능을 통해 성취하려는 목적의 실현을 오히려 방해할 수 있다고 판단했기 때문이다. 다중들은 법률이 신적인 이성의 산물이거나 그와 유사한 것으로 믿는 것이 바람직하다. 왜냐하면 그들은 충분히 이성적이지 못할 뿐만 아니라 두려움 때문에 행위 하는 속성을 지니고 있기 때문에 법률을 신적인 것으로 받아들이는 것이 정치적 건강에 유익하다. 그들이 만일 국가가 신적인 것에 대한 예배(시민종교 의례)를 감독하는 이유(즉 정당화의 근거)를 알게 된다면, 그것은 법률을 신성시하는 그들의 태도를 약화시킬 것이고, 그에 따라 국가의 정치적 안정성은 근본적으로 위태롭게 될 것이기 때문이다.

지적인 탁월성을 갖춘 엘리트들을 대상으로 한 『형이상학』과 달리 『정치학』은 다수의 일반 시민들의 관점에서 씌어졌다는 유력한 해석이 있다. 또한 그것은 근본적으로 실천적인 목적을 갖고 있다(『정치학』, 1279b11-5; 1288b35-89a5). 그러므로 법의 주권적 지배의 효과와 안정성을 위해서는 『형이상학』에서 설명된 신이 아니라, 다중에게 경외감과 두려움을 불러일으킴으로써 법률을 준수하도록 압박할 수 있는 신들에 대한 예배를 고안하고 감독할 필요가 있다. 그리고 시민종교를 고안하고 그에 대한 감독 제도를 둔 이유 자체가 다중들이 법률을 신적인 경건함을 가지고 준수하도록 만드는 데 있기 때문에 『정치학』은 일반 다중에게 국가의 "신적인 것의 감독" 기능을 정당화할 필요가 없다. 아니, 정당화해서는 안 되고 오히려 일반 다중에게 철저히 비밀에 부쳐져야 한다(Lindsay 1991, 500). 국가 관리의 모든 원리와 원칙들이 일반 다중들에게 모두 투명하게 공개되는 것은 오히려 국가의 목적을 이루는 데 장애가 될 수 있기 때문이다.

이렇게 볼 때, 시민종교에 대한 감독을 통해 법률을 신격화하는 전략은 최초 입법자(들)가 발휘한 입법적 프로네시스의 정점을 표현하는 것으로 이해할 수 있다. 왜냐하면 이와 같은 제도는 건국기라는 가장 중요한 시기에 국가의 대체적인 윤곽을 제시함과 동시에 그 미래까지도 걱정해야 하는 최초 입법자의 (시민들의 지적 · 도덕적 수준까지 감안한) 실천적 지혜를 반영하기 때문이다. 최고의 입법적 지식, 곧 정치적 프로네시스를 소유하고 있는 입법자(들)는 비상한 상황 속에서 도시의 기본법을 확립하고 그들의 지혜를 후대의 자손들에게 전승시켜주어야 한다. 그러므로 건국에 수반되는 입법은 입법자(=총기획을 담당하는 건축가)의 실천적 지혜의 응축된 표현으로 볼 수 있는바, 법의 주권적 지배의 안정성을 지속적으로 담보하기 위한 "신적인 것의 감독"에 대한 묵인은 그 일환이라고 볼 수 있다.

7. 소결론

아리스토텔레스가 지향했던 법치질서는 그의 통합적이고 체계적인 정치철학적 사유방식이 투영된 산물로서, 통치 행위와 법치 그리고 덕과 관습의 요소가 교육이란 통로를 통해 상호 선(善)순환적으로 유지되는 질서이다. 현자들의 지식과 덕성은 공동체를 위해 필요한 최소한의 입법으로 실현되고 이 법체계는 공동체 구성원들의 덕성 계발을 지도하는바, 법체계의 취지를 이해시키고 덕의 습득을 목표로 하는 교육체계와 함께 투철한 준법정신을 갖는 덕스러운 시민들을 배양한다. 또한 시민들의 준법정신과 공동체 의식 및 덕스러운 태도는 서로 재귀적인 반영관계에 있는 사회적 관습과 더불어 이상적인 법치질서를 유지함에 기여하게 된다. 그러므로 아리스토텔레스에게 있어 법치의 지위는 좋은 정치질서에 필수적이긴 하나 자체의 자율성을 갖는 전문 영역이 아니라 바람직한 사회 유지와 재창출에 기여하는 정치질서의 유기적 구성 부분이다. 그리고 그런 한에서 그런 질서의 부분적 구성요소로서의 법체계의 본질적 특성이 드러나게 된다.

법치와 인치의 관계를 변증법적인 상보적 관계로 파악한 아리스토텔레스의 법치 철학은 법치에 대한 현대적 이해의 협소함과 대비된다. 그의 법치 철학은 법치를 실질적으로 가능케 해주는 통치자들과 시민들의 탁월성(=미덕)을 전혀 고려하지 않는 현대 법치 철학의 근본적인 문제점을 일깨워준다. 현대 법치 이론은 제도적 균형 원리를 통해 법치 원리를 보완하려고 하지만, 법이나 제도를 운영하는 통치자와 시민들의 미덕—준법정신과 훌륭한 판단(phronesis)—이 법치의 성공에 필수적인 요소임을 백안시하고 있는 경우가 많다.[196] 현대 법치 이론의 이와 같은 특징은 법이 일반 시민들의 양심이나 도덕의식과는 무관한 강제적인 외적 규범으로만 작용하고 있는 현실을 반영한다.

또한 아리스토텔레스의 변증법적 법치주의는 좋은 정치질서를 창출 · 유지하기 위해서는 법체계와 교육 그리고 관습에 관한 통합적인 정치철학적 논의가 필요하다는 것을 보여준다. 아리스토텔레스가 제시한 정치질서는 관습법과 실정법 그리고 개인들의 덕성과 마음의 습관들 및 나아가 전문 지식을 소유한 통치자(혹은 집단)의 실천적 지혜가 상호 침투하고 재귀적으로 통합됨으로써 유지될 수 있는 하나의 총체적인 질서이다. 여기서 교육은 정치도덕(=정의)과 법을 매개하고 통합시키는 핵심

---

196) 고전적 법의 지배를 단순히 '이성의 지배'와 동일시하는 것은 법의 지배가 내포하고 있는 '경험적 지혜'와 '덕의 지배' 측면을 간과하는 것이다. 이에 관해서는 Brown(2005)을 참조할 것.

적인 역할을 한다. 하지만 오늘날처럼 법교육이 자체의 세분화되고 전문화된 영역 속에서만 수행될 경우, 법질서는 다른 규범질서와의 유기적 통일성을 상실한 채 자체의 관할 영역에서 매우 제한적인 질서 유지 기능만을 수행할 수밖에 없다. 그리고 그 당연한 귀결로 사회 속에서 법이 누려온 권위 역시 급격히 쇠퇴할 수밖에 없다.

근대 이후 다원주의 추세의 심화가 하나의 정합적인 규범질서라는 관념을 전근대적인 이상으로 만들어버린 것은 사실이다. 하지만 정치공동체로서의 국가가 어느 정도의 지속적인 정체성과 통합성을 유지할 필요가 있다는 것은 지금도 광범위하게 인정되고 있다고 보거니와, 전체 정치질서와 그 구성요소들—법, 관습, 교육, 시민의 덕성 등—사이에 어느 정도의 정합성을 수립하려는 노력까지도 시대착오적인 것으로 치부해버릴 수는 없다. 이와 같은 관점에서 볼 때, 아리스토텔레스의 변증법적 실천철학은 플라톤의 실천철학과 함께 어느 정도 현대 다원주의 시대에 적합한 형태로 수정 · 보완될 필요가 있지만, 현대 규범철학의 대안을 모색하는 데 귀중한 통찰을 제공해줄 수 있다고 본다.

Ⅲ

결론

지금까지 필자는 서구에서 이상적인 정치질서의 기본 성격과 구조에 대해 처음으로 체계적인 논의를 시작했던 플라톤과 아리스토텔레스 정치철학의 성격에 대한 이해를 바탕으로 그들의 법치주의가 지닌 변증법적이며 통합적인 성격을 조명해보았다. 본 결론에서는 이들의 변증법적 법치주의의 요지를 간략히 정리해보고, 그것이 현대 규범철학—정치철학과 법철학—의 개선에 대해 갖는 의의를 검토해보고자 한다.

첫째, 플라톤과 아리스토텔레스의 정치철학은 일견 대립적으로 보이는 규범적 요소들을 하나의 정합적인 규범질서로 통합시키는 변증법적 특징을 갖고 있다. 그 때문에 그들의 법치주의는 관례적으로 이해되어온 바와는 달리 인치 대 법치, 노모스적 질서 대 자연적 질서, 법 대 도덕 등과 같은 이분법적 도식을 통해서는 적절히 이해될 수 없다. 플라톤과 아리스토텔레스는 이와 같은 이항대립적 요소들이 상보적으로, 그리고 통합적으로 작용할 때만이 이상적인 법치질서가 유지될 수 있다고 보았다. 그에 따라 고전적 정치철학에서 정치는 정치질서를 구성하는 다양한 요소들에 대한 이론적 지식을 요구할 뿐만 아니라(science), 그 정치적 지식을 실천적 지혜와 판단을 통해 인간의 특성과 사회적 환경에 적합하게 적용할 수 있는 종합적인 지식(science+phronesis)을 필요로 하게 된다.[197]

정치와 법치의 상호 규정적이며 보완적인 특징을 잘 부각시켜주고 있는 플라톤과 아리스토텔레스의 통합적 실천철학은 법치를 정치로부터 분리된 자율적인 영역으로 인식하는 동시에, 전문 법조인들에 의해 관리되는 법체계와 법질서를 상정하는 현대적 인식의 역사적 특수성과 문제점을 부각시켜준다. 이것은 현대사회가 거대화·복잡화·전문화되는 상황과 무관하지 않지만, 사회생활과 관련된 모든 분쟁들을 법에 호소함으로써 해결하려는 개인주의적 법문화의 확산(권리의식과 소송문화의 동시적 확산) 및 이런 경향을 조장하거나 이런 경향에 편승하여 권력과 부를 증대하려는 법조계의 이해관계와 어느 정도 연관성이 있다. 이런 경

197) 하지만 아리스토텔레스 정치철학과 정치사상을 플라톤적 원형들과 비교해보면, 포괄성과 통합성에 있어 어느 정도 변화가 일어나고 있음을 감지할 수 있다. 프로네시스의 역할이 더 긴요해지고 시민종교를 통한 법치의 정당성과 신성함을 제고시키려는 노력은 하나의 총체적인 규범질서로서의 정치 공동체의 정합성이 그만큼 유지되기 어렵다는 자각을 반영한 것으로 볼 수 있기 때문이다. 규범질서의 정합성이 약화될수록 규범질서를 구성하는 하위 요소들 사이의 긴장과 마찰의 가능성은 높아지기 때문에 이들 사이의 관계를 정합적 관계로 복원시키려는 프로네시스의 개입이 더 빈번해지고 그 비중도 확대되어야 한다. 시민종교에 대한 아리스토텔레스의 치밀한 고려는 규범질서의 통합성과 안정성이 일부 엘리트 시민들의 계몽된 지적 이해와 동의에 입각해서만 유지되기 어렵고, 대다수 보통 시민들의 다소 맹목적인 경외와 숭배에 의해 뒷받침될 때에야 온전히 유지될 수 있다는 그의 전략적 판단을 반영한다.

향은 법의 세분화와 전문화를 더욱 가속시킴으로써 일반인들을 법체계로부터 소외시킴은 물론, 개인들 사이를 더욱 소외시켜 개인주의적 소송문화를 더욱더 강화시키는 경향을 초래하게 된다(Heinze 2007a, 100-5). 법은 정의롭고 좋은 질서의 창출이라는 애초의 목적으로부터 유리되어 자체의 자율성을 확보함으로써 공동체의 정치적 목적과는 무관한 독자 영역으로 발전하고 있다.

둘째, '좋은 정치질서의 유지'에 관한 온전한 논의는 법과 통치(=인치) 그리고 그 적절한 관계에 관한 논의를 비롯하여 법과 통치 행위의 통합적 작용이 좋은 정치질서의 유지에 실효적으로 작용할 수 있도록 지원하는 다른 요소들의 역할에 관한 논의를 필요로 하는바, 반드시 시민들의 덕성 함양과 그것을 가능케 하는 교육체계에 대한 논의를 포함해야 한다. 다시 말해 '좋은 정치질서'의 창출과 유지는 법규범과 교육 그리고 관습에 관한 통합적이고도 포괄적인 정치철학적 논의에 기반을 두어야 한다. 그렇지 않고 오늘날처럼 법규범과 교육체계가 자체의 자율적이고 분화된 영역에서 전문성만을 추구해나갈 경우, 법규범이 지향하는 정의로운 질서와 교육체계가 지향하는 덕의 질서는 서로 무관한 별개의 규범질서가 되고 말 것이다. 그리고 그 결과 정치질서와 법규범 그리고 교육체계는 통일성을 상실함으로써 현대의 규범질서는 더욱 파편화되고, 개인적 삶의 정합성은 더욱더 훼손되고 말 것이다.[198] 그러므로 규범질서에 관한 보다 통합적인 접근의 필요성은 단순한 학술적 호기심

---

198) 여기서 '정합성'은 삶의 도덕적 일관성과 강직성을 의미한다. 개인의 도덕적 정합성은 개인의 삶이 도덕적인 원칙에 따라 일관되고 온전하게 영위될 때 성취된다.

을 넘어 긴급한 실천적 요구를 담고 있다.

셋째, 법체계의 실효적인 작용을 통해 정치질서를 유지하려는 시도는 불가피하게 일반 법규들을 개별적인 상황이나 사례에 최적으로 적용할 수 있는 판단 능력과 성품을 필요로 하는바, 이런 요소들은 특히 법을 해석하고 판결하는 전문 법조인들의 필수적 덕목이다. 실천적인 차원에서 볼 때, 법질서가 구현해야 할 실질적 정의에 관한 지식—법의 정신 및 법의 정합성에 대한 지식—과 법규들을 구체적인 상황에서 적용하는 능력인 프로네시스는 반드시 통합되어야 한다. 정치질서가 실현 또는 보호하고자 하는 주요 가치들과 원리들 및 법의 이론적 정합성과 구체적인 문언들의 의미를 적절히 고려하면서, 개별 케이스들에 대한 가장 최선의 판결을 내려야 하는 판사들은 헤라클레스적인 전능함에 가까운 전문 지식과 판단력을 필요로 하기 때문이다. 그렇게 보면 고전적 법의 지배를 곧 '이성의 지배'와 동일시하는 것은 법의 지배가 내포하고 있는 '경험적 지혜'와 '덕의 지배', 즉 실천적 판단의 중요성을 간과하는 것이다. 현대질서가 다원주의와 중립주의를 표방하는 것이 대세라고 해도, 정치질서의 기본 가치들 및 법체계에 대한 정합성의 탐구 그리고 그 최적의 적용에 필요한 판단력과 올곧은 양심 형성의 문제는 결코 회피할 수 없다. 그런 의미에서 법의 정신과 구체적인 문언들에 대한 학습과 이해는 물론, 법을 올바르게 해석하고 적용할 수 있는 실천적 판단 능력과 성품—잘 부패하지 않는 성품(incorruptible), 여론이나 정치적 압력에 굴하지 않는 용기, 성마르지 않은 침착한 성품(good tempered), 근면함, 유능함과 총명함 등의 덕목(Farrelly and Solum 2008, 15)—은 특히 법조인들이 필수적으로 갖춰야 할 조건들 혹은 덕목들이다.

넷째, 고전적 정치사상은 현대의 법치민주주의가 전제 또는 표방하고 있는 입헌민주주의적 원리들의 원형적 논의들을 담고 있다. 플라톤, 아리스토텔레스 그리고 키케로로 이어지는 사상적 흐름은 분명히 근대에 이르러 입헌민주주의 원리들로 통합되어 들어가는 법치(또는 입헌)민주주의, 혼합정, 권력분립 및 견제와 균형 원리 등에 대한 최초의 논의들을 담고 있다. 그리고 이들 원리들 중 일부는 플라톤, 아리스토텔레스 그리고 키케로로 이어지는 사상적 진화 과정에서 근대의 그것에 가깝게 발전되고 있다. 그러므로 이들의 논의를 살펴보는 것은 이런 원리들이 어떤 배경에서 어떤 근거로 제시 · 옹호되었는지를 이해하게 해줌으로써 현대 입헌민주주의에 대한 이론적 논의를 더욱더 풍부하게 해주는 데 기여할 수 있다.

마지막으로, 정치질서의 유지 문제에 대한 현대적 접근 방법과 뚜렷이 구분되는 고전적 접근 방법의 적실성과 타당성을 입증하기 위해서는 그동안 플라톤과 아리스토텔레스로 대표되는 고전적 정치사상에 대한 현대적 이해와 평가의 협소성과 편견을 교정하는 것이 필요하다. 이미 강조한 바와 같이, 고전적 정치사상에 대한 지배적인 현대적 이해와 달리 플라톤과 아리스토텔레스가 지향했던 정치질서는 그 동안 고대 정치사상을 설명하는 가장 유력한 이론적 틀들 중의 하나였던 '현자의 지배' 대 '법의 지배'라는 이분법적 도식에 의해서는 온전히 설명될 수 없다. 자연적 정의와 같은 관념들이나 '현자의 지배 대 법의 지배'라는 이분법적 분석 틀이 분명히 고전적 정치사상의 몇몇 특징들을 부각시켜주는 이점이 있는 것은 사실이다. 하지만 플라톤과 아리스토텔레스의 고전적 정치사상에 대한 보다 주의 깊은 분석은 그런 관념들과 분석 틀의 유용성 혹은 타당성에 대해 적지 않은 의문을 불러일으킨다. 왜냐하면 그들이 설명하거나 제시한 정치질서는 관습법과 실정법 그리고 개인들의 덕성과 마음의 습관들 및 나아가 전문 지식을 소유한 통치자(혹은 집단)의 실천적 지혜가 상호 작용함으로써 유지될 수 있었던 통합적인 질서였기 때문이다.

[참고문헌]

김영환, 2008. 『法哲學의 根本問題』, 서울: 홍문사.

김용찬, 2005. 「아리스토텔레스의 정치적 목적론에 대한 재고찰」, 『한국정치학회보』 39집 5호: 91-110.

나정원, 1989. 『플라톤의 政治思想』, 서울: 법문사.

박성우, 2005. 「행복의 정치: 아리스토텔레스의 『니코마코스 윤리학』과 『정치학』에 나타난 철학적 삶과 정치적 삶의 의미」, 『한국정치학회보』 39집 5호: 111-131.

아리스토텔레스, 2006. 『니코마코스 윤리학』, 이창우 · 김재홍 · 강상진 역, 서울: 이제이북스.

__________, 2008. 『변증론』, 김재홍 옮김, 서울: 도서출판 길.

__________, 2009. 『정치학』, 천병희 역, 서울: 도서출판 숲.

장의관, 2009. 「아리스토텔레스의 좋은 삶과 정치 공동체의 가능성 및 한계」,

「동서고금의 좋은 삶과 정치」, 한국정치사상학회 기획학술회의 발표논문: 27-46.

플라톤, 1997. 『국가』, 박종현 역, 서울: 서광사.

_____, 2000. 『정치가』, 김태경 역, 서울: 한길사.

_____, 2007. 『크라틸로스』, 김인곤 · 이기백 역, 서울: 이제이북스.

_____, 2008. 『파이드로스』, 조대호 역해, 서울: 문예출판사.

_____, 2009. 『법률』, 박종현 역주, 서울: 서광사.

_____, 2009. 『편지들』, 강철웅 · 김주일 · 이정호 역, 서울: 이제이북스.

한상수, 1999. 「플라톤의 법치국가론: 『법률』을 중심으로」, 『법철학연구』, 제2권: 59-80.

Aristotle. 1969. *Politics*. edited and translated by E. Barker. Oxford: Oxford University Press.

_______. 1998. *Nicomachean Ethics*. Oxford University Press.

_______. 2006. *Metaphysics*. trans. W. D. Ross. Digireads.com.

Barker, Ernest. 1959. *The Political Thought of Plato and Aristotle*. New York: Dover Publications, Inc.

Beever, Allan. 2004. "Aristotle on Equity, Law, and Justice," *Legal Theory* 10, 33-50.

Bobonich, Christopher. 2002. *Plato's Utopia Recast*. Oxford: Oxford

University Press.

Broadie, S. 2002. "Philosophical Introduction," in S. Broadie and C. Rowe. *Nicomachean Ethics: Translation, Introduction, and Commentary*. New York: Oxford Press: 9–91.

Brown, Eric. 2005. "Plato on the Rule of Wisdom," *The Southern Journal of Philosophy* Vol. XLIII, 84–96.

Brunt, P. A. 1993. *Studies in Greek History and Thought*. Oxford: Clarendon.

Cairns, Huntington. 1942. "Plato's Theory of Law," *Harvard Law Review* LVI(3): 359–387.

Coby, Patrick. 1986. "Aristotle's Four Conceptions of Politics," *The Western Political Quarterly* Vol. 39, No. 3: 480–503.

Cohen, David. 1993. "Law, Autonomy, and Political Community in Plato's Laws," *Classical Theology* Vol. 88: 301–318.

Dworkin, Ronald. 1990. "Foundations of Liberal Equality," in *The Tanner Lectures on Human Values* Vol. 11. ed. G. B. Peterson. Salt Lake City: University of Utah Press.

________________. 2011. *Justice for Hedgehogs*. Belknap Press of Harvard University Press.

Elgin, Catherine Z. 1997. *Between the Absolute and the Arbitrary*. Cornell University Press.

Engle, Eric A. 2008. "Aristotle, Law and Justice: The Tragic Hero," *Northern Kentucky Law Review* Vol. 35: 1–18.

Farrelly, Colin and Solum, Lawrence B. eds. 2008. *Virtue Jurisprudence.* Palgrave Macmillan.

__________________________________. "An Introduction to Aretaic Theories of Law," in Colin Farrelly and Lawrence B. Solum. eds. *Virtue Jurisprudence.* Palgrave Macmillan: 1–23.

Finnis, John. 2004. "Natural Law: The Classical Tradition," in Jules Coleman and Scott Shapiro. eds. *The Oxford Handbook of Jurisprudence & Philosophy of Law.* Oxford: Oxford University Press, 1–60.

Frank, Jill. 2005. "Aristotle on the Rule of Law and the Rule of Men," *International Studies Review* Vol. 7, No. 3: 508–512.

__________. 2007. "Aristotle on Constitutionalism and the Rule of Law," *Theoretical Inquiries in Law* Vol 8, No. 1: 37–50.

Fuller, Lon. 1971. The *Morality of Law.* New Haven: Yale University Press.

Gardner, John. 2000. "The Virtue of Justice and the Character of Law," *Current Legal Problems* Vol 53, No. 1: 149–184.

Guthrie, W. K. C. 1962–1981. *A History of Greek Philosophy* Vol. 5. Cambridge: Cambridge University Press.

Hall, Roland. 1981. *Plato.* London: Allen & Unwin.

__________. 2006. "Dialectic," in Donald M. Borchert et al. ed. *Encyclopedia of Philosophy*. second edition Vol. 3. Thomson Gale. 52–56.

Hamilton, E. and Cairns, H. eds. 1973. *The Collected Dialogues of Plato*. Princeton University Press.

Hansen, M. H. 1991. *The Athenian Democracy in the Age of Demosthenes*. Oxford: Oxford University Press.

Harris, E. M. 2006. *Democracy and the Rule of Rule in Classical Athens*. Cambridge: Cambridge University Press.

Heinze, Eric. 2007a. "Epinomia: Plato and the First Legal Theory," *Ratio Juris* Vol. 20, No. 1: 97–135.

__________. 2007b. "The Status of Classical Natural Law: Plato and the Parochialism of Modern Theory," *Canadian Journal of Law and Jurisprudence* Vol. XX, No. 2: 323–350.

Heyman, Steven J. 1992. "Aristotle on Political Justice," *Iowa Law Review* Vol. 77: 851–863.

Holmes, Sephen. 1995. *Passions and Constraints: On the Theory of Liberal Democracy*. Chicago: Chicago University Press.

Irwin, T. H. 1988. *Aristotle's First Principle*. Oxford: Clarendon Press.

__________. 1992. "Plato: The Intellectual Background," in R. Kraut. ed. *The Cambridge Companion to Plato*. Cambridge: Cambridge University Press: 51–89.

Jones, C. J. W. 1956. *Law and Legal Theory of the Greeks*. Oxford: Clarendon Press.

Junker, K. W. 1999. "Reading nature through culture in Plato and Aristotle's works on law," *Phronimon* Vol. 7, No. 1: 61–72.

Kahn, Charles H. 1961. "Plato's Cretan City," *Journal of the History of Ideas* Vol. 22: 418–424.

______________. 2006. "Plato," in Donald M. Borchert et al. ed. *Encyclopedia of Philosophy*, second edition Vol. 7. Thomson Gale : 581–605.

Klosko, George. 2008. "Knowledge and Law in Plato's Laws," *Political Studies* Vol. 56: 456–474.

______________. 2006. *The Development of Plato's Political Theory*. Oxford: Oxford University Press.

______________. 1988. "The Nocturnal Council in Plato's Laws," *Political Studies* XXXVI(1): 74–88.

Laks, Andr . 2000. "The Laws," in C. Rowe and M. Schofield. eds. *Greek and Roman Political Thought*. Cambridge: Cambridge University Press: 258–292.

Lindsay, Thomas K. 1991. "The 'God-Like' Man versus the 'Best Law': Politics and Religion in Aristotle's Politics," *Review of Politics* Vol. 53, No. 3: 488–509.

Luccioni, J. 1958. *La Pensée Politique de Platon*. Paris: Presses

Universitaires de France.

Marques, Xavier. 2011. "Knowledge and Law in Plato's Statesman and Laws: A Response to Klosko," *Political Studies* Vol 59, 188–203.

Menn, Stephen. 2006. "Aristotle," in Donald M. Borchert et al. ed. *Encyclopedia of Philosophy*. second edition Vol. 1. Thomson Gale: 263–282.

Miller, Fred D. 2000. "Naturalism," in C. Rowe and M. Schofield. eds. *Greek and Roman Political Thought*. Cambridge: Cambridge University Press: 321–343.

Morrow, Glenn R. 1941. "Plato and the Rule of Law," *Philosophical Review* L(2): 105–126.

Murphy, R. O. and Brooks, J. B. 2003. "Introduction," in R. O. Murphy and J. B. Brooks. eds. *Aristotle and Modern Law*. Burlington: Ashgate: xi–xxxi.

Ober, Joshia. 2000. "The Orators," in C. Rowe and M. Schofield. eds. *Greek and Roman Political Thought*. Cambridge: Cambridge University Press: 130–141.

Ostwald, M. 1986. *From Popular Sovereignty to the Sovereignty of Law*. Berkeley and Los Angeles: University of California Press.

Pangle, Thomas L. 2011. "The Rhetorical Strategy Governing Aristotle's Political Teaching," *The Journal of Politics* Vol. 73, No. 1: 84–96.

Plato. 1973. *The Collected Dialogues I–II*. Bollingen Series LXXI.

Princeton: Princeton University Press.

Rawls, John. 1971. *A Theory of Justice*. Oxford: Oxford University Press.

__________. 1993. *Political Liberalism*. New York: Columbia University Press.

Raz, Joseph. 1979. "The Rule of Law and Its Virtues," *Law Quarterly Review* Vol. 93.

Rowe, Christopher. 2000. "The Politicus and Other Dialogues," in C. Rowe and M. Schofield. eds. *Greek and Roman Political Thought*. Cambridge: Cambridge University Press: 233–257.

Sabine, G. H. 1950. *A History of Political Theory*. New York: Henry Holt and Company.

Salmieri, Gregory. 2009. "Aristotle's Non-'Dialectical' Methodology in the Nicomachean Ethics," *Ancient Philosophy* Vol. 29: 311–335.

Saunders, Trevor J. ed. 1970. *Plato: the Laws*. Harmondsworth: Penguin.

____________________. 1995. "Plato on Women in the Laws," in A. Powell. ed. *The Greek World*. London: Routledge & Kegan Paul: 591–609.

Schofield, Macolm. 2000. "Aristotle: an Introduction," in C. Rowe and M. Schofield. eds. *Greek and Roman Political Thought*. Cambridge: Cambridge University Press: 310–320.

Shanske, Darien. 2008. "Revitalizing Aristotle's Doctrine of Equity," *Law, Culture and the Humanities* 4, 352–381.

Sherry, Suzanna. 2008. "Judges of Character," in Colin Farrelly and Lawrence B. Solum. eds. *Virtue Jurisprudence*. Palgrave Macmillan: 88-106.

Silverthrone, M. J. 1975. "Laws, Preambles and the Legislator in Plato," *Humanities Association Review* Vol. 26: 10-20.

Smith, Robin. 1998. "Dialectical and Method in Aristotle," http://thefulldialectician.synthasite.com/resources/smith,%20robin%20-%20dialectic%20and%20method%20in%20aristotle.pdf: 1-14.

Solum, Lawrence B. 2008. "A Virtue-Centered Account of Equity and the Rule of Law," in Colin Farrelly and Lawrence B. Solum. eds. *Virtue Jurisprudence*. Palgrave Macmillan: 142-166.

Stalley, R. 1983. *An Introduction to Plato's Laws*. Indianapolis: Hackett.

________. 1994. "Persuasion in Plato's Laws," *History of Political Thought* 15: 157-177.

Stern, Paul. 1997. "The Rule of Wisdom and the Rule of Law in Plato's Statesman," *American Political Science Review* Vol. 91, No. 2: 264-276.

Strauss, Leo and Cropsey, Joseph. eds. 1992. 『서양정치철학사』, 김영수 외 역. 인간사랑.

Swift, Adam. 2006. *Political Philosophy: A Beginners' Guide for Students and Politicians*. second edition. Cambridge: Polity Press.

Tamanaha, B. Z. 2004. *On the Rule of Law: History, Politics, Theory*.

Cambridge: Cambridge University Press.

Taylor, A. E. 1960. *Plato: the Laws*. London: J. M. Dent and Sons.

Tuttle, Howard. 1978. "The Problem of Natural Law in Aristotle," *Southwest Philosophical Studies* Vol. 3: 75–79.

Valauri, J. T. "Dialectical Jurisprudence: Aristotle and The Concept of Law," http://ssrn.com/abstract=1659924

Vega, Jesus. 2010. "Aristotle's Concept of Law: Beyond Positivism and Natural Law," *Journal of Ancient Philosophy* Vol. IV, No. 2, 1–31.

Waldron, Jeremy. 2004. "Legal and Political Philosophy," in Jules Coleman and Scott Shapiro. eds. *The Oxford Handbook of Jurisprudence & Philosophy of Law*. Oxford: Oxford University Press: 440–475.

Weinrib, Ernest J. 1992. "Corrective Justice," *Iowa Law Review* Vol. 77: 403–425.

[색인]

ㄱ

개인주의 25, 27, 29, 35, 239, 240

견제와 균형 242

경험적 지혜 235, 241

계약주의 32

고전적 법의 지배 235, 241

고전적 법사상 22

고전적 정치사상 242

고전적 정치철학 17, 18, 21~23, 129, 239

공교육 188, 189, 192~194, 198, 199, 202, 203, 206

공동선 217, 221

공동식사 102, 179

공동체 19

공동체주의 19

공리주의 19

공산주의 133

과두정 30, 46, 167

과학적 유물론 32

과학적 지식 149

과학적 추론 147, 148

관습법 71, 170, 235, 243

교대지배 194~198

교육 181, 184, 187~191, 199~201, 203, 207, 225, 230, 234, 240

교정적 정의 210~215, 218, 219, 226
구분법 145, 146
국가 158, 175, 187, 188, 190, 195, 198, 202~206, 216, 231~233, 236
국가의 본 38, 43, 48~53
국가의 통일성 178, 179, 180
군주정 43
권력구조 102
권력분립 22, 242
귀납적 방법 133
귀족정 43, 167
규범질서 17, 18, 38, 112, 113, 120, 121, 128, 133, 152, 184, 187, 192, 215, 236, 238, 239
규범철학 15, 17, 21, 22, 32
그리스 24, 36, 47, 62, 102
근대적 법사상 22
글라우콘 30, 32, 45, 46, 49, 90
기게스(Gyges) 31
기게스의 반시 62, 63
기본법 58, 233
김용찬 158

ㄴ

노모스(nomos) 29, 31~34, 73, 75, 76, 78, 80, 112, 123, 128, 238
nomos-phusis 논쟁 29
논쟁술(eristic) 144

ㄷ

다몬 56
다원주의 16, 129, 236, 241
덕 115, 234
덕성 94, 235, 240, 243
덕의 지배 235, 241
데모스 156
델피 56
도덕 19
도덕철학 142
도시국가 24, 62, 63, 95
도편추방 163
동등함 213, 214
동맹시전쟁(Social War) 24
동질성 204, 208
드워킨(R. Dworkin) 14, 16, 21

ㄹ

라케다이몬 179
락스 93, 97, 98
로마 27
롤즈(J. Rawls) 16
린제이(T. K. Lindasy) 231

ㅁ

마그네시아 28, 39, 54, 62, 67, 70, 73, 78~80, 83, 99~104, 107, 112~114, 117, 119~124

마르케스(X. Marquez) 121

마르크스 30

마케도니아 24, 27

메길로스 38, 91, 102, 106, 115

모로우 70, 79, 103, 104, 117~120

목적 19

목적론 19

무법국가 64, 66

무법성 157

문답식 33, 145

미덕 217, 218, 227, 235

민주정 46, 166, 167, 184~186, 189, 230

민주정체 30

민주주의 25, 27, 29, 42, 43, 108, 109, 157

민회 25, 26, 103, 110

ㅂ

바커(E. Barker) 226

박성우 143

반성적 균형 17, 32, 36, 45, 46, 50, 51, 132, 143, 144

발로리(J. T Valauri) 21, 141, 142

법 19, 170, 172, 173, 181, 184~187, 201, 205, 208, 219, 220, 222~224, 230, 235, 240

법교육 236

법률 30, 31, 39, 42, 48, 55~78, 81, 82, 92~95, 98~101, 103, 105, 107, 115, 116, 121, 125, 171, 206, 207, 232, 233

법률 지배 82, 92, 97

법률의 수호자 43, 125

법률의 지배 84~86, 89, 90

법실증주의 16, 19, 20, 141, 202

법의 권위 230

법의 본질 142

법의 신격화 229, 230

법의 신성화 228

법의 정신 223, 225, 241

법의 주권 43, 162, 173, 174, 193, 194, 206

법의 지배 25, 39, 58, 83, 89, 119, 136~138, 156, 162, 165, 168~172, 177, 183~186, 189, 195~200, 207~209, 225, 228, 230, 242

법적 정의 213, 221, 222

법철학 14, 15, 16, 19~22, 141, 142

법치 19, 21, 22, 38~43, 51, 53, 54, 60, 78, 86, 118, 130~143, 151,

160, 166~174, 177, 183, 193, 194, 206, 219, 220, 224, 226, 228~230, 234, 235, 239

법치국가 38, 39, 41, 54, 58, 59, 64, 65, 79, 80, 81, 90, 97, 102, 104, 112, 117, 121, 122, 126

법치민주주의 242

법치의 안정성 230

법치의 안정화 229

법치주의 22, 61, 137~143, 151, 155, 161, 177, 210, 211, 219, 226, 227, 230, 235, 238

법치질서 82, 84, 90, 126

법형식주의 223, 227

베버(M. Weber) 42, 83

변증법 18, 21, 22, 36, 41, 75, 110, 130, 132, 138~152, 155, 161, 177, 188, 193, 206, 210, 211, 219, 224, 227, 230, 235~238

변증법적 지식 149

변증술 95, 96

보보니치(C. Bobonich) 38, 79, 93, 97, 98, 100, 102, 107, 111

보편주의 19

본질(ousia) 145

부정합성 15, 16

부족법정 110

분배적 정의 211~217

분석적 법철학 20, 142

불문법 29

브라운(E. Brown) 82, 89

브런트(P. A. Brunt) 102

비례적 평등 215

비정치적인 정의 213

ㅅ

사교육 188

사법(私法) 211~215

사법적 미덕 225

사법적 지혜 225

사법적 평등 219

사유재산 102, 181

산술적 평등 217

3심제도 102, 103, 108~112, 122

상대주의 19, 32

상소 110

상호주권 80

성문법 29, 170, 220, 224

소송문화 25, 27, 29, 35, 103, 239, 240

소유제도 102

소크라테스 24, 27, 29~32, 35, 37, 40, 44, 47, 74, 76, 82, 83, 90, 96, 102, 103, 111, 119, 144, 178

소피스테스 48

소피스트 26, 30, 144
손더즈(T. J. Saunders) 38, 70, 100
솔럼(L. B. Solum) 137, 225
솔론(Solon) 25, 40, 119
수사학 26, 95, 109
스타기라(Stagira) 156
스탤리(R. Stalley) 98
스턴 82, 87
스트라우스(L. Strauss) 37
스파르타 23, 47, 176
시민교육 97, 187, 188
시민권 110
시민종교 229, 232, 233, 239
신의 이성(Nous) 229
신적인 '본' 44, 46
신적인 이성 232
실버손(M. J. Sliverthorne) 94~97
실정법 69, 70, 74, 220, 223, 235, 243
실증주의 200, 202
실천적 삶 143
실천적 지식 148
실천적 지혜 55, 89, 210, 225, 233, 235, 239, 243
실천적 판단 219, 226, 241
실천철학 19~21, 135, 142, 143, 150, 151, 154, 236, 239

ㅇ

아데이만토스 55, 76
아동교육 103
아리스토파네스 109
아퀴나스 22
아테네 23~32, 35, 42~47, 62, 70, 83, 103, 105, 108, 111, 112, 156, 157, 200, 220
아테네의 손님 98
아테네인 28, 37, 67, 68, 72, 76~79, 91, 102, 105, 106, 113~116, 121~125
아폴론 56
야간회의 40,~43, 51, 60, 79, 80, 89, 102, 104, 112~125
에피알테스(Ephialtes) 25
엘레아 학파 35
엘레아에서 온 손님 52, 68, 84~89, 92
엘진(C. Elgin) 19, 21
500인 위원회 25
오버(J. Ober) 42
왕도적 치술 86
왕도적 치자 42, 48, 57, 64~68, 87, 88
왕정 162~170, 184, 186, 229, 230
우연성 19
월드런(J. Waldron) 14, 16, 21

웨인립(E. J. Weinrib) 210, 211, 214~217, 227

위법성 31

육화된 법 226

윤리적 상대주의 29

윤리학 133, 153~155, 176, 214

의견(doxa) 96, 148

의무 19, 31

의무론 19

이념형 83

이데아 32, 37

이상 정체 64, 90

이상국가 39, 55, 118

이상도시 119

이성 62

이성의 지배 83, 89, 235, 241

인간의 본성 181

인간의 주권 162

인간의 지배 138, 183

인민법정 25, 83, 108~112

인민재판 82, 111

인민주권 43, 200, 227

인치 19, 130, 135~142, 151, 161, 173, 174, 177, 193, 194, 197, 206, 208, 219, 224, 226, 227, 229, 230, 235

일반적 정의 211, 213

입법 59, 72, 92~95, 102, 106, 153, 187~193, 199, 201, 204~206, 220, 233

입법자 59, 62, 64, 69, 71, 90, 92, 94, 95, 98~101, 105~108, 111~113, 116, 122, 123, 144, 158, 171, 176~178, 187~190, 193, 198~210, 220~224, 229, 234

입헌국가 167

입헌민주주의 242

ㅈ

자격 214

자연권 215

자연법 19, 22, 149, 200, 202

자연법주의 141

자연의 법칙 31

자연적 정의 32, 149, 213, 242

자연주의 32

자유 19

자유재량 58, 60, 64, 83, 183, 209

자유주의 19

재판관 112, 218, 219, 220, 223~226

전문 93~100

전환명제 38, 40, 55

절대왕정 166, 167

절대적 정의 221~224, 226

젊은 소크라테스 68

정의 31, 32, 46~48, 160, 161, 170, 181, 186, 197, 210, 211, 215~217, 219, 220, 225

정의의 화신 218, 219, 225

정체 171~173, 188~194, 197~209, 229

정체 분류 65, 66

정체 형태 63, 66

정치 48, 176, 183, 239

정치 공동체 160~167, 174~178, 182, 202, 203, 216~219, 221, 225, 228~231, 236, 239

정치가 204, 206

정치가의 기술 88

정치도덕 235

정치술 119

정치적 삶 192

정치적 정의 210, 213, 219, 221

정치적 지배 157~161, 183

정치적 지식 86~88

정치질서 16~18, 21, 33, 34, 37, 43~48, 61~64, 74, 75, 152, 235, 240~243

정치질서의 본 43, 45

정치철학 14~17, 142

정치학 133, 153~155, 176, 177, 204, 205, 208

정합성 15~17, 21, 33, 34, 37, 43~46, 48, 50, 51, 79~82, 113, 121, 129~133, 143, 144, 151, 225, 236, 239~241

정화 33

제우스 164

제정법 71~73

조운즈(J. W. Jones) 59

좋은 법질서 69, 80, 128

준법국가 65, 66

준법성 211, 213, 217, 218

준법정신 128, 189, 192~202, 206, 208, 227, 234~236

중립주의 241

중산계급 186, 189

중용 170, 201, 211

지성(nous) 67, 68, 125, 229

지식(epistēmē) 96

지혜 86, 89

지혜의 지배 58, 60, 82~85, 89

질서의 본 37, 51, 52

집단적 프로네시스 60

집정관 25

ㅊ

차선의 방법 60

참주정 167, 185, 186, 230

참주정체 184
철인왕 39
철인왕의 지배 119
철인주권 43
철인지배 38~41, 53~55, 61
철인통치 22, 55, 79, 118
철인통치자 62, 63, 69, 70, 117, 120~122
철학 47, 48, 79~81, 121, 145, 176, 199
철학의 지배 121
철학적 삶 143, 192
철학적 이성 62
최선의 방법 60

ㅋ

카에로네아(Chaeronea) 24
칸(C. Kahn) 119
칸트 215
칼리클레스 31
켈젠(H. Kelsen) 212
코비(P. Coby) 182
코헨(D. Cohen) 38
크라튈로스 32
크레타 54, 176, 179
클레이니아스 38, 77, 102, 106, 115, 125
클레이스테네스(Cleisthenes) 25
클로스코(G. Klosko) 38~41, 51, 55, 79, 118, 120
키케로 22, 242

ㅌ

타마나하(B. Z. Tamanaha) 42
탁월성 176~178, 181~183, 187~190, 198~202, 205, 208, 209, 214, 217, 221, 225, 230, 232, 235
탁월함 163, 164, 170, 175, 176, 180, 181, 188, 196, 199, 206, 207
테일러(A. E. Taylor) 70
통일성 178, 192, 204, 208, 219, 236, 240
통합성 239
투키디데스(Thucydides) 31, 109
트라시마코스(Thrasymachos) 30, 31, 46, 66
특별법정(Areopgus) 109, 111
특별판사들 110, 111
특수적 정의 211, 213

ㅍ

파렐리(C. Farrelly) 137
판사 212

페르시아 24
페르시아 전쟁(BC 490–79) 25
페리클레스(Perikles) 25, 26
펠레폰네소스 전쟁 24, 200
펠레폰네소스 전투 23
평등 179, 211~215, 219
평등의 원리 190
폴리스 26, 29~32, 202~205, 216
폴리티 158
프랭크(Frank) 137~139, 151
프로네시스 22, 58, 59, 80~86, 89~94, 98~102, 105, 108, 112, 117, 122~127, 193, 194, 200~206, 225, 229, 233, 239, 241
프로타고라스(Protagoras) 32
프리들랜더(Friedlander) 40, 119
피니스(J. Finnis) 14, 21
피지스 32
피타고라스 학파 35
필연성 19

ㅎ

하데스의 모자 62
행복 176, 182, 187, 192, 205, 216, 217
헤겔 215
헤이만 216, 219
현대 규범철학 238
현대 법철학 136
현대철학 19, 40, 135
현실주의 31
현자의 지배 83, 86, 162, 242
현자의 지혜 61
형상 18, 145
형상이론 45, 46, 53
형식논리 146
형식주의 213, 215, 221
형이상학 203, 204
형평 137, 210, 213, 219, 220, 222~224, 226, 227
호메로스 44
호법관 102~108, 111, 112, 121~124
혼합정 22, 43, 66, 90, 166, 186, 189, 242
혼합정체 32
훌륭한 법질서 56, 76, 115
훌륭한 삶 175

플라톤과 아리스토텔레스의 정치철학과
변증법적 법치주의

초판 1쇄 인쇄 2011년 4월 22일
초판 1쇄 발행 2011년 4월 29일

지은이 김비환
펴낸이 김준영
펴낸곳 성균관대학교 출판부
출판부장 박광민
편 집 신철호 · 현상철 · 구남희
디자인 김숙희
외주디자인 아베끄
마케팅 장민석 · 송지혜
관 리 이승재 · 김지현

등록 1975년 5월 21일 제1975-9호
주소 110-745 서울특별시 종로구 명륜동 3가 53
대표전화 02)760-1252~4
팩시밀리 02)762-7452
홈페이지 press.skku.edu

ISBN 978-89-7986-876-0 93340